ABITUR-TRAINING
DEUTSCH

Werner Winkler

Epische Texte analysieren und interpretieren

STARK

ISBN 978-3-89449-899-3

www.stark-verlag.de
1. Auflage 2006

Inhalt

Autor: Dr. Werner Winkler

Vorwort

Liebe Schülerin, lieber Schüler,

dieses Buch dient als Anleitung zum **Analysieren und Interpretieren epischer Texte**. Es ist als Trainingsband mit dem Ziel konzipiert, Ihnen den Weg hin zum schriftlichen Deutsch-Abitur zu erleichtern.

Zunächst werden Ihnen in einem **Grundlagenkapitel** wichtige Untersuchungsbereiche epischer Texte vorgestellt. Das Kapitel bietet Ihnen einen leichten und schnellen Zugriff zu präzisen Informationen über den Erzähler und seine Welt, die Komponenten der von ihm vermittelten Geschichte, die Art ihrer Darbietung und die Möglichkeiten ihrer Deutung. Dabei können Sie Ihre Kenntnisse überprüfen und die zur Analyse von Erzähltexten erforderlichen Grundlagen an Beispielen wiederholen, festigen und ergänzen.

Anschließend werden in **neun Übungskapiteln** Aufgaben behandelt, die sich als besonders abiturrelevant erwiesen haben. Jedes Kapitel besitzt mehrere Schwerpunkte. In ihrer Gesamtheit bilden sie ein Wissensspektrum, das Ihnen dazu verhilft, einen überzeugenden Abituraufsatz zu schreiben. Am Einzeltext werden besonders eingeübt:

- die Beschreibung von **Inhalt** und **Aufbau** eines literarischen Textes (1. und 4. Übungskapitel sowie als Gesprächsanalyse: 6. Übungskapitel),
- die Untersuchung der **erzählerischen Gestaltung** und der **Erzählerposition** (1. und 4. Übungskapitel),
- die Analyse der **sprachlichen Mittel** und ihrer **Funktionen** (1., 2., 3. und 7. Übungskapitel),
- das Erklären der **Figurenkonzeption** und die Untersuchung der **gesellschaftlichen Beziehungen** zwischen den Figuren (1., 2., 4. und 9. Übungskapitel),
- die **Textdeutung** unter Berücksichtigung spezifischer **Themen, Motive** (1., 5., 6., 7., 8. und 9. Übungskapitel) und **Zeitbezüge** (1., 5. und 9. Übungskapitel) sowie
- die Ermittlung und Erläuterung der **Textart** (3., 5. und 8. Übungskapitel).

Weitere Schwerpunkte sind

- der **Textvergleich** (7. Übungskapitel) und
- ein Text mit angehängtem **Erörterungsauftrag** (7. Übungskapitel).

Im vorliegenden Trainingsband wird ebenfalls großer Wert auf das **Einüben effektiver Lösungsstrategien** gelegt. Sie erarbeiten diese in klaren Arbeitsschritten und durch das Lösen von Teilaufgaben.

Zahlreiche **Hinweise und Merkkästen** helfen Ihnen zusätzlich, die jeweilige Aufgabe genau zu erschließen und die Texte sachgerecht zu analysieren und nachvollziehbar zu deuten. Mit den **Lösungsvorschlägen**, die sich für die Übungsaufgaben im Lösungsteil finden, überprüfen Sie Ihr Vorgehen und sichern ihre Ergebnisse ab.

Gewiss wird Ihr Aufsatz nicht den Umfang haben, den die Summe der hier angebotenen Teillösungen umfasst. Wichtig ist jedoch, dass Sie Ihren Blick für die entscheidenden Textstellen schulen und lernen, das gefundene Material in eine **sinnvolle und zielbezogene Ordnung** zu überführen. Diese bildet die Grundlage für eine **ausführliche Deutung** und damit für einen inhaltlich und sprachlich gelungenen Aufsatz.

Zu einem vollständigen Aufsatz gehört eine **Einleitung** und in der Regel auch ein **Schluss**. Diese Bestandteile folgen jedoch einem weitgehend einheitlichen Muster. Sie werden daher – nachdem sie im ersten Übungskapitel exemplarisch vorgestellt worden sind – nicht mehr in allen weiteren Übungskapiteln trainiert. Natürlich kann man aber auch dort, wo es nicht verlangt wird (in den Übungskapiteln 4, 7 und 8), zusätzlich Einleitung und Schlussteil verfassen.

Bearbeiten Sie die Aufgaben zuerst sorgfältig ohne Kenntnis der Lösungsvorschläge. Überdenken Sie diese anschließend und versuchen Sie, sie bei einer erneuten Beantwortung der Aufgaben zu berücksichtigen.

Verlag und Verfasser wünschen Ihnen bei der Vorbereitung ein gutes Durchhaltevermögen und bei der Prüfung viel Erfolg.

Werner Winkler

Werner Winkler

Grundlagenkapitel Epikanalyse
Untersuchungsbereiche epischer Texte

Die Epik ist eine der drei Hauptgattungen der Literatur. Sie steht zwischen der subjektiver ausgerichteten Lyrik und dem objektiveren, auf Bühnenhandlung angelegten Drama und umfasst die Gesamtheit der erzählenden Dichtung, von der Kurzgeschichte bis zum Roman.
Im schriftlichen Abitur haben Sie unter anderem die Möglichkeit, epische Texte zu **untersuchen** und zu **interpretieren**. Während *Untersuchen* das Erkennen, Beschreiben und Vernetzen wichtiger Einzelelemente des Textes meint, zielt *Interpretieren* auf dessen Deutung und gegebenenfalls Bewertung. Da sich aber jede Interpretation, um glaubwürdig zu sein, auf nachvollziehbare Beobachtungen stützen muss, ist als Vorstufe das Festhalten relevanter Textbestandteile unabdingbar. Deshalb gilt die Regel:
Interpretation = Textuntersuchung + Deutung

Aus diesem Grunde genügt auch die Aufgabenstellung:
„Interpretieren Sie den Text!"

Dies ist gewissermaßen die Basisarbeitsanweisung für den Umgang mit literarischen Texten. Sie setzt voraus, dass der Schüler um die notwendige Beziehung zwischen Textbeschreibung und Deutung weiß. Unabhängig davon kann dieser Bezug gesondert betont werden:
„Erschließen und interpretieren Sie den Text!"
„Analysieren und interpretieren Sie den Text!"

Erschließen und *Analysieren* haben in diesem Zusammenhang das gleiche Ziel: eine der Deutung vorausgehende, durchdacht gegliederte Untersuchung, die den Text segmentiert, um Einzelelemente in ihren spezifischen Funktionen, aber auch in ihrem Zusammenspiel zu erkennen.
Den Mittelpunkt einer Texterschließung bilden stets die erzählte Geschichte und ihre Darstellung (Vermittlung). Einen hilfreichen Zugang liefern Ihnen **folgende Fragen**: *Wer* erzählt *was* auf *welche Weise* und *wie* lässt sich seine Geschichte auslegen?

Durch diese Fragen ergeben sich die entscheidenden Untersuchungsbereiche:

Untersuchungsbereiche bei der Analyse epischer Texte

- **Wer?** → der Erzähler und seine Welt
- **Was?** → die Komponenten der Geschichte
- **Auf welche Weise?** → die Darbietung der Geschichte
- **Wie lässt sich die Geschichte auslegen?** → die Deutung der Geschichte

Bevor Sie sich den für das Abitur typischen Aufgabenstellungen und den entsprechenden Lösungsstrategien zuwenden, ist es sinnvoll, sich in einer Vorbereitungsphase diese Untersuchungsbereiche bewusst zu machen und ihre Inhalte zu wiederholen. Sie bilden gleichsam das Grundwissen, über das Sie verfügen müssen, um epische Texte erfolgreich erschließen zu können.

1 Der Erzähler und seine Welt

Epische Texte sind **fiktionale**, das heißt von einem Autor **erdachte Texte**. Sie unterscheiden sich deshalb von Tatsachenberichten eines authentischen, realen Geschehens. Allerdings kann reale Wirklichkeit in die fiktive Wirklichkeit eingebunden sein, zum Beispiel durch unveränderte Übernahme historischer Fakten (Personen, Vorgänge).

Was geht im Kopf des Erzählers vor?

1.1 Die Position des Erzählers

Um ein fiktionales Geschehen lesergerecht und -wirksam zu gestalten, bedient sich der Autor einer **vermittelnden Instanz**. Er erfindet einen Erzähler, mit dem er nicht verwechselt werden darf. Diesem Erzähler kann er eine unterschiedlich starke Position zuweisen: Der Erzähler kann selbstbewusst agieren oder geschwächt hinter die handelnden Figuren zurücktreten.

Kennzeichen einer starken Erzählerposition

Der Erzähler ...
- ... kennt den Geschehensverlauf,
- ... kommentiert und bewertet.

Anzeichen einer geschwächten Erzählerposition

- sachliche Distanz,
- verstärkter Einsatz der Figurenrede.

Grundlagen dieser unterschiedlichen Erzählerpositionen

- im Falle der starken Erzählerposition: ein geschlossenes Weltbild mit festen Werten (bürgerliches Zeitalter),
- im Falle der geschwächten Erzählerposition: ein komplexes Weltbild mit instabilen Werten (Moderne).

1.2 Erzählformen

Auch die gewählte Erzählform gibt Auskunft über den Erzähler. In der **Ich-Form** berichtet er als Beteiligter über ein Geschehen. Mit der **Er-Form** teilt er fremde Schicksale mit. Ein geschickter Erzähler wird hier das ganze Spektrum von Möglichkeiten, von der feinen, unauffälligen Bewertung bis zur klaren Stellungnahme ausnutzen.

Eigenschaften der Erzählformen und Wirkung auf den Leser

Ich-Form
- eignet sich besonders, wenn es um die Mitteilung seelischer Vorgänge geht,
- wirkt subjektiv, dicht und glaubhaft.

Er-Form
- zeigt, dass der Erzähler Distanz zum Geschehen besitzt,
- vermittelt entsprechend ein höheres Maß an Objektivität als die Ich-Form,
- bietet Raum für eine kommentierende Einmischung des Erzählers.

1.3 Die Erzählperspektive

Die Wahrnehmung des Geschehens wird von äußeren Gegebenheiten und den Bedingungen bestimmt, die das jeweilige **Weltbild** dem Erzähler vorgibt. Die Gesamtheit der äußeren und inneren Ein-Stellungen nennt man Erzählperspektive.

Äußere Faktoren, die die Wahrnehmung des Erzählers beeinflussen

- Standort,
- Blickwinkel,
- Entfernung und Auffälligkeit der Gegenstände in seinem Blickfeld.

Aufgabe 1 Zeigen Sie, wie sich das Blickfeld des Ich-Erzählers im folgenden Text verändert.

Adalbert Stifter: Brigitta

Anfangs war meine ganze Seele von der Größe des Bildes gefaßt: wie die endlose Luft um mich schmeichelte, wie die Steppe duftete und ein Glanz der Einsamkeit überall und allüberall hinauswebte: – aber wie das morgen wieder so wurde, übermorgen wieder – immer gar nichts, als der feine Ring, in dem sich Himmel und Erde küßten, gewöhnte sich der Geist daran, das Auge begann zu erliegen, und von dem Nichts übersättigt zu werden, als hätte es Massen von Stoff auf sich geladen – es kehrte in sich zurück, und wie die Sonnenstrahlen spielten, die Gräser glänzten, zogen verschiedene einsame Gedanken durch die Seele, alte Erinnerungen kamen wimmelnd über die Heide, und darunter war auch das Bild des Mannes, zu dem ich eben auf der Wanderung war – ich griff es gerne auf, und in der Öde hatte ich Zeit genug, alle Züge, die ich von ihm erfahren hatte, in meinem Gedächtnis zusammenzusuchen und ihnen neue Frische zu geben.

Aus: Adalbert Stifter: Brigitta.
Stuttgart: Reclam Verlag 1974, S. 4 f.

Lösungsvorschlag:

Der Ich-Erzähler befindet sich auf einer **Reise** in einer offenen Landschaft, die ihm einen **weiten Blick** bis an den Horizont ermöglicht. Diese **umfassende Perspektive**, die er zunächst als sinnlich angenehm empfindet, ändert sich über Tage hinweg nicht. Die Totalität des Gewaltigen und Gleichförmigen drückt sich in Lokal- und Temporaladverbien und deren teilweiser Wiederholung aus („endlose", „überall", „allüberall", „morgen wieder", „übermorgen wieder", „immer"). Damit wird auch der Anschein des Statischen erweckt: Es ist, als würde der Reisende seinen **Standort** nicht verändern. Der Widerspruch zwischen einer sich gleichbleibenden Landschaft und einer zielstrebigen Bewegung löst im Bewusstsein des Erzählers Spannung und ein Gefühl von Ohnmacht aus, denn Zeit und Raum als Grundorientierungen menschlicher Existenz scheinen verloren zu gehen. Zielstrebiges menschliches Tun (Reisen als Zeiterfahrung!) erscheint angesichts des nicht ertragbaren („als hätte es Massen von Stoff auf sich geladen“) Endlosen, Immerwährenden absurd, nichtig, ohne Sinn. In dieser bedrückenden Erfahrung wendet sich der Blick **von außen nach innen** (das Auge „kehrte in sich zurück“), indem er vom Großen über das Kleine („Gräser“) in eine **andere Wirklichkeitsebene** wandert. Hier ersetzt Bewegung das Statische („zogen verschiedene einsame Gedanken durch die Seele [...]“). Dann schränkt sich das Blickfeld auf das Bild eines Mannes ein, auf den sich der Ich-Erzähler erinnernd besinnt.

1.4 Erzählsituation, Erzählverhalten

Die Rolle, die der Autor dem Erzähler zuweist, äußert sich in dessen Wissen und Verhalten. Wir sprechen von *Erzählsituationen* oder *Formen des Erzählverhaltens*. Der Erzähler kann sich **auktorial**, **personal** oder **neutral** verhalten.

Auktoriales, personales und neutrales Erzählverhalten

Kennzeichen des **auktorialen** Erzählens = omniscient = Mr. know-all!

- Es gibt einen allwissenden persönlichen Erzähler.
- Dieser steht außerhalb des Geschehens (Außensicht).
- Er verfügt über eine feste Position und ein meist weites Blickfeld.
- Trotz dieser Distanz kann er reflektierend, wertend und kommentierend in die Handlung eingreifen beziehungsweise sie begleiten.

Das auktoriale Erzählen weist häufig auf einen traditionellen (starken) Erzähler.

Merkmale des **personalen** Erzählens

- Das Blickfeld des Erzählers ist eingeschränkt, denn er vermittelt das Geschehen durch die Perspektive einer oder mehrerer Personen. — sogn. Vermittler
- Dies wird besonders bei der Darstellung von Gedanken und Gefühlen deutlich (Innensicht; erlebte Rede, innerer Monolog).

Das personale Erzählen weist eher auf einen modernen (geschwächten) Erzähler.

Kennzeichen der **neutralen** Erzählsituation

- Ein Erzähler oder personaler Vermittler fehlt.
- Die Figuren scheinen selbstständig zu agieren.

Auch die neutrale Erzählsituation lässt eine geschwächte Erzählerposition vermuten.

Ein besonderer Fall ist die **Ich-Erzählsituation**. In dieser speziellen Situation konstituiert der Ich-Erzähler die erzählte Wirklichkeit aus seiner Perspektive. Meist berichtet er über ein vergangenes Geschehen. Aufgrund seiner zeitlichen Distanz kann sich seine Einstellung gegenüber den früheren Erlebnissen verändert haben. Deshalb unterscheidet man zwischen einem *erlebenden* und einem *erzählenden Ich*. Dies wiederum ermöglicht, auch bei einer Ich-Erzählsituation von auktorialen, personalen sowie neutralen Andeutungen und Tendenzen zu sprechen.

Die Tendenz zum **auktorialen Verhalten** liegt vor, wenn der Erzähler von außerhalb aus zeitlicher Distanz zurückblickt und die Trennung von erzählendem und erlebendem Ich deutlich wird.
Beim **personalen Verhalten** steht der Erzähler mitten im Geschehen, erlebendes und erzählendes Ich sind identisch.
Von einer **neutralen Situation** kann man sprechen, wenn ein Erzähler nicht vorhanden zu sein scheint, zum Beispiel bei wörtlichen Reden und im Dialog.

Eindeutige Zuordnungen zum auktorialen und personalen Verhalten sind selten. Personales Verhalten findet sich in Memoiren, Tagebüchern und Briefen.

Aufgabe 2 Zeigen Sie, dass es sich beim folgenden Text um auktoriales Erzählen handelt.

Heinrich von Kleist: Michael Kohlhaas

An den Ufern der Havel lebte, um die Mitte des sechzehnten Jahrhunderts, ein Roßhändler, namens *Michael Kohlhaas,* Sohn eines Schulmeisters, einer der rechtschaffensten zugleich und entsetzlichsten Menschen seiner Zeit. – Dieser außerordentliche Mann würde, bis in sein dreißigstes Jahr für das Muster eines guten Staatsbürgers haben gelten können. Er besaß in einem Dorfe, das noch von ihm den Namen führt, einen Meierhof, auf welchem er sich durch sein Gewerbe ruhig ernährte; die Kinder, die ihm sein Weib schenkte, erzog er, in der Furcht Gottes, zur Arbeitsamkeit und Treue; nicht einer war unter seinen Nachbarn, der sich nicht seiner Wohltätigkeit, oder seiner Gerechtigkeit erfreut hätte; kurz, die Welt würde sein Andenken haben segnen müssen, wenn er in einer Tugend nicht ausgeschweift hätte. Das Rechtgefühl aber machte ihn zum Räuber und Mörder.

Aus: Heinrich von Kleist: Michael Kohlhaas. Stuttgart: Reclam Verlag 1993, S. 3

Lösungsvorschlag:
- „An den Ufern der Havel [...] Schulmeisters“ (Z. 1–4): Erzählerdistanz; Figurenkenntnis
- „einer der [...] Zeit“ (Z. 4–6): Figurenbewertung
- „Dieser [...] können“ (Z. 6–9): zeitliche Distanz; Kommentierung
- „Er besaß [...] Treue“ (Z. 9–15): Berufs- und Familienkenntnisse; Beurteilung des Verhaltens
- „nicht [...] erfreut hätte“ (Z. 15–18): Bewertung des Verhaltens; Kenntnis des sozialen Umfelds und dessen Einschätzung
- „kurz [...] Mörder“ (Z. 18–22): Kommentierung; Hinweise auf künftige Entwicklungen (allwissender Erzähler)

Michael Kohlhaas: einen älteren Text aufschlüsseln

Aufgabe 3 Fassen Sie jetzt Ihre Ergebnisse zusammen, gehen Sie dabei auch auf die Funktion der Erzählform ein und schließen Sie auf die Position des Erzählers.

Lösungsvorschlag:
- Der Erzähler befindet sich außerhalb des Geschehens in einer zeitlichen Distanz zur erzählten Wirklichkeit.
- Diese Distanz wird durch die gewählte Erzählform verstärkt. Es handelt sich um die Er-Form, denn der Erzähler erfasst die erzählte Figur in der 3. Person: „lebte [...] ein Roßhändler“ (Z. 1–3).
- Er kennt diese Figur in ihrer charakterlichen Entwicklung und überblickt deren familiäre und soziale Umwelt.
- Zugleich nimmt er zum Verhalten differenziert Stellung. Sein Urteil ist klar, es gründet offenbar auf ein von festen Werten und Normen bestimmtes Weltbild und lässt auf ein selbstbewusstes, eigenständiges Erzähler-Ich schließen.

Aufgabe 4 Welches Erzählverhalten erkennen Sie im folgenden Text?

Alfred Döblin: Berlin Alexanderplatz

Franz ging rascher, stapfte um die Ecke. So, freie Luft. Er ging an den großen Schaufenstern ruhiger. Was kosten Stiefel? Lackschuh, Ballschuh, muß tipptopp aussehen, so am Fuß, sone Kleene mit Ballschuhe. Der affige Lissarek, der Böhme, der alte Kerl mit den großen Nasenlöchern draußen in Tegel, der ließ sich von seiner Frau, oder was sich dafür ausgab, alle paar Wochen ein Paar schöne seidene Strümpfe bringen, ein Paar neue und ein Paar alte. Ist zum Piepen. Und wenn sie sie stehlen sollte, er musste sie haben. Einmal haben sie ihn erwischt, wie er die Strümpfe anhatte auf seine dreckige Beine, son Nulpe, und kuckt sich nun seine Beine an und geilt sich daran uff und hat rote Ohren, der Kerl, zum Piepen, Möbel auf Teilzahlung, Küchenmöbel in 12 Monatsraten. Mit Genugtuung wanderte Biberkopf weiter.

Aus: Alfred Döblin: Berlin Alexanderplatz. München: Deutscher Taschenbuch Verlag 1965, S. 112 f.
Lizenzausgabe des Walter Verlags

Lösungsvorschlag:
Der Text beginnt **auktorial**. Mit der Ellipse „So, freie Luft." wird das **personale Erzählen** eingeleitet, das nach einem erneuten kurzen **auktorialen Einschub** („Er ging […] ruhiger." Z. 2 f.) als innerer Monolog den Text dominiert. Franz Biberkopf fungiert als vermittelndes Medium. Er gibt seine Eindrücke, Erinnerungen und Kommentare preis und zitiert offenbar Texte, die sich in den Schaufenstern befinden. Erst im letzten Satz meldet sich der **auktoriale Erzähler** wieder zu Wort.

Aufgabe 5 Weisen Sie nach, dass es sich beim folgenden Text um eine neutrale Erzählsituation handelt.

Franz Kafka: Kleine Fabel

„Ach", sagte die Maus, „die Welt wird enger mit jedem Tag. Zuerst war sie so breit, daß ich Angst hatte, ich lief weiter und war glücklich, daß ich endlich rechts und links in der Ferne Mauern sah, aber diese langen Mauern eilen so schnell aufeinander zu, daß ich schon im letzten Zimmer bin, und dort im Winkel steht die Falle, in die ich laufe." – „Du mußt nur die Laufrichtung ändern", sagte die Katze und fraß sie.

Aus: Franz Kafka: Sämtliche Erzählungen. Frankfurt a. M.: Fischer Taschenbuch Verlag 1973, S. 320

Lösungsvorschlag:
Neutrales Erzählverhalten bestimmt den Text: Kein Erzähler ist erkennbar. Der Dialog wird sachlich ohne irgendeine Kommentierung wiedergegeben.

Aufgabe 6 Untersuchen Sie das Erzählverhalten des folgenden Textes.

Heinrich Böll: Wiedersehen mit Drüng

1 Was vor einer Stunde geschehen war, sah ich jetzt sehr deutlich, aber fern, als blickte ich vom Rande unseres Erdballs in eine andere Welt, die durch einen himmelweiten glasigklaren Abgrund von der unseren geschieden war. Dort sah ich jemand, der ich selbst sein mußte, in nächtlicher Finsternis über zerwühlte Erde schleichen, manchmal wild angeleuchtet diese trostlose Silhouette durch eine fern abgeschossene Leuchtrakete; ich sah diesen Fremden, der ich selbst sein mußte, sich qualvoll mit offenbar schmerzenden Füßen über die Unebenheiten des Bodens bewegen, oft kriechen, aufstehen, wieder kriechen, wieder aufstehen; endlich einem dunklen Tale zustreben, wo mehrere dieser dunklen Gestalten sich um ein Gefährt versammelten.

Aus: Heinrich Böll: Wiedersehen mit Drüng. In: Heinrich Böll: Wanderer, kommst du nach Spa ... Erzählungen. München: Deutscher Taschenbuch Verlag, 5. Auflage 1970, S. 82

Lösungsvorschlag:
Der Ich-Erzähler **erinnert** sich von seiner Gegenwart aus eines in der Vergangenheit liegenden Ereignisses. Sein Standort befindet sich, wie er selbst empfindet (vgl. Z. 2–6), **außerhalb** des zurückliegenden Geschehens, in dem er als handelnde Figur auftritt. Zwischen dem erzählenden und dem erlebenden Ich besteht also ein zeitlicher und ferner ein zumindest gedachter räumlicher **Abstand**, der auch eine innere Distanz zu bewirken scheint – „ich sah diesen Fremden, der ich selbst sein mußte" (Z. 11 f., vgl. auch Z. 6 f.) –, und zwar so stark, dass das erlebende Ich geradezu als andere Person, als Fremder, empfunden wird. **Kommentierung** und die **Außensicht** bestärken dies: Eine Innensicht des erlebenden Ich wird als Vermutung des erzählenden Ich formuliert: „mit offenbar schmerzenden Füßen" (Z. 13 f.).

Der Erzähler blickt vom Rande des Erdballs in eine andere Welt.

2 Die Komponenten der erzählten Geschichte

Die Geschichte, die der Erzähler anbietet, besteht aus verschiedenen Komponenten: einem zusammenhängenden und Sinn ergebenden *Geschehen* (Ereignis-, Vorgangs-, Handlungsreihe), dem *Raum*, in dem dieses abläuft, dem *zeitlichen Rahmen* und den *Figuren,* die als Handlungsträger fungieren.

2.1 Das Geschehen

Handlungsbestimmte Texte bilden eine Abfolge kleinerer inhaltlicher Einheiten, die den Erzählfluss mehr oder weniger stark akzentuieren. Ihre jeweilige Aussagesubstanz kann für das Kernthema des Textes von unterschiedlicher Bedeutung sein. Zur Beschreibung des **Inhalts** ist es wichtig, diese Erzählphasen zu erkennen und ihnen die entscheidenden Informationen zum Verständnis des Gesamttextes zu entnehmen.
Sind die einzelnen Einheiten locker miteinander verknüpft, fällt ihre Registrierung leicht. Schwierigkeiten ergeben sich dagegen, wenn die Geschehnisse erzählerisch eng verzahnt sind und auf den ersten Blick kaum autonome Einheiten ausgemacht werden können.
Grundsätzlich aber gilt: Die Geschehensfolge, also der Inhalt der Erzählung, verläuft nicht willkürlich und chaotisch. Sie ist vom Erzähler nach seinen Absichten gefügt und zu einem Ganzen geordnet.

Am günstigsten ist es, das **Verhalten des Erzählers** zu beobachten: Beginnt er eine neue Sinneinheit, wechselt er meist seine Erzählstrategie.

Veränderungen der Erzählstrategie, die den Beginn neuer Erzähleinheiten signalisieren können, finden sich

- im Handlungs-, Raum-, Zeit-, Perspektiven- und Ereignisgefüge,
- in der Personenkonstellation sowie
- in der Darbietung des Erzählten.

Häufig werden die Änderungen an einleitenden Adverbien und Konjunktionen erkennbar. Besondere Signalwörter sind

- Temporaladverbien, zum Beispiel „dann“, „danach“, „bald darauf“, „inzwischen“, „später“,
- Modaladverbien der Erweiterung, etwa „außerdem“,
- Modaladverbien der Einschränkung, etwa „möglicherweise“,
- Konjunktionen der Einschränkung, beispielsweise „aber“.

2.2 Der Raum

Raum sind alle *konkreten Orte*, an denen die Ereignisse ablaufen und die Figuren handeln. Der Begriff kann sich auf die *Innenwelt* des Seelischen, die Fantasie, ausweiten und somit verschiedene Wirklichkeitsbereiche erfassen.
Über den bloßen Schauplatz hinaus kommen dem Raum mitunter *Funktionen* zu, deren Analyse bereits auf den Aussagekern des Textes weist. So kann der Raum Atmosphäre vermitteln und sich zu einer symbolischen Bedeutung und Motivik verdichten. Beispielsweise verbildlicht das Meer in Theodor Storms *Der Schimmelreiter* die Gewalt der Natur. Thomas Mann erhellt in *Der Tod in Venedig* die Verwandtschaft von Schönheit und Morbidität. Bei Alfred Döblins *Berlin Alexanderplatz* symbolisiert die Stadt dagegen das pulsierende Leben und den Geist der sogenannten „Goldenen Zwanzigerjahre“.

2.3 Die Zeit

Zeit bezieht sich zunächst auf den *zeitlichen Umfang des Geschehens*, die Dauer der einzelnen Ereignisse, Vorgänge und Handlungen, deren *chronologische Abfolge* oder mögliche Simultaneität.

Mittel der Zeitgestaltung

Bevorzugte Mittel der Zeitgestaltung sind

- Zeitraffung,
- Zeitdeckung,
- Zeitdehnung,
- Rückblenden,
- Vorausdeutungen.

Bei der Untersuchung der Zeit ist es mitunter sinnvoll, die Dauer des erzählten Vorgangs (= erzählte Zeit; eZ) mit der Dauer des Erzählens beziehungsweise Lesens (= Erzählzeit; EZ) zu vergleichen.

Mögliche zeitliche Relationen

- eZ > EZ: Der Inhalt der Geschichte umfasst eine große Zeitspanne. Der Erzähler arbeitet mit vielen Raffungen und Aussparungen. Beispiel: traditioneller Roman.
- eZ = EZ: Der Vorgang und sein Erzählen decken sich. Beispiel: wörtliche Rede.
- eZ < EZ: Hier dauert der Erzählvorgang länger als das Geschehen. Der Erzähler dehnt seine Darstellung. Beispiel: die Wiedergabe schnell ablaufender Gedanken und Assoziationen, vor allem im modernen Roman.

Aufgabe 7 Bestimmen Sie die Mittel der Zeitgestaltung im folgenden Text.

Franz Kafka: Großer Lärm

Ich sitze in meinem Zimmer im Hauptquartier des Lärms der ganzen Wohnung. Alle Türen höre ich schlagen, durch ihren Lärm bleiben mir nur die Schritte der zwischen ihnen Laufenden erspart, noch das Zuklappen der Herdtüre in der Küche höre ich. Der Vater durchbricht die Türen meines Zimmers und zieht im nachschleppenden Schlafrock durch, aus dem Ofen im Nebenzimmer wird die Asche gekratzt, Valli fragt, durch das Vorzimmer Wort für Wort rufend, ob des Vaters Hut schon geputzt ist, ein Zischen, das mir befreundet sein will, erhebt noch das Geschrei einer antwortenden Stimme. Die Wohnungstüre wird aufgeklinkt und lärmt, wie aus katarrhalischem Hals, öffnet sich dann weiterhin mit dem Singen einer Frauenstimme und schließt sich endlich mit einem dumpfen, männlichen Ruck, der sich am rücksichtslosesten anhört. Der Vater ist weg, jetzt beginnt der zartere, zertreutere, hoffnungslosere Lärm, von den Stimmen der zwei Kanarienvögel angeführt. Schon früher dachte ich daran, bei den Kanarienvögeln fällt es mir von neuem ein, ob ich nicht die Türe bis zu einer kleinen Spalte öffnen, schlangengleich ins Nebenzimmer kriechen und so auf dem Boden meine Schwestern und ihr Fräulein um Ruhe bitten sollte.

Aus: Franz Kafka: Die Erzählungen. Originalfassung. Frankfurt a. M.: Fischer Taschenbuch Verlag 1996, S. 42

Lösungsvorschlag:

Diese häusliche Episode ist zeitdeckend erzählt. Der Erzähler registriert, was um ihn herum vorgeht, und teilt dies gleichsam in Echtzeit mit. Am Ende des Textes (ab Z. 25) kommt es dabei zu einer kurzen Rückblende, die in eine Vorausdeutung übergeht, ohne dass das präsentische, zeitdeckende Erzählen aufgegeben wird: Nach wie vor berichtet der Erzähler, was ihm durch den Kopf geht.

Der Autor holt sich Anregungen aus seiner Umwelt und aus der Natur.

Schon bei dem eben untersuchten Text kann man sich fragen, ob hier nicht von einer Situation erzählt wird, die sich so oder ganz ähnlich immer wieder abspielt. Bei dem folgenden Text ist die Absicht, den Wiederholungscharakter, der jeder menschlichen Existenz eingeprägt ist, ins Bewusstsein zu heben, unverkennbar. Man spricht in einem solchen Falle von **iterativem Erzählen**. Diese Erzählweise ist besonders dazu geeignet, eine nachdenkliche, melancholische Atmosphäre zu erzeugen und dazu anzuregen, über den Sinn des Lebens nachzudenken. Sie kann aber auch ganz anspruchslos zur zusammenfassenden Schilderung täglicher Routine eingesetzt werden.

Aufgabe 8 Woran erkennen Sie, dass es sich bei dem folgenden Text um iteratives Erzählen handelt?

Franz Kafka: Kleider

Oft wenn ich Kleider mit vielfachen Falten, Rüschen und Behängen sehe, die über schönen Körper schön sich legen, dann denke ich, daß sie nicht lange so erhalten bleiben, sondern Falten bekommen, nicht mehr gerade zu glätten, Staub bekommen, der, dick in der Verziehung, nicht mehr zu entfernen ist, und daß niemand so traurig und lächerlich sich wird machen wollen, täglich das gleiche kostbare Kleid früh anzulegen und abends auszuziehn.

Doch sehe ich Mädchen, die wohl schön sind und vielfache reizende Muskeln und Knöchelchen und gespannte Haut und Massen dünner Haare zeigen, und doch tagtäglich in diesem einen natürlichen Maskenanzug erscheinen, immer das gleiche Gesicht in die gleichen Handflächen legen und von ihrem Spiegel widerscheinen lassen.

Nur manchmal am Abend, wenn sie spät von einem Feste kommen, scheint es ihnen im Spiegel abgenützt, gedunsen, verstaubt, von allen schon gesehn und kaum mehr tragbar.

Aus: Franz Kafka: Die Erzählungen. Originalfassung. Frankfurt a. M.: Fischer Taschenbuch Verlag 1996, S. 10

Lösungsvorschlag:

Der kurze Text enthält zahlreiche Signalwörter, die die iterative Erzählweise anzeigen: „Oft“ (Z. 1), „wenn […], dann“ (Z. 1 und Z. 3), „täglich“ (Z. 10), „das gleiche“ (Z. 10), „früh […] und abends“ (Z. 11), „Doch […] und doch“ (Z. 12 und Z. 15, mit Bezug auf „Oft wenn“ in Z. 1), „tagtäglich“ (Z. 16) „immer das gleiche […] in die gleichen“ (Z. 17 f.), „Nur manchmal am Abend, wenn […]“ (Z. 21). Nicht zuletzt aufgrund der Dichte dieser Signalwörter wird deutlich, dass es Kafka hier offenbar darum geht, einen allgemeingültigen Zusammenhang zu beschreiben, der ein Licht auf die menschliche Existenz als solche wirft. (Iteratives Erzählen wird Ihnen auch im Übungskapitel über Johann Wolfgang von Goethes Roman *Die Leiden des jungen Werther* begegnen.)

2.4 Die Figurendarstellung

Die auftretenden Figuren bilden das wichtigste Erkennungselement einer Geschichte. Als Handlungsträger bestimmen sie den Gang des Geschehens. Neben der Beschreibung wichtiger *Einzelfiguren* wird die Aufmerksamkeit der *Figurenkonstellation*, also dem sozialen Beziehungsgeflecht, gelten.

Komponenten der Figurencharakteristik

- äußere Merkmale,
- Eigenschaften,
- Einstellungen,
- Einflussfaktoren,
- Beziehungen zur Umwelt.

Eine ausführliche Figurenanalyse wird dann erwartet werden, wenn es sich um besonders auffällige Figuren handelt. Dies ist vor allem bei Dominanz- und Kontrastfiguren sowie Außenseitern der Fall. Hybride Machtnaturen profilieren sich durch despotische, ihre Umwelt entwürdigende Taten. Gegensätzlich gezeichnete Figuren steigern die Spannung zu Konflikten und Katastrophen hin. Beim Außenseiter entwickelt sich die Spannung aus dem Kontrast zur Gesellschaft. Mitunter versuchen Figuren bestimmte Weltanschauungen zu verwirklichen, Probleme unter großem Einsatz zu lösen oder gesellschaftlich diskreditierende Eigenschaften zu verheimlichen. In solchen Fällen werden Charakteristik und Verhaltensanalyse im Mittelpunkt der Untersuchung stehen.

Grundsätzlich muss einem bewusst sein, dass der sogenannte „Held" sein Erscheinungsbild im Verlauf der Epochen geändert hat. Der einstmals aktive, positive, problemlösende und zu sozialen Bindungen befähigte Held wurde vom passiven, problemverursachenden und sozial isolierten Antihelden abgelöst. Bietet der Text Figuren, die nach diesen Kriterien erfassbar sind, werden Eigenschaften und Verhaltensweisen auch vor dem Hintergrund der jeweiligen Zeit und Weltanschauung (Epochenmerkmale!) zu deuten sein.

Die meisten Abiturtexte beschränken sich auf die Präsentation kurzer Lebensabschnitte der Hauptfiguren. Hilfreiche Anregungen zur Analyse von deren Verhalten können neben den oben genannten Komponenten der Figurencharakteristik auch der Handlungsort und die Handlungszeit, die Grundstimmung und Motivik sowie eventuelle Hinweise in einer Vorbemerkung zur Abituraufgabe bieten.

3 Die Darbietung der Geschichte

Die Präsentation der Geschichte erfolgt meist in einer bestimmten Textart mit einer entsprechenden Komposition sowie dem Einsatz verschiedener Erzählmedien und sprachlicher Gestaltungsmittel. Als Untersuchungsgegenstände ergeben sich somit: *Textart, Textstruktur, Erzählweise* und *Sprache.*

3.1 Textarten

Die in Abiturprüfungen am häufigsten vorkommenden epischen Textarten (Textsorten, Textgattungen) sind: *Kurzgeschichte, Parabel, Novelle* und *Roman* in seinen vielfältigen Formen. Daneben findet sich auch die *Erzählung* als eigenständige Textsorte.

Kurzgeschichte

Sie ist von kurzem Umfang und hat ein Ereignis aus dem realen Leben zum Thema, das auf tiefere Zusammenhänge verweist. Der ohne Einleitung einsetzende geradlinige und einsträngige Aufbau führt in verdichteter Steigerung zu einem Höhe- und Wendepunkt beziehungsweise zu einer Pointe, der Schluss bleibt offen. Die wenigen Figuren sind typisierte Durchschnittsmenschen. Sie werden einer Entscheidungssituation ausgesetzt, haben Konflikte zu lösen, wodurch sich ihr Leben ändern kann. Das Geschehen vollzieht sich in einem kurzen Zeitabschnitt und in einem begrenzten Raum. Es dominiert die Alltagssprache.

Parabel

Sie ist eine literarische Kurzform mit offener Komposition, gleichnishaftem Charakter und didaktischem Grundton. Ein einzelnes, meist unbedeutendes Ereignis (Bildebene) verweist auf einen anderen Wirklichkeitsbereich (Sachebene), etwas konkret Fassbares auf etwas Abstraktes und schwer Zugängliches, das erst durch einen Denkprozess vom Leser erschlossen werden muss. Unterschieden werden können ein- (Bild- und Sachebene sind miteinander verwoben), zwei- (Vergleich – konkretes Beispiel) oder dreigliedrige (Vergleich – konkretes Beispiel – Deutung) Parabeln. Zeit- und Raumangaben können detailliert, unbestimmt oder verfremdet erfolgen. Die Figuren sind typisiert.

Erzählung

Der Begriff „Erzählung“ kann nicht nur auf jeden epischen Text angewendet werden, sondern auch eine Einzelgattung meinen. Allerdings überschneiden sich deren Merkmale mit denen anderer Gattungen, sodass eine scharfe Trennung oft nicht möglich ist. Sie ist von geringerem Umfang, weniger komplex und figurenärmer als der Roman, weniger streng durchkomponiert als die Novelle, aber detailreicher als die Formen der Kleinepik.

Novelle
Die Novelle hat einen mittleren Umfang. Im Mittelpunkt stehen Figuren, die in einen ausweglos scheinenden Konflikt verwickelt sind. Die geschlossene Form zeigt einen meist einlinigen, straffen Aufbau mit Exposition, Steigerung, Höhe- oder Wendepunkt, Abfall und Ausklang. Leitmotive, Dingsymbole und Raffungen verdichten den Inhalt.

Roman
Der Roman, der in der frühen Neuzeit mit Prosaauflösungen der Versepen begann, ist die umfangreichste epische Form. Sein Inhalt spiegelt das Welt- und Menschenbild der jeweiligen Zeit. Wesentliche Merkmale seiner Entwicklung sind die fortschreitende Entmündigung des Erzählers, die Auflösung fester Werte, der Verlust des aktiven, eigenständig urteilenden und agierenden Helden, die Verlagerung der Handlung vom äußeren Geschehen ins Bewusstsein, die Relativierung von Raum- und Zeitkomponenten in einem vielschichtigen Wirklichkeitsspektrum, die Abkehr vom chronologischen Erzählen zu Simultaneität und Montage, die zunehmende Komplexität der Komposition, der Wechsel vom abgeschlossenen Geschehen zum Fragment und die Tendenz zum Aufbrechen der Gattungsgrenzen.

3.2 Komposition

Der Erzähler muss seine Geschichte für den Leser organisieren. Er wird den Ablauf des Geschehens strukturieren, Handlungsschwerpunkte setzen und bedeutungsärmere Ereignisse raffen oder fortlassen. So entsteht ein mehr oder weniger strenger **Aufbau** mit verdichteten Erzählphasen, Unterbrechungen und Neuansätzen. Wenn die Erzählsegmente linear, in kausal zwingender und temporal gedrängter Konsequenz und durch Leitmotive fest verknüpft aufeinanderfolgen und es einen klaren Anfang und eine eindeutige Lösung gibt, wirkt die Geschichte formal *geschlossen*. Eine solche geschlossene Form weist meistens auf ein festes, traditionelles Weltbild mit klaren Werten und eindeutigen Charakteren.

Die Textelemente können aber auch locker, ohne ein zeitliches Nacheinander zu beachten, zusammengefügt sein, sodass Handlungsabläufe gebrochen und aufgelöst erscheinen. Solche *montierten* Texte finden sich bevorzugt in der modernen Literatur. Sie deuten auf ein komplexes Weltbild, in dem sich unterschiedlichste Wirklichkeitsebenen überlagern und endgültige Antworten nicht möglich sind. Entsprechend seinen Absichten kann der Erzähler *Rückblenden* einbauen, Zukunft durch *Vorausdeutungen* anklingen lassen, den Leser mit verschiedenen *Handlungssträngen* unter Spannung halten und zwischen *äußerer und innerer Handlung* wechseln. Mit dem Einbau von konfliktauslösenden, steigernden, verzögernden, verschleiernden und andeutenden Elementen gelingt es dem Erzähler, beim Leser Aufmerksamkeit, Neugier, Anteilnahme und Spannung zu erregen.

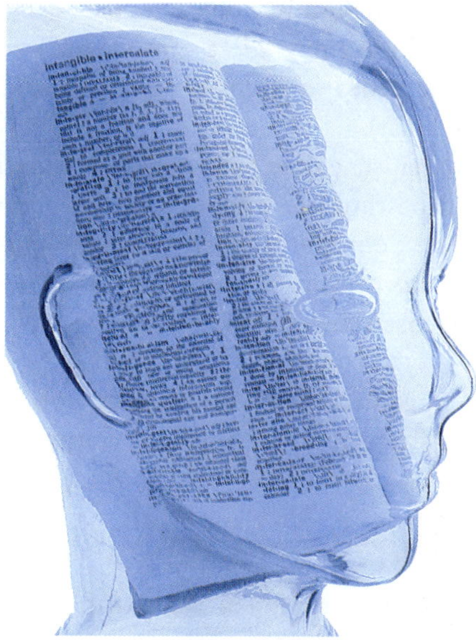

Der Kopf des Autors steckt voller Texte.

Die Analyse des Geschehensablaufs hat zum Erfassen von Sinneinheiten geführt. Damit wurde bereits die Untersuchung der Textgliederung eingeleitet. Diese darf sich allerdings nicht nur auf inhaltliche Kriterien beschränken. Aussagen zum Aufbau sollten zusätzlich die Aufgaben der einzelnen Einheiten und ihre Beziehungen vor allem im Hinblick auf die Gesamtkonzeption berücksichtigen.

Epische Texte werden von Handlungsabläufen bestimmt. Diese sind strukturbildend. Insofern ist es sinnvoll, die Funktion der Sinneinheiten zunächst von Handlungskomponenten her zu hinterfragen. Bei einem spannungsorientierten Aufbau und einer klaren Handlungsentwicklung können sich als strukturierende Komponenten

- Exposition,
- Spannungssteigerung mit erregendem Moment,
- Höhe- und Wendepunkt,
- Spannungsabfall mit retardierendem Moment und
- Spannungslösung

finden. Die Nähe zur Form des geschlossenen Dramas ist nicht zu übersehen.

- Überprüfen Sie auch, ob
  - dem Text eine *dialektische Struktur* zugrunde liegt (zum Beispiel Rede und Gegenrede beziehungsweise Handlung – Kontrasthandlung, Protagonist – Antagonist),
  - er szenische oder beschreibende Einschübe enthält,
  - ein bestimmtes *Thema*, ein *Leitmotiv*, eine *Grundstimmung*, eine *zentrale Figur* dominiert (unter welchen Aspekten entfalten sich diese?) oder
  - *Montagetechnik* vorliegt, bei der die einzelnen Elemente ein höheres Maß an Eigenständigkeit besitzen.

Die Frage nach dem Aufbau hilft mitunter bei der Erkennung der Textart, der Erzählstrategie sowie einer Schwerpunkt- und Pointenbestimmung.

3.3 Darbietungsweisen

Zu den grundlegenden Darbietungsweisen des Erzählens gehören der *Erzählerbericht* und die *Figurenrede.*

Formen des Erzählerberichts

- Erfassen von Geschehensabläufen,
- Beschreiben von Figuren, Gegenständen und Situationen,
- Erörterungen.

Formen der Figurenrede

- direkte Rede,
- indirekte Rede,
- erlebte Rede,
- innerer Monolog (Bewusstseinsstrom).

In der **direkten Rede** werden die Äußerungen wörtlich wiedergegeben. Diese Form der Figurenrede ist unmittelbares Geschehen, das durch die Deckung von erzählter Zeit und Erzählzeit dicht an den Leser heranrückt. Der Erzähler kann sich dabei ganz oder völlig zurückziehen und die Vorgänge über die Perspektiven der Figuren vermitteln. Inhalt und Darbietung der Aussagen können einen wichtigen Beitrag zur Figurencharakteristik leisten.
Dies verstärkt sich, wenn im Wechsel von Rede und Gegenrede, besonders im *Dialog,* unterschiedliche Meinungen zweier Figuren aufeinanderprallen, Sachargumente von emotionalen Ausbrüchen abgelöst werden und sich so Konflikte aufbauen und entladen.

In der **indirekten Rede** scheint der Erzähler die Führung zu behalten, denn er greift in das Gesagte ein, gestaltet es durch Raffung und knappe Zusammenfassung. Doch der verwendete Konjunktiv lässt auch erkennen, dass der Erzähler für die Korrektheit der Aussagen keine Gewähr übernehmen möchte. Die Wirklichkeit wird aufgeweicht, öffnet sich dem Möglichen.

Bei der **erlebten Rede** lassen 3. Person Indikativ und episches Präteritum zwar die Vermittlerrolle des Erzählers erkennen, aber die Unmittelbarkeit einer fiktiven Gegenwart, die den Leser auf suggestive Weise mit den Gedanken und Gefühlen einer Figur vertraut macht, rückt den Bericht in die Nähe eines Selbstgesprächs.

Das ebenfalls moderne Erzählmittel des **inneren Monologs** dient der Wiedergabe des oft sprunghaften Bewusstseinsstroms. Ich-Form, Präsens, Satzbrüche und -fragmente zeigen, wie sich Gedanken und Gefühle verselbstständigen. Der Erzähler scheint völlig verschwunden zu sein, die Erzählzeit ist länger als die erzählte Zeit.

Aufgabe 9 Welche Art der Figurenrede weist der folgende Text auf? Begründen Sie Ihre Auffassung.

Arthur Schnitzler: Leutnant Gustl

Wie lang' wird denn das noch dauern? Ich muß auf die Uhr schauen ... schickt sich wahrscheinlich nicht in einem so ernsten Konzert. Aber wer sieht's denn? Wenn's einer sieht, so paßt er gerade so wenig auf, wie ich, und vor dem brauch' ich mich nicht zu genieren ... Erst viertel auf zehn? ... Mir kommt vor, ich sitz' schon drei Stunden in dem Konzert. Ich bin's halt nicht gewohnt ... Was ist es denn eigentlich? Ich muß das Programm anschauen ... Ja, richtig: Oratorium! Ich hab' gemeint: Messe. Solche Sachen gehören doch nur in die Kirche! Die Kirche hat auch das Gute, daß man jeden Augenblick fortgehen kann. – Wenn ich wenigstens einen Ecksitz hätt'! – Also Geduld, Geduld! Auch Oratorien nehmen ein End'! Vielleicht ist es sehr schön, und ich bin nur nicht in der Laune. Woher sollt' mir auch die Laune kommen? Wenn ich denke, daß ich hergekommen bin, um mich zu zerstreuen ... Hätt' ich die Karte lieber dem Benedek geschenkt, dem machen solche Sachen Spaß; er spielt ja selber Violine. Aber da wär' der Kopetzky beleidigt gewesen. Es war ja sehr lieb von ihm, wenigstens gut gemeint. Ein braver Kerl, der Kopetzky! Der einzige, auf den man sich verlassen kann ... Seine Schwester singt ja mit unter denen da oben. Mindestens hundert Jungfrauen, alle schwarz gekleidet; wie soll ich sie da herausfinden? Weil sie mitsingt, hat er auch das Billett gehabt, der Kopetzky ... Warum ist er denn nicht selber gegangen? – Sie singen übrigens sehr schön. Es ist sehr erhebend – sicher! Bravo! Bravo! ...

Aus: Arthur Schnitzler: Das erzählerische Werk. In chronologischer Ordnung. Band 4: Der blinde Geronimo und sein Bruder. Erzählungen 1900–1907. Frankf. a. M.: Fischer Taschenbuch Verlag 1989, S. 9

Lösungsvorschlag:
Schnitzlers *Leutnant Gustl* gilt als klassisches Beispiel für den inneren Monolog. Der Text ist in der Ich-Form und im Präsens verfasst. Der Gedankengang wird mehrfach unterbrochen und lässt den sprunghaften Bewusstseinsstrom des Protagonisten deutlich erkennen (vgl. die Auslassungspunkte). Die Syntax (Aussage- und Fragesätze, Ausrufe und Satzfragmente) orientiert sich an den Eigenarten der Wiener Mundart und Umgangssprache (Wortverkürzungen).

3.4 Sprache und Stil

Die Analyse der sprachlich-stilistischen Gestaltung ist ein wesentliches Kriterium der Erschließung und Deutung aller literarischen Texte. Syntax, Wortwahl, rhetorische Mittel und Stil bilden die Untersuchungsschwerpunkte.

Die wichtigsten Untersuchungsbereiche

- **Syntax:** Häufen sich bestimmte
  - Satzarten (z. B. Fragesätze, Ausrufesätze),
  - Satzstrukturen (Hypotaxe, Parataxe),
  - Satzfiguren (z. B. Ellipse, Inversion, Parallelismus)?
- **Wortwahl:** Gibt es
  - auffällig häufig vorkommende Wortarten (z. B. veranschaulichende Adjektive, handlungsstarke Verben),
  - Wörter mit Thema-, Motiv- oder Stimmungsbezug,
  - einen speziellen Wortschatz (z. B. Fachwörter, Dialektausdrücke)?
- **Rhetorische Figuren:** Welche Funktionen dominieren?
  - Erhöhung der Anschaulichkeit (z. B. durch Metapher, Personifikation, Beispiel, Parenthese)
  - Steigerung der Aussage (z. B. durch Wiederholung, Klimax, Hyperbel, Zitat)
  - Intensivierung der Spannung (z. B. durch Antithese, Aposiopese, Oxymoron, rhetorische Frage)
  - Förderung der Kommunikation zwischen Autor und Leser (z. B. durch Anrede, Allusion, Apostrophe, Ironie)
  - Verdichtung des Ästhetischen (z. B. durch Synästhesie, Elision, Chiffre)
- **Klanggestalt:** Gefragt wird nach
  - Rhythmus, Sprachmelodik (z. B. Parallelismus, Alliteration, Assonanz, bestimmte Konsonanten- oder Vokalfolgen) und
  - Lautsymbolik (z. B. dunkle, helle, harte, weiche Laute).
- **Stil:** Die Untersuchung erfolgt im Hinblick auf
  - eine charakteristische Gestaltungsweise,
  - Stilebenen (untere, mittlere, hohe Ebene),
  - das Verhältnis von Stil und Sozialstruktur, Milieu.

Das weiße Blatt in der Schreibmaschine, das vom Autor beschrieben sein möchte.

Sehr selten gibt es eindeutig dominierende Mittel. Meist handelt es sich um Mischungen, die nur unter bestimmten Aspekten dem einen oder anderen Mittel den Vortritt lassen (beispielsweise können sich in einem szenischen Teil die syntaktischen Strukturen dramatisch zu Parataxen und Ellipsen verkürzen).

Aufgabe 10 Welche rhetorischen Figuren werden im folgenden Text bevorzugt eingesetzt? Welche Aufgaben erfüllen sie?

Heinrich Heine: Der Rabbi von Bacherach

Unterhalb des Rheingaus, wo die Ufer des Stromes ihre lachende Miene verlieren, Berg und Felsen, mit ihren abenteuerlichen Burgruinen, sich trotziger gebärden, und eine wildere, ernstere Herrlichkeit emporsteigt, dort liegt, wie eine schaurige Sage der Vorzeit, die finstre, uralte Stadt Bacherach. Nicht immer waren so morsch und verfallen diese Mauern mit ihren zahnlosen Zinnen und blinden Warttürmchen, in deren Luken der Wind pfeift und die Spatzen nisten; in diesen armselig häßlichen Lehmgassen, die man durch das zerrissene Tor erblickt, herrschte nicht immer jene öde Stille, die nur dann und wann unterbrochen wird von schreienden Kindern, keifenden Weibern und brüllenden Kühen. Diese Mauern waren einst stolz und stark, und in diesen Gassen bewegte sich frisches, freies Leben, Macht und Pracht, Lust und Leid, viel Liebe und viel Haß.

Aus: Heinrich Heine: Sämtliche Schriften. Herausgegeben von Klaus Briegleb. 2. Auflage. Band 1. München: Carl Hanser Verlag 1975, S. 461

Lösungsvorschlag:
Personifikationen dominieren den Text. Landschaft, Stadt und abstrakte Begriffe erhalten menschliche Eigenschaften und gewinnen so an bildlich-expressiver Kraft: „die Ufer des Stromes ihre lachende Miene verlieren“ (Z. 1–3); „Berg und Felsen [...] sich trotziger gebärden“ (Z. 3–5); „eine wildere, ernstere

Herrlichkeit" (Z. 5); „mit ihren zahnlosen Zinnen und blinden Warttürmchen" (Z. 9–11); „in diesen armselig häßlichen Lehmgassen" (Z. 12 f.); „Diese Mauern waren einst stolz und stark" (Z. 18 f.). Der Erzähler rückt die Gegenstände näher an den Leser heran und zieht ihn gleichsam in seine Geschichte hinein. Verstärkt wird die metaphorische Eindringlichkeit der Aussage durch Alliterationen („stolz und stark", Z. 19; „bewegte sich frisches, freies Leben", Z. 20; „Lust und Leid", Z. 21), Reim („Macht und Pracht", Z. 20 f.), Wiederholungen („viel Liebe und viel Haß", Z. 21 f.; „[N]icht immer", Z. 8 und 14 f.), Zweierfiguren, zum Teil in spannungsvoller Antithetik („Macht und Pracht, Lust und Leid, viel Liebe und viel Haß", Z. 20–22), Inversion („Nicht immer waren so morsch und verfallen diese Mauern", Z. 8 f.), Vergleich („wie eine schaurige Sage", Z. 6 f.) und zahlreiche konkretisierende Adjektive.

Aufgabe 11 Beurteilen Sie Sprache, Stil und Inhalt des folgenden Textes.

Ludwig Ganghofer: Der Klosterjäger

Wie Lerchengesang hob Grittlis Stimme sich über den wehenden Sturm und das dumpfe Rauschen des Waldes. Und als sie die letzte Strophe gesungen hatte, sah Haymo, wie Grittli auf ihrem schmalen Pfad erschrocken stehenblieb, den scheuen Blick auf den Pater Fischmeister gerichtet. Dieser stand vor ihr mit erstarrtem Gesicht und mit Augen so voll Entsetzen, als wäre das Mädchen vor ihm nicht das lieblichste Bild des Lebens, sondern ein dem dunkelsten Schoß der Erde entstiegenes Gespenst. Die Knie drohten ihm zu brechen, Netze und Schnüre fielen von seinem Arm, taumelnd griff er nach einer Stütze, und von seinen zuckenden Lippen klang es mit heiserem Laut: „Wer bist du?"

„Ich bin die Grittli," stammelte das Mädchen mit versagender Stimme.

„Wer ist dein Vater?"

„Mein Vater ist tot, und meine Mutter auch. Ich hause bei meinem Bruder, der heißt Wolfrat und ist Sudmann im Salzhaus des Klosters."

Das hatte Grittli scheu hervorgestottert, wie ein Kind die Litanei in der Schule stammelt, wenn der Kaplan die Haselrute schwingt. Nun stand sie schweigend, das Körbchen mit den Schneerosen an ihren jungen Busen drückend, ein Bild, so hold, daß Haymo sein Herz zum Springen schwellen fühlte.

Aus: Ludwig Ganghofer: Der Klosterjäger. Stuttgart: Adolf Bonz & Comp. Verlag 1930, S. 32 f.

Lösungsvorschlag:

Der Text beginnt mit einem abgegriffenen Vergleich: „Wie Lerchengesang hob Grittlis Stimme sich [...]" (Z. 1 f.). Es folgen schiefe Attribute („wehenden Sturm", Z. 2; „dumpfe Rauschen", Z. 3), antithetisch gesetzte Superlative („das lieblichste Bild des Lebens" – „dem dunkelsten Schoß der Erde", Z. 10–12) und Übertreibungen („Die Knie drohten ihm zu brechen“, Z. 13 f.; „klang es mit heiserem Laut“, Z. 17; „hervorgestottert“, Z. 26 f.). Sie sollen die Aussage intensivieren. Das Mädchen wird wie eine Märchenfigur als jung, lieblich, „scheu“ (Z. 6 f. und 26), engelhaft rührend („hold“, Z. 32) charakterisiert. Diese Typisierung (jung, schön, tugendhaft), verbunden mit der Absicht, den Leser durch Idylle und Schrecken zu rühren, und der unpräzise, überzogene Stil sind für die trivialen Züge des Textes verantwortlich.

4 Textdeutung

Obwohl Mehrschichtigkeit und differenziertes Bedeutungsspektrum die Auslegung literarischer Texte erschweren, gibt es doch eine Reihe recht hilfreicher Zugänge. Eine wichtige Quelle bilden die **Ergebnisse der** systematischen **Texterschließung**. Sie verweisen in ihrer Synthese nicht nur auf den zentralen Aussagekern des Textes, sondern dienen auch in ihrer konkreten Erfassbarkeit als notwendiges Argumentations- und Beweispotenzial. Daneben können, wenn bekannt und im Abitur verfügbar, außerhalb des Textes stehende Faktoren wie Stoff- und Motivtraditionen, die Autorbiografie und die historischen Realitäten, in denen das Werk entstand, zum tieferen Verständnis von Thematik, Weltsicht und künstlerischer Intention beitragen.

Hilfreiche Zugänge zur Interpretation leisten
- Textart,
- thematische und motivische Schwerpunkte sowie
- Epochenbezüge.

Textart: In der Regel werden epische Texte von Ereignissen und Handlungsabläufen bestimmt. Mit ihnen rücken auch Handlungsträger, Handlungsorte und Handlungszeiten in den Vordergrund des Interesses. Die Textart lässt ebenso Intentionen des Autors erkennen. Während in einem Roman vielschichtige Handlungen und Entwicklungen überwiegen und zahlreiche individuell erfasste Figuren auftreten können, konzentriert sich die Novelle mit formaler Strenge auf einen zentralen Konflikt. Die Kurzgeschichte reduziert das Geschehen noch stärker auf einen Moment aus dem alltäglichen Leben nur typisiert dargestellter Figuren. Bei einer Parabel steht die Verweisfunktion eines oft unbedeutenden Ereignisses im Vordergrund. Mit der eigenständigen Gattung Erzählung hält sich der Autor viele Gestaltungsmöglichkeiten offen. Beispielsweise kann er sich der epischen Breite des Romans annähern.

Thematik und Motivik: Wenn das Thema nicht aus dem Titel hervorgeht, so lässt es sich mitunter aus dem Verhalten und den Beziehungen der Figuren oder aus der Konstellation der Situationen – vor allem exponierter Konfliktsituationen – erschließen, die von der Geschichte erfasst werden. Manchmal entfaltet sich die zentrale Idee eines Textes erst aus dem Zusammenspiel verschiedener Textelemente. Wichtig beim Untersuchungsprozess ist deshalb die Fähigkeit, in der Vielfalt der Einzelphänomene Gruppen zu erkennen, die durch strukturelle oder substanzielle Gemeinsamkeiten verbunden sind.
Schließlich finden sich in den Abituraufgaben immer wieder Themen, die universelle Grunderfahrungen menschlicher Existenz darstellen: Sehnsucht, Liebe, Leid, Tod, Heimat und Heimatlosigkeit, Einsamkeit, Außenseitertum, Gewalt, Krieg, Freiheit, Natur.
Ähnliches gilt für die Motive. Sie verknüpfen die Handlungsphasen und stehen mit Thema und Figuren in wechselseitiger Beziehung.

Ein literarischer Text muss genau unter die Lupe genommen werden.

Zeitbezug: Einen anderen Zugang bietet die Entstehungszeit eines Textes. Nicht selten spiegeln sich in ihm die Themen und Motive der Epoche, so das Kriegsthema und das Vergänglichkeitsmotiv in der Barockdichtung, die Großstadtthematik in der Weimarer Republik, die Vergangenheitsverarbeitung und die Wirtschaftswundergesellschaft in der Dichtung der Fünfziger- und frühen Sechzigerjahre des 20. Jahrhunderts.
Bei jeder Analyse und Interpretation ist es deshalb wichtig, die erzählte Geschichte mit ihrem historischen Hintergrund zu konfrontieren. Politische, soziale, weltanschauliche und kulturelle Faktoren erweisen sich oft als ergiebige Quellen, wenn es darum geht, inhaltliche Aussagen zu verstehen und zu deuten.

Die Untersuchungsbereiche epischer Texte im Überblick

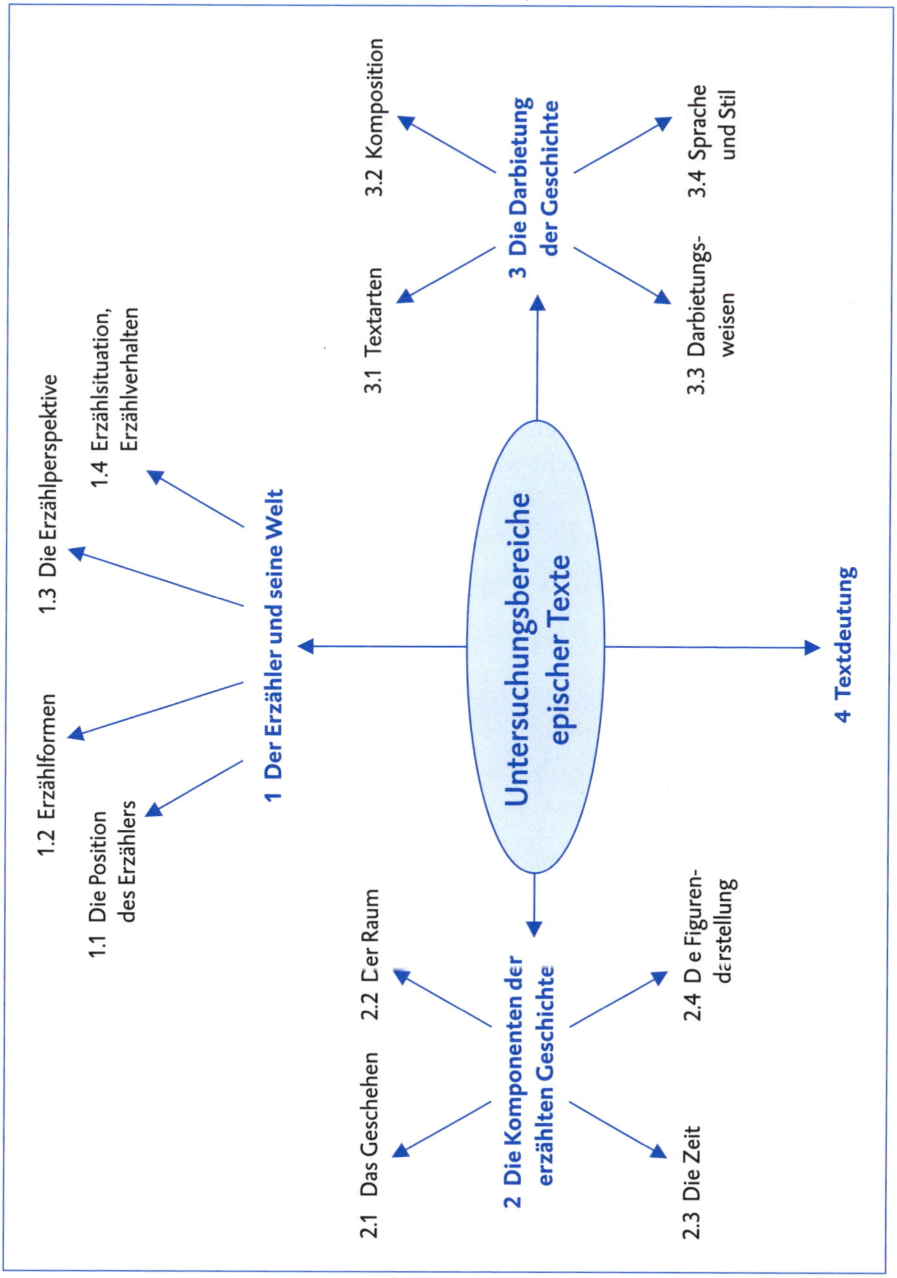

Inhaltliche Schwerpunkte können die Interpretation akzentuieren. Hervorheben lassen sich zum Beispiel:

- Figuren: Figurenkonzeption, Figurenkonstellation, Kommunikationssituation,
- Raum- und Zeitgestaltung,
- Thematik und Motivik,
- Epochen- bzw. Zeitbezüge.

Die bis hierher vorgestellten beziehungsweise in Erinnerung gerufenen Untersuchungsbereiche bilden eine wesentliche Grundlage für die Erschließung epischer Texte. Allerdings müssen sie bei Abituraufgaben nach den Erfordernissen der Arbeitsanweisung gefiltert, geordnet und ergänzt werden. Damit wird das effektive methodische Vorgehen oder das Finden der richtigen Gliederung zu einem weiteren entscheidenden Aspekt. Im ersten Übungskapitel wird dieses Vorgehen angesichts einer nicht weiter spezifizierten Arbeitsanweisung eingeübt.

Bearbeitungsschwerpunkte und Vorgehensweise J. v. Eichendorff: Aus dem Leben eines Taugenichts

Text

Joseph von Eichendorff (1788–1857) **Aus dem Leben eines Taugenichts**

Vorbemerkung: Es handelt sich um den Beginn des ersten Kapitels der 1822 beendeten Novelle. 1826 erschien die erste vollständige Ausgabe.

Das Rad an meines Vaters Mühle brauste und rauschte schon wieder recht lustig, der Schnee tröpfelte emsig vom Dache, die Sperlinge zwitscherten und tummelten sich dazwischen; ich saß auf der Türschwelle und wischte mir den Schlaf aus den Augen; mir war so recht wohl in dem warmen Sonnenscheine. Da trat der Vater aus dem Hause; er hatte schon seit Tagesanbruch in der Mühle rumort und die Schlafmütze schief auf dem Kopfe, der sagte zu mir: Du Taugenichts! da sonnst du dich schon wieder und dehnst und reckst dir die Knochen müde und läßt mich alle Arbeit allein tun. Ich kann dich hier nicht länger füttern. Der Frühling ist vor der Tür, geh auch einmal hinaus in die Welt und erwirb dir selber dein Brot. – Nun, sagte ich, wenn ich ein Taugenichts bin, so ists gut, so will ich in die Welt gehn und mein Glück machen. Und eigentlich war mir das recht lieb, denn es war mir kurz vorher selber eingefallen, auf Reisen zu gehn, da ich die Goldammer, welche im Herbst und Winter immer betrübt an unserm Fenster sang: Bauer, miet mich, Bauer, miet mich! nun in der schönen Frühlingszeit wieder ganz stolz und lustig vom Baume rufen hörte: Bauer, behalt deinen Dienst! – Ich ging also in das Haus hinein und holte meine Geige, die ich recht artig spielte, von der Wand, mein Vater gab mir noch einige Groschen mit auf den Weg, und so schlenderte ich durch das lange Dorf hinaus. Ich hatte recht meine heimliche Freude, als ich da alle meine alten Bekannten und Kameraden rechts und links, wie gestern und vorgestern und immerdar, zur Arbeit hinausziehen, graben und pflügen sah, während ich so in die freie Welt hinausstrich. Ich rief den armen Leuten nach allen Seiten recht stolz und zufrieden Adjes zu, aber es kümmerte sich eben keiner sehr darum. Mir war es wie ein ewiger Sonntag im Gemüte. Und als ich endlich ins freie Feld hinauskam, da nahm ich meine liebe Geige vor und spielte und sang, auf der Landstraße fortgehend: [...]

Indem, wie ich mich so umsehe, kömmt ein köstlicher Reisewagen ganz nahe an mich heran, der mochte wohl schon einige Zeit hinter mir drein gefahren sein, ohne daß ich es merkte, weil mein Herz so voller Klang war, denn es ging ganz langsam, und zwei vornehme Damen steckten die Köpfe aus dem Wagen und hörten mir zu. Die eine war besonders schön und jünger als die andere, aber eigentlich gefielen sie mir alle beide. Als ich nun aufhörte zu singen, ließ die ältere still halten und redete mich holdselig an: Ei, lustiger Gesell, Er weiß ja recht hübsche Lieder zu singen. Ich nicht zu faul dagegen: Ew. Gnaden aufzuwarten, wüßt ich noch viel schönere. Darauf fragte sie mich wieder: Wohin wandert Er denn schon so am frühen Morgen? Da schämte ich mich, daß ich das selber nicht wußte, und sagte dreist: Nach Wien; nun sprachen beide miteinander in einer fremden Sprache, die ich nicht verstand. Die jüngere schüttelte einigemal mit dem Kopfe, die andere lachte aber in einem fort und rief mir endlich zu: Spring Er nur hinten mit auf, wir fahren auch nach Wien. Wer war froher als ich! Ich machte eine Reverenz und war mit einem Sprunge hinter dem Wagen, der Kutscher knallte und wir flogen über die glänzende Straße fort, daß mir der Wind am Hute pfiff.

Hinter mir gingen nun Dorf, Gärten und Kirchtürme unter, vor mir neue Dörfer, Schlösser und Berge auf; unter mir Saaten, Büsche und Wiesen bunt vorüberfliegend, über mir unzählige Lerchen in der klaren blauen Luft – ich schämte mich, laut zu schreien, aber innerlichst jauchzte ich und strampelte und tanzte auf dem Wagentritt herum, daß ich bald meine Geige verloren hätte, die ich unterm Arme hielt. Wie aber dann die Sonne immer höher stieg, rings am Horizont schwere weiße Mittagswolken aufstiegen und alles in der Luft und in der weiten Fläche so leer und schwül und still wurde über den leise wogenden Kornfeldern, da fiel mir erst wieder mein Dorf ein und mein Vater und unsere Mühle, wie es da so heimlich kühl war an dem schattigen Weiher, und daß nun alles so weit, weit hinter mir lag. Mir war dabei so kurios zumute, als müßt ich wieder umkehren; ich steckte meine Geige zwischen Rock und Weste, setzte mich voller Gedanken auf den Wagentritt hin und schlief ein.

Als ich die Augen aufschlug, stand der Wagen still unter hohen Lindenbäumen, hinter denen eine breite Treppe zwischen Säulen in ein prächtiges Schloß führte. Seitwärts durch die Bäume sah ich die Türme von Wien.

Aus: Joseph von Eichendorff: Werke in einem Band. Herausgegeben von Wolfdietrich Rasch. München und Wien: Carl Hanser Verlag 1984, S. 747–749

Aufgabenstellung

Interpretieren Sie den Text.

1 Erschließen der Aufgabenstellung

Nicht weiter spezifizierte Aufgabenstellungen eröffnen einen breiten Bearbeitungsraum. Dieser kann hinsichtlich Auswahl und Akzentuierung der einzelnen Untersuchungsbereiche verunsichern. In solchen Fällen sollten Sie auf eine **bewährte Strukturierung** zurückgreifen, der häufig auch differenzierte Aufgabenstellungen folgen:

- die Beschreibung von Inhalt und Aufbau,
- die Analyse der erzählerischen und sprachlichen Gestaltung sowie
- die Deutung der Textaussage.

Damit verfügen Sie über ein erstes grobes Ordnungsraster für Ihren Arbeitsprozess. Es bietet Ihnen nicht nur eine Möglichkeit, Einzelbeobachtungen nach wichtigen Kategorien zusammenzufassen und zu strukturieren, sondern hilft Ihnen ebenso dabei, den Text im Hinblick auf eine spätere Gliederung steigernd zu erfassen und zu durchdringen, indem Sie mit einfachen Untersuchungsschritten beginnen und darauf aufbauend zu einem vertieften Verständnis der Textaussage vordringen.

Vor Ihrer Analyse legen Sie sich Farbstifte und ein gesondertes Blatt zurecht. Die Farbstifte benötigen Sie zu Textmarkierungen. Während Sie Hinweise auf Inhalt und Struktur auf dem Textblatt festhalten, notieren Sie auf dem gesonderten Blatt in Spalten die weiteren Schwerpunkte der Materialsammlung:

- erzählerische Mittel,
- sprachliche Besonderheiten,
- erste Deutungsansätze.

Unter diesen Oberbegriffen halten Sie stichpunktartig die beim sorgfältigen Durchlesen gefundenen Textauffälligkeiten fest. Besonders markante Aspekte sollten Sie unterstreichen.

Die Grobgliederung

Eine differenziertere Gliederung ist zunächst noch nicht notwendig, doch zeichnet sich ein Aufbau des Hauptteils bereits ab. Dazu kommen die Einleitung, die in der Regel den Leser zum Text hinführt, und der Schluss, der ein zusammenfassendes Ergebnis oder eine Erweiterung bieten kann. Die vorläufige Gliederung stellt sich damit so dar:

Gliederung eines Interpretationsaufsatzes bei nicht näher spezifizierter Arbeitsanweisung

A Überblicksinformation
B Interpretation
  I. Untersuchung von Inhalt und Aufbau
    1. Zusammenfassung des Inhalts
    2. Beschreibung des Aufbaus
  II. Analyse der erzählerischen und sprachlichen Gestaltung
    1. Darstellung der erzählerischen Mittel
    2. Darstellung der sprachlichen Mittel
  III. Deutung
C Zusammenfassendes Ergebnis

2 Die Einleitung

Jede Interpretation beginnt mit einer Einleitung und endet mit einem kurzen Schlusskapitel. Der erste Aufsatzabschnitt bereitet oft unnötige Schwierigkeiten. Diese lassen sich jedoch leicht überwinden, wenn Sie

- die Funktion einer Einleitung berücksichtigen sowie
- Arbeitsanweisungen und
- Textangebot beachten.

Mögliche Funktionen einer Einleitung

Die Einleitung stellt den Text vor und führt zum Hauptteil hin.

- Zunächst werden Textart, Titel, Verfasser und Thema genannt. Außerdem kann man über Entstehungs-/Erscheinungsjahr, Ort und Zeit der Handlung sowie die Hauptfiguren informieren.
- Handelt es sich um einen Textauszug, beispielsweise aus einer Novelle oder einem Roman, ist es sinnvoll, dessen Position im Gesamttext zu benennen. Dadurch sollte seine Bedeutung im Handlungsverlauf oder im Hinblick auf das Schicksal des (der) Protagonisten ersichtlich werden. Eine genauere Einordnung muss aber dem Hauptteil vorbehalten bleiben.
- Die Einleitung kann auch literaturgeschichtliche, thematische oder rezeptionsästhetische Aspekte ansprechen, und zwar besonders dann, wenn der Text
  - einem für eine bestimmte Epoche exemplarischen Werk entnommen ist,
  - ein zentrales Thema beziehungsweise Motiv dominiert, das sich in eine lange Tradition einordnen lässt,
  - eine bedeutende Wirkungsgeschichte aufweist.
- Wenn Sie bei einer allgemein formulierten Arbeitsanweisung („Interpretieren Sie […]") bestimmte Aspekte besonders herausgreifen wollen, so können Sie dies in der Einleitung kurz begründen.

Autor, Titel und Erscheinungsjahr des Textes oder Textauszugs sind im Abitur in aller Regel angegeben. Mitunter wird auch die Textart genannt, besonders wenn es sich um Auszüge aus Erzählungen, Novellen und Romanen handelt.

Von grundlegender Bedeutung ist das korrekte Erfassen der Kernaussage eines Textes, seines Themas oder wesentlichen Merkmals. Hilfreiche Hinweise können oft einer differenzierten Aufgabenstellung oder dem Titel entnommen werden oder sie erschließen sich durch mehrmaliges Lesen.

Elemente der Einleitung

- Nennung von Autor, Titel, Erscheinungsjahr sowie – falls bekannt oder erschließbar – Textart
- Formulierung der Kernaussage (hilfreich: Titel, Aufgabenstellung)

Aufgabe 12 Formulieren Sie zum vorliegenden Text eine Einleitung.

3 Zusammenfassung des Inhalts

Ob explizit dazu aufgefordert wird oder ob es sich um die allgemeine Aufgabenstellung „Interpretieren Sie […]" handelt – Aussagen zu Inhalt und Aufbau gehören grundsätzlich zur Erschließung epischer Texte. Dadurch werden äußere und innere Handlungsabläufe klarer, thematische Kernstellen lassen sich sicherer erfassen und erste Hinweise auf die erzählerische Gestaltung müheloser finden.

Carl Spitzweg (1808–1885): Wassermühle in Tirol (aus dem „Schweizer Skizzenbuch" von 1841)

Aufgabe 13
a) Ermitteln Sie die inhaltlichen Einheiten im Text, indem Sie die Signale festhalten, die auf einen neuen Sinnabschnitt hinweisen.
b) Formulieren Sie die jeweilige Kernaussage der Sinnabschnitte.

Arbeitsschritte

- Lesen Sie den Text sorgfältig durch.
- Um die Sinneinheiten zu erkennen, achten Sie auf Veränderungen der Erzählstrategie, besonders auf Wechsel der Darbietung, der Perspektive, der Handlungs- und Ereignisfolge sowie auf das Auftreten neuer Figuren.
- Markieren Sie die ermittelten Inhaltssegmente auf dem Textblatt.
- Notieren Sie am Rand des Textblattes stichwortartig die inhaltlichen Schwerpunkte der einzelnen Abschnitte.
- Sie werden feststellen, dass sich die Sinneinheiten zu zwei Inhaltsblöcken zusammenfassen lassen.
- Versuchen Sie bereits jetzt kompositorische Merkmale zu erkennen.

Im Abitur sollten Sie diese Gliederungseinheiten auf dem Textblatt farbig markieren. Bei der Beschreibung des Aufbaus können Sie darauf zurückgreifen.

Aufgabe 14 Beschreiben Sie nun den Inhalt des Textauszugs in einem fortlaufenden Text.

4 Beschreibung des Aufbaus

Vielleicht haben Sie bereits beim Erfassen der Inhaltssegmente kompositorische Merkmale erkannt. Diese und ihre Funktionen gilt es jetzt festzuhalten.

Aufgabe 15 a) Welche Strukturmerkmale lassen sich in Eichendorffs Text feststellen?
b) Bestimmen Sie deren Funktionen.

Arbeitsschritte

- Orientieren Sie sich an den Inhaltssegmenten.
- Es handelt sich um das erste Kapitel der Novelle. Fragen Sie deshalb nach expositorischen Elementen.
- Achten Sie ebenso auf spannungsauslösende und -steigernde Elemente (beispielsweise auf Gegensätze).
- Überprüfen Sie die Handlung auf impulsgebende, begründende, verzögernde und vorwärtstreibende Elemente hin.
- Fragen Sie schließlich nach Elementen, die als übergeordnete Motive der Erzählung infrage kommen.
- Notieren Sie im Abitur die Ergebnisse am Rand des Textblattes.

Aufgabe 16 Beschreiben Sie die Kompositionsstruktur des Textes.

5 Untersuchung der erzählerischen Gestaltung

Eine Untersuchung der erzählerischen Gestaltung zielt auf das strategische Vorgehen des Erzählers. Die Mittel, die ihm in dieser Hinsicht zur Verfügung stehen, sind: **Erzählform, Erzählverhalten, Erzählperspektive** und **Elemente der Darbietung**.

Erzählform, Erzählverhalten

Aufgabe 17 Welche Bedeutung kommt der gewählten Erzählform zu?

Aufgabe 18 Wenden Sie sich nun dem Erzählverhalten zu. Welche Hinweise auf auktoriales, personales und neutrales Erzählverhalten können Sie dem Text entnehmen? Geben Sie Beispiele an,

a) die auf eine Distanz zwischen erzählendem und erlebendem Ich und somit auf auktoriales Verhalten weisen,
b) bei denen der Abstand zwischen erzählendem und erlebendem Ich aufgehoben scheint und man deshalb von einem personalen Verhalten sprechen kann,
c) bei denen das erzählende Ich völlig zurücktritt und eine neutrale Situation entsteht.

Um das Erzählverhalten bei einer Ich-Erzählung sicher bestimmen zu können, sollten Sie bevorzugt darauf achten, wie sich erzählendes und erlebendes Ich zueinander verhalten.

Aufgabe 19 Analysieren Sie das Erzählverhalten.

Erzählperspektive

Aufgabe 20 Fertigen Sie eine Materialsammlung zum Perspektivenwechsel des erlebenden Ich an. Fragen Sie dabei besonders nach Auslöser, Standort, Blickfeld, Wahrnehmungen, Stimmungslage und dem Verhältnis von Außen- und Innensicht.

Aufgabe 21 Stellen Sie auf der Grundlage Ihrer Materialsammlung dar, wie die Erzählperspektive in dem Textauszug gestaltet wird.

Elemente der Darbietung; Zeitgestaltung

Aufgabe 22 Untersuchen Sie die Darbietungsweise. Gehen Sie dabei auf die verschiedenen Vermittlungsformen, das Verhältnis von Erzählzeit zu erzählter Zeit und auf Mittel der Zeitgestaltung ein.

6 Analyse der sprachlichen Gestaltung

Die Sprachanalyse weist nach, wie der Erzähler seine Absichten sprachlich zur Geltung bringt. Bei der Untersuchung des Inhalts haben Sie verschiedene Themenbereiche erkannt: die Natur, das Verhältnis des Taugenichts zu seinem Vater und zur Tätigkeit der Dorfbewohner, seine Liebe zur Musik, die Hilfsbereitschaft der beiden Damen und Anzeichen von Bedrohungen.

Aufgabe 23 Versuchen Sie im Text verwendete Sprachelemente diesen Bereichen zuzuordnen und deren spezifische Funktion zu bestimmen.

Arbeitsschritte

- Markieren Sie die gefundenen sprachlichen Besonderheiten; halten Sie deren Namen am Textrand fest.
- Ordnen Sie die Mittel nach gemeinsamen Funktionen. (Dies lässt sich zunächst durch die Verwendung unterschiedlicher Farben realisieren.)
- Beziehen Sie schließlich die Funktionen auf die Aussageabsicht des Textes.

Aufgabe 24 Analysieren Sie auf der Grundlage Ihrer Ergebnisse die sprachliche Gestaltung des Textauszugs.

7 Deutung

In der Deutung stellen Sie den Sinngehalt des Textauszugs dar. Dabei stützen Sie sich auf die Ergebnisse Ihrer Untersuchungen. Wichtig ist, dass es Ihnen gelingt, den Leser Ihres Aufsatzes von der Plausibilität Ihrer Deutung zu überzeugen. Argumentieren Sie deshalb stichhaltig, zwingend und nachvollziehbar. Der Leser sollte den Eindruck erhalten, nicht so sehr Ihre Meinung über den Text kennenzulernen, sondern vielmehr etwas objektiv Zutreffendes und unmittelbar Erhellendes zu erfahren. Er muss sehen können, wie Ihre Deutung aus den Besonderheiten des Textes abgeleitet ist.

Arbeitsschritte

1. Sie kennen bereits die **thematischen Schwerpunkte**:
   - Die Weltsicht des Protagonisten kontrastiert mit der seines Vaters und seines Dorfes.
   - Er verlässt seine Heimat, um in der Welt sein Glück zu finden.
   - Der Aufbruch geschieht unvorbereitet, auf seiner Wanderung aber trifft er hilfreiche Menschen.
2. Deshalb bieten sich als **Interpretationsschwerpunkte** an:
   - die gegensätzlichen Welten,
   - die Figur des Taugenichts,
   - das Motiv des Aufbruchs.
3. Die **Titelformulierung** „Aus dem Leben [...]“ veranlasst ergänzend zu folgenden Fragen:
   - Jedes Leben besteht aus einer Bewegung durch Zeiten und Räume. Wie gestalten sich diese in Eichendorffs Text?
   - Welche Perspektiven und Reaktionen lassen sich bei der Begegnung des Protagonisten mit der Welt (Natur und Gesellschaft) erkennen?
   - Wo lauern Gefahren für den Protagonisten? Welche Schutzmechanismen helfen ihm, diesen Gefahren entgegenzutreten?

Gegensätzliche Welten

Aufgabe 25 Ordnen Sie die Welt der Dörfler und die des Taugenichts nach folgenden Kriterien und fügen Sie Belege an: Blickfeld, Zeit-, Bewegungs- und Raumbezug, Weltbild und innere Gestimmtheit, Naturbezug.

Aufgabe 26 Verwenden Sie die Ergebnisse der gegliederten Materialsammlung für einen fortlaufenden Text.

Der Protagonist und sein Verhältnis zur Welt seines Vaters

Bei Ihrer Untersuchung sollten Sie folgende Aspekte berücksichtigen:

- der Erzähler als Ich-Erzähler (erzählendes/erlebendes Ich),
- die spärlichen Informationen zu äußeren Sachverhalten,
- das Verhältnis zwischen Vater und Sohn,
- die ironische Zeichnung des Vaters,
- der Sohn als Außenseiter.

Aufgabe 27 Folgen Sie diesen Hinweisen bei Ihrer Ausführung.

Das Motiv des Aufbruchs

Vier Fragen müssen Sie bei der Bearbeitung des Teilthemas beantworten:

- Was ist die Voraussetzung, die Ursache für den Aufbruch?
- Was ist das auslösende Element, der Anlass?
- Wie gestaltet sich der Aufbruch?
- Gibt es unterstützende Kräfte?

Aufgabe 28 Legen Sie diese Fragen Ihrer Darstellung zugrunde.

8 Der Schluss des Aufsatzes

Der letzte Abschnitt kann

- die Hauptaussagen zusammenfassend abrunden,
- auf einen weiteren Aspekt verweisen oder
- Platz für eine Kommentierung bieten.

Im vorliegenden Fall empfiehlt es sich, die ersten beiden Punkte etwas variiert aufzugreifen und zu verbinden. Um die Epoche wenigstens knapp zu streifen, ließen sich die Hauptmotive als wichtige Kennzeichen der romantischen Poesie darstellen.

Aufgabe 29 Formulieren Sie den Schlussteil.

9 Die Gliederung

Aufgabe 30 Stellen Sie abschließend die Gliederung Ihrer Arbeit zusammen.

Figurendarstellung
Heinrich Böll: Ansichten eines Clowns

Neuerdings zeichnet sich in den Abiturprüfungen der meisten Bundesländer eine Tendenz zu differenzierteren Aufgabenstellungen ab. Zu ihnen gehören **einteilige Arbeitsanweisungen mit ergänzenden Hinweisen**. Diese strukturieren einen umfassenden Auftrag. Indem sie bedeutsame Aspekte besonders hervorheben, erweisen sie sich als wichtige Hilfen für methodisches Vorgehen und Gliederung. Die Formulierungen solcher Aufgabenstellungen lauten beispielsweise:

- „Interpretieren Sie den Text unter besonderer Berücksichtigung von [...]"
- „Interpretieren Sie den Text im Hinblick auf [..., ...] sowie [...]"
- „Interpretieren Sie den Text. Gehen Sie dabei ausführlich auf [...] ein."

Bei der nächsten Aufgabe steht die **Figur des Ich-Erzählers** im Vordergrund der Interpretation. Akzentuierungen präzisieren die Zielrichtung der Untersuchung.

Text **Heinrich Böll** (1917–1985)
Ansichten eines Clowns. Roman (1963)

Vorbemerkung: Der zunehmend erfolglos arbeitende Clown Hans Schnier kehrt weitgehend mittellos in seine Vaterstadt Bonn zurück. Die Handlung spielt am Anfang der Sechzigerjahre. Mit dem folgenden Text beginnt das erste Kapitel des Romans.

Es war schon dunkel, als ich in Bonn ankam, ich zwang mich, meine Ankunft nicht mit der Automatik ablaufen zu lassen, die sich in fünfjährigem Unterwegssein herausgebildet hat: Bahnsteigtreppe runter, Bahnsteigtreppe rauf, Reisetasche abstellen, Fahrkarte aus der Manteltasche nehmen, Reisetasche aufnehmen, Fahrkarte abgeben, zum Zeitungsstand, Abendzeitungen kaufen, nach draußen gehen und ein Taxi heranwinken. Fünf Jahre lang bin ich fast jeden Tag irgendwo abgefahren und irgendwo angekommen, ich ging morgens Bahnhofstreppen rauf und runter und nachmittags Bahnhofstreppen runter und rauf, winkte Taxis heran, suchte in meinen Rocktaschen nach Geld, den Fahrer zu bezahlen, kaufte Abendzeitungen an Kiosken und genoß in einer Ecke meines Bewußtseins die exakt einstudierte Lässigkeit dieser Automatik. Seitdem Marie mich verlassen hat, um Züpfner, diesen Katholiken, zu heiraten, ist der Ablauf noch mechanischer geworden, ohne an Lässigkeit zu verlieren. Für die Entfernung vom Bahnhof zum Hotel, vom Hotel zum Bahnhof gibt es ein Maß: den Taxameter. Zwei Mark, drei Mark, vier Mark fünfzig vom Bahnhof entfernt. Seitdem Marie weg ist, bin ich manchmal aus dem Rhythmus geraten, habe Hotel und Bahnhof miteinander verwechselt, nervös an der Portierloge nach meiner Fahrkarte gesucht oder den Beamten an der Sperre nach meiner Zimmernummer gefragt, irgend etwas, das Schicksal heißen mag, ließ mir wohl meinen Beruf und meine Situation in Erinnerung bringen. Ich bin ein Clown, offizielle Berufsbezeichnung: Komiker, keiner Kirche steuerpflichtig, siebenundzwanzig Jahre alt, und eine meiner Nummern heißt: Ankunft und Abfahrt, eine (fast zu) lange Pantomime, bei der der Zuschauer bis zuletzt Ankunft und Abfahrt verwechselt; da ich diese Nummer meistens im Zug noch einmal durchgehe (sie besteht aus mehr als sechshundert Abläufen, deren Choreographie ich natürlich im Kopf haben muß), liegt es nahe, daß ich hin und wieder meiner eigenen Phantasie erliege: in ein Hotel stürze, nach der Abfahrtstafel ausschaue, diese auch entdecke, eine Treppe hinauf- oder hinunterrenne, um meinen Zug nicht zu versäumen, während ich doch nur auf mein Zimmer zu gehen und mich auf die Vorstellung vorzubereiten brauche. Zum Glück kennt man mich in den meisten Hotels; innerhalb von fünf Jahren ergibt sich ein Rhythmus mit weniger Variationsmöglichkeiten, als man gemeinhin annehmen mag – und außerdem sorgt mein Agent, der meine Eigenheiten kennt, für eine gewisse Reibungslosigkeit. Was er „die Sensibilität der Künstlerseele" nennt, wird voll respektiert, und eine „Aura des Wohlbefindens" umgibt mich, sobald ich auf meinem Zimmer bin: Blumen in einer hübschen Vase, kaum habe ich den Mantel abgeworfen, die Schuhe (ich hasse Schuhe) in die Ecke geknallt, bringt mir ein hübsches Zimmermädchen Kaffee und Kognak, läßt mir ein Bad einlaufen, das mit grünen Ingredienzien wohlriechend und beruhigend gemacht wird. In der Badewanne lese ich Zeitungen, lauter unseriöse, bis zu sechs, mindestens aber drei, und singe mit mäßig lauter Stimme ausschließlich Liturgisches: Choräle, Hymnen, Sequenzen, die mir noch aus der Schulzeit in Erinnerung sind. Meine Eltern, strenggläubige Protestanten, huldigten der Nachkriegsmode konfessioneller Versöhnlichkeit und schickten mich auf eine katholische Schule. Ich selbst bin nicht religiös, nicht einmal kirchlich, und bediene mich der liturgischen Texte und Melodien aus therapeutischen Gründen: sie helfen mir am besten über die beiden Leiden hinweg, mit denen ich von Natur belastet bin: Melancholie und Kopfschmerz. Seitdem Marie zu den Katholiken übergelaufen ist (obwohl Marie selbst katholisch ist, erscheint mir diese Bezeichnung angebracht), steigert sich die Heftigkeit dieser beiden Leiden, und selbst das *Tantum Ergo* oder die Lauretanische Litanei, bisher meine Favoriten in der Schmerzbekämpfung, helfen kaum noch. Es gibt ein vorübergehend wirksames Mittel: Alkohol –, es gäbe eine dauerhafte Heilung: Marie; Marie hat mich verlassen. Ein Clown, der ans Saufen kommt, steigt rascher ab, als ein betrunkener Dachdecker stürzt.

Wenn ich betrunken bin, führe ich bei meinen Auftritten Bewegungen, die nur durch Genauigkeit gerechtfertigt sind, ungenau aus und verfalle in den peinlichsten Fehler, der einem Clown unterlaufen kann: ich lache über meine eigenen Einfälle. Eine fürchterliche Erniedrigung. Solange ich nüchtern bin, steigert sich die

Angst vor dem Auftritt bis zu dem Augenblick, wo ich die Bühne betrete (meistens mußte ich auf die Bühne gestoßen werden), und was manche Kritiker „diese nachdenkliche, kritische Heiterkeit“ nannten, „hinter der man das Herz schlagen hört“, war nichts anderes als eine verzweifelte Kälte, mit der ich mich zur Marionette machte; schlimm übrigens, wenn der Faden riß, und ich auf mich selbst zurückfiel. Wahrscheinlich existieren Mönche im Zustand der Kontemplation ähnlich; Marie schleppte immer viel mystische Literatur mit sich herum, und ich erinnere mich, daß die Worte „leer“ und „nichts“ häufig darin vorkamen.

Aus: Heinrich Böll: Ansichten eines Clowns. Köln / Berlin: Kiepenheuer & Witsch 1963, S. 11–14

Aufgabenstellung

Interpretieren Sie den folgenden Text. Erläutern Sie dabei die Situation des Ich-Erzählers, untersuchen Sie, wie die Sprache sein Verhalten bestätigt und bestärkt, und weisen Sie abschließend nach, dass es sich bei Hans Schnier um eine moderne Romanfigur handelt.

Der Bonner Bahnhof, Aufnahme aus dem Jahre 1956

1 Erschließen der Aufgabenstellung

Die Aufgabenstellung nennt **drei Schwerpunkte**:

- Erläutern der Situation des Ich-Erzählers,
- Sprachanalyse und
- Nachweis, dass es sich beim Protagonisten um eine moderne Romanfigur handelt.

Diese Bereiche stehen im Mittelpunkt Ihrer Arbeit und bilden den Kern des Hauptteils Ihres Aufsatzes. Sie müssen in einzelnen Arbeitsschritten erschlossen werden. Gesonderte Hinweise zum Inhalt sind nicht notwendig, sie werden in der Einleitung geliefert.

2 Verfassen der Einleitung

Aufgabe 31 Formulieren Sie eine Einleitung.
Denken Sie an: Textart, Titel, Erscheinungsjahr, Autor, Hauptfigur, Inhalt.

3 Erläuterung von Schniers Situation

Bevor Sie an die Bearbeitung der Teilaufgabe gehen, müssen Sie sich über deren Inhalt völlig im Klaren sein. Im vorliegenden Fall erscheint es sinnvoll, zunächst den *Inhalt des Begriffs „Situation“* zu erschließen und dann eine *Materialsammlung* anzufertigen, mit deren Hilfe die *Beantwortung der Teilaufgabe* erfolgt. Damit sind die drei Arbeitsschritte festgelegt.

1. Arbeitsschritt: Sie klären den Begriff „Situation“.
Der Ich-Erzähler reflektiert über seine aktuelle Lage. Dabei erhält der Leser Informationen über Leben und Beruf, gesellschaftliche Beziehungen und die psychische Verfassung Hans Schniers. Der Begriff „Situation“ bezieht sich somit auf Sachverhalte, die Schnier und seine Umgebung betreffen und mit denen er sich auseinandersetzen muss. In Ihrer Ausführung sollten Sie also folgende Aspekte berücksichtigen:

- die persönlichen Daten und Tätigkeiten des Ich-Erzählers,
- seine Position im sozialen Beziehungsgeflecht,
- seine innere Befindlichkeit.

Diese Untersuchungsbereiche können Sie als Unterpunkte in Ihre Gliederung einfügen.

2. Arbeitsschritt: Sie sammeln Material zu Schniers Situation.

Der Text enthält Informationen über

- *äußere Bestimmungsfaktoren:* Achten Sie auf räumlich-zeitliche Sachverhalte, Daten zur Person und Schniers aktuelle Tätigkeit.
- *soziale Beziehungen:* Fragen Sie nach der Einstellung zu Eltern und Marie sowie den Aufgaben des Agenten.
- *Veranlagungen und Verhaltensweisen:* Orientieren Sie sich an Schniers Eigenschaften, Vorlieben und Abneigungen, seinen Äußerungen zur religiösen Bindung, seinen „Leiden“, Gegenmitteln und seinem Lebensrhythmus.

Aufgabe 33 Stellen Sie diese Informationen in Form einer Materialsammlung zusammen.

3. Arbeitsschritt: Sie lösen die Teilaufgabe.

Aufgabe 33 Erläutern Sie nun Schniers Situation, indem Sie auf die ermittelten Sachverhalte zurückgreifen.

4 Untersuchung der sprachlichen Mittel

Der Arbeitsauftrag bindet die Sprachanalyse an Schniers Verhalten. Dieses wird nicht nur von tiefer liegenden Eigenschaften, sondern auch durch die seit Maries Weggang entstandene Situation geprägt. Es ist daher notwendig, die Ergebnisse der Situationsuntersuchung auf wesentliche Verhaltens- und Reaktionsweisen des Protagonisten hin zu befragen.

1. Arbeitsschritt: Sie inventarisieren Schniers Verhalten.

Bemühen Sie sich zunächst um eine knappe Bestandsaufnahme von Schniers Verhalten. Achten Sie dabei auf seine äußeren und inneren Aktivitäten, auf bestimmte Verhaltensmuster, Reaktionsweisen und Verhaltensstörungen.

Aufgabe 34 Nennen Sie auffällige Verhaltensweisen (Aktionen) Schniers.

2. Arbeitsschritt: Sie suchen nach sprachlichen Entsprechungen.
Die Sprache reflektiert die äußere und innere Befindlichkeit des Ich-Erzählers. Deswegen müssen Sie bei der Durchsicht des Textes besonders auf solche sprachlichen Mittel achten, die auf gesuchtes Gleichmaß, Anspannung, Hektik, Unausgewogenheit, Gegensätzlichkeit und Nachdrücklichkeit verweisen.

Aufgabe 35 Befragen Sie den Text nach sprachlichen Entsprechungen. Unterstreichen oder notieren Sie diese.

3. Arbeitsschritt: Sie bringen die Ergebnisse in einen Zusammenhang.
Nun macht die Beantwortung der Teilaufgabe keine Schwierigkeiten mehr. Die Suche nach sprachlichen Entsprechungen der inhaltlichen Aussage hat Ihnen geholfen, bloße Aufzählungen zu vermeiden. Gleichzeitig haben Sie sich nicht in Einzelheiten verloren, sondern sich auf wichtige sprachliche Mittel und deren spezifische Funktionen konzentriert.
Sie können der Struktur, die Sie in Ihren Lösungen erarbeitet haben und die sich im Groben ja auch an den Handlungsverlauf des Textauszugs anlehnt, bei Ihrer Ausführung folgen.

Aufgabe 36 Übertragen Sie Ihre Ergebnisse in einen fortlaufenden Text.

5 Hans Schnier – eine moderne Romanfigur

Bei dieser Teilaufgabe wird eine Behauptung als korrekt vorausgesetzt. Sie sollen deren Richtigkeit bestätigen. Der Arbeitsauftrag fällt damit unter die Kategorie **Beurteilen**. Er verlangt eine überzeugende Beweisführung. Dazu müssen Sie nach Kriterien fragen, an denen sich die Argumentation festmachen lässt.

Versuchen Sie bei der Materialzusammenstellung auf gelerntes Wissen zurückzugreifen. Dies empfiehlt sich besonders, wenn Sie einen Nachweis erbringen sollen. Beispiele sind Gattungsbestimmungen oder Epochenzuordnungen. In solchen Fällen notieren Sie sich zunächst die bekannten Merkmale und überprüfen anschließend die konkrete Textvorlage auf diese Kritierien hin.

1. Arbeitsschritt: Sie notieren Merkmale des modernen Romanhelden.

Wie das Weltbild, so hat sich auch das Erscheinungsbild des „Helden" über die Epochen hinweg verändert. Der traditionelle Held war eine individuelle und entwicklungsfähige Figur. Aktiv handelnd und eingebunden in eine überschaubare und nach festen Werten ausgerichtete Gemeinschaft gestaltete er sein Leben.

Ob es sich bei dem Protagonisten eines Textes um einen eher traditionellen oder um einen eher modernen Helden handelt, lässt sich anhand folgender Kriterien ermitteln:

- der **Handlungsfähigkeit und -bereitschaft** der Figur (zum Beispiel ihr Verhalten in Extremsituationen),
- die **innere Ausrichtung** der Figur (etwa ihre psychische Stabilität, Wertegebundenheit, Urteils- und Artikulationsfähigkeit) und
- der **soziale Bezug** der Figur (beispielsweise ihr gesellschaftlicher Standort, ihre Beziehungsfähigkeit).

Aufgabe 37 Notieren Sie in Anlehnung an die genannten Kriterien wichtige Kennzeichen moderner Romanhelden.

Tristesse trotz Blumengruß

2. Arbeitsschritt: Sie sammeln Material aus dem Text.

Die aufgelisteten Attribute eines modernen Helden helfen Ihnen bei der Durchsicht des Textauszugs. Um das Profil des Protagonisten noch schärfer herauszuarbeiten, sollten Sie ihm entscheidende Merkmale des traditionellen Helden gegenüberstellen.

Aufgabe 38 Befragen Sie den Text nach Entsprechungen. Achten Sie auf kennzeichnende Motive.

3. Arbeitsschritt: Sie lösen die Teilaufgabe.

Aufgabe 39 Stellen Sie Ihre Ergebnisse im Zusammenhang dar. Gehen Sie dabei vergleichend vor und beginnen Sie jeweils mit dem traditionellen Helden.

6 Schluss sowie Gliederung des Aufsatzes

Aufgabe 40 Formulieren Sie einen Schluss.

Aufgabe 41 Stellen Sie abschließend die Gliederung zusammen.

Sprachanalyse und Gattungsbestimmung Elisabeth Langgässer: Saisonbeginn

Auch in der folgenden Aufgabe wird die allgemeine Arbeitsanweisung „Interpretieren Sie den Text“ durch einen Zusatzhinweis auf einen spezifischen Gesichtspunkt gelenkt. Es schließt sich ein weiterer Arbeitsauftrag an, der nicht in unmittelbarem Zusammenhang mit der Interpretation steht: der Nachweis, dass der Text der in der Aufgabe bereits genannten Gattung angehört. Dieser Nachweis und die eingehende Sprachanalyse stehen im Mittelpunkt Ihrer Arbeit.

Text **Elisabeth Langgässer** (1899–1950)
Saisonbeginn (1947)

Vorbemerkung: Der folgende Text erschien erstmals 1947 in Elisabeth Langgässers Buch „Der Torso“. Der Geschichte liegt ein authentisches Erlebnis zugrunde.

Die Arbeiter kamen mit ihrem Schild und einem hölzernen Pfosten, auf den es genagelt werden sollte, zu dem Eingang der Ortschaft, die hoch in den Bergen an der letzten Paßkehre lag. Es war ein heißer Spätfrühlingstag, die Schneegrenze hatte sich schon hinauf zu den Gletscherwänden gezogen. Überall standen die Wiesen wieder in Saft und Kraft; die Wucherblume verschwendete sich, der Löwenzahn strotzte und blähte sein Haupt über den milchigen Stengeln; Trollblumen, welche wie eingefettet mit gelber Sahne waren, platzten vor Glück, und in strahlenden Tümpeln kleinblütiger Enziane spiegelte sich ein Himmel von unwahrscheinlichem Blau. Auch die Häuser und Gasthöfe waren wie neu: ihre Fensterläden frisch angestrichen, die Schindeldächer gut ausgebessert, die Scherenzäune ergänzt. Ein Atemzug noch: dann würden die Fremden, die Sommergäste kommen – die Lehrerinnen, die mutigen Sachsen, die Kinderreichen, die Alpinisten, aber vor allem die Autobesitzer in ihren großen Wagen … Röhr und Mercedes, Fiat und Opel, blitzend von Chrom und Glas. Das Geld würde anrollen. Alles war darauf vorbereitet. Ein Schild kam zum andern, die Haarnadelkurve zu dem Totenkopf, Kilometerschilder und Schilder für Fußgänger: Zwei Minuten zum Café Alpenrose. An der Stelle, wo die Männer den Pfosten in die Erde einrammen wollten, stand ein Holzkreuz, über dem Kopf des Christus war auch ein Schild angebracht. Seine Inschrift war bis heute die gleiche, wie sie Pilatus entworfen hatte: J.N.R.J. – die Enttäuschung darüber, daß es im Grunde hätte heißen sollen: er *behauptet* nur, dieser König zu sein, hatte im Lauf der Jahrhunderte an Heftigkeit eingebüßt. Die beiden Männer, welche den Pfosten, das Schild und die große Schaufel, um den Pfosten in die Erde zu graben, auf ihren Schultern trugen, setzten alles unter dem Wegekreuz ab; der dritte stellte den Werkzeugkasten, Hammer, Zange und Nägel daneben und spuckte ermunternd aus.

Nun beratschlagten die drei Männer, an welcher Stelle die Inschrift des Schildes am besten zur Geltung käme; sie sollte für alle, welche das Dorf auf dem weiten Paßweg betraten, besser: befuhren, als Blickfang dienen und nicht zu verfehlen sein. Man kam also überein, das Schild kurz vor dem Wegekreuz anzubringen, gewissermaßen als Gruß, den die Ortschaft jedem Fremden entgegenschickte. Leider stellte sich aber heraus, daß der Pfosten dann in den Pflasterbelag einer Tankstelle hätte gesetzt werden müssen – eine Sache, die sich von selbst verbot, da die Wagen, besonders die größeren, dann am Wenden behindert waren. Die Männer schleppten also den Pfosten noch ein Stück weiter hinaus bis zu der Gemeindewiese und wollten schon mit der Arbeit beginnen, als ihnen auffiel, daß diese Stelle bereits zu weit von dem Ortsschild entfernt war, das den Namen angab und die Gemeinde, zu welcher der Flecken gehörte. Wenn also das Dorf den Vorzug dieses Schildes und seiner Inschrift für sich beanspruchen wollte, mußte das Schild wieder näherrücken – am besten gerade dem Kreuz gegenüber, so daß Wagen und Fußgänger zwischen beiden hätten passieren müssen.

Dieser Vorschlag, von dem Mann mit den Nägeln und dem Hammer gemacht, fand Beifall. Die beiden anderen luden von neuem den Pfosten auf ihre Schultern und schleppten ihn vor das Kreuz. Nun sollte also das Schild mit der Inschrift zu dem Wegekreuz senkrecht stehen; doch zeigte es sich, daß die uralte Buche, welche gerade hier ihre Äste mit riesiger Spanne nach beiden Seiten wie eine Mantelmadonna ihren Umhang entfaltete, die Inschrift im Sommer verdeckt und ihr Schattenspiel deren Bedeutung verwischt, aber mindestens abgeschwächt hätte.

Es blieb daher nur noch die andere Seite neben dem Herrenkreuz, und da die erste, die in das Pflaster der Tankstelle überging, gewissermaßen den Platz des Schächers zur Linken bezeichnet hätte, wurde jetzt der Platz zur Rechten gewählt und endgültig beibehalten. Zwei Männer hoben die Erde aus, der dritte nagelte rasch das Schild mit wuchtigen Schlägen auf; dann stellten sie den Pfosten gemeinsam in die Grube und rammten ihn rings von allen Seiten mit größeren Feldsteinen an.

Ihre Tätigkeit blieb nicht unbeachtet. Schulkinder machten sich gegenseitig die Ehre streitig, dabei zu helfen, den Hammer, die Nägel hinzureichen und passende Steine zu suchen; auch einige Frauen blieben stehen, um die Inschrift genau zu studieren. Zwei Nonnen, welche die Blumenvase zu Füßen des Kreuzes aufs neue füllten, blickten einander unsicher an, bevor sie weitergingen. Bei den Männern, die von der Holzarbeit oder vom Acker kamen, war die Wirkung verschieden: einige lachten, andere schüttelten nur den Kopf, ohne etwas zu sagen; die Mehrzahl blieb davon unberührt und gab weder Beifall noch Ablehnung kund, sondern war gleichgültig, wie sich die Sache auch immer entwickeln würde. Im ganzen genommen konnten die Männer mit der Wirkung zufrieden sein. Der Pfosten, kerzengerade, trug das Schild mit der weithin sichtbaren Inschrift, die Nachmittagssonne glitt wie ein Finger über die zollgroßen Buchstaben hin und fuhr jeden einzelnen langsam nach wie den Richtspruch auf einer Tafel ...

Auch der sterbende Christus, dessen blasses, blutüberronnenes Haupt im Tod nach der rechten Seite geneigt war, schien sich mit letzter Kraft zu bemühen, die Inschrift aufzunehmen: man merkte, sie ging ihn gleichfalls an, welcher bisher von den Leuten als einer der ihren betrachtet und wohl gelitten war. Unerbittlich und dauerhaft wie sein Leiden, würde sie ihm nun für lange Zeit schwarz auf weiß gegenüberstehen.

Als die Männer den Kreuzigungsort verließen und ihr Handwerkszeug wieder zusammenpackten, blickten alle drei noch einmal befriedigt zu dem Schild mit der Inschrift auf. Sie lautete: „In diesem Kurort sind Juden unerwünscht."

Text aus: Elisabeth Langgässer: Saisonbeginn. Stuttgart: Reclam 1993, S. 3–5 (Erstausgabe: Claassen & Goverts 1947)

Aufgabenstellung

Interpretieren Sie den Text. Legen Sie dabei ausführlich dar, wie die sprachliche Gestaltung die inhaltliche Aussage stützt. Überprüfen Sie anschließend, inwieweit „Saisonbeginn" den gattungsspezifischen Merkmalen einer Kurzgeschichte entspricht.

1 Erschließen der Aufgabenstellung

Der Arbeitsauftrag akzentuiert die Interpretation im Hinblick auf eine ausführliche Sprachanalyse. Stellen Sie diese in den Mittelpunkt Ihrer Ausführungen. Im zweiten Schwerpunkt beschäftigen Sie sich mit der Bestimmung der Gattung. Dabei müssen Sie auch auf die kompositorische und erzählerische Darstellung eingehen. Um Überschneidungen und Wiederholungen zu vermeiden, empfiehlt es sich, diesen Bereichen bei der Interpretation keine umfangreichen Hauptpunkte zuzuweisen. Andererseits sollte eine knappe und zusammenfassende Beschreibung des Inhalts und seiner Struktur aber nicht fehlen. Die Formulierung „Legen Sie […] dar, wie die sprachliche Gestaltung die inhaltliche Aussage stützt" zielt ja eindeutig auf die zu belegende Korrespondenz von Form und Inhalt. Mit diesen Überlegungen kommen Sie zu folgender Gliederung:

A Überblicksinformation

B Interpretation von *Saisonbeginn* und Bestimmung der Gattung

  I. Interpretation

    1. Kurze Beschreibung von Inhalt und Struktur

    2. Analyse der Sprache

  II. Bestimmung der Gattung

C Aussageabsicht

2 Verfassen der Einleitung

Aufgabe 42 Verfassen Sie eine Einleitung.

3 Beschreibung von Inhalt und Struktur

Markieren Sie als Vorarbeit zur Beschreibung des Inhalts die Gliederungseinheiten von Elisabeth Langgässers Text mit Schrägstrichen; bearbeiten Sie anschließend sofort die Aufgabe.

Aufgabe 43 Verfassen Sie eine knappe Inhaltsbeschreibung, die auch die Struktur des Textes deutlich macht.

4 Analyse der Sprache

Eine oft beklagte Schwierigkeit bei sprachlichen Analysen literarischer Texte liegt im Vermeiden von Wiederholungen und Aufzählungen. Im Eingangskapitel ist bereits deutlich gemacht worden, dass es vor allem um das Erkennen von Funktionen geht, nicht um ein langatmiges Aufzählen sprachlicher Mittel. Auch wenn nicht ausdrücklich dazu aufgefordert wird, sind die gefundenen Elemente der sprachlichen Formgebung in einen Zusammenhang mit der inhaltlichen Aussage zu bringen. Ihr Ziel muss es sein, die Sprache des zu untersuchenden Textes stets auf ihre Thema- und Motivrelevanz hin zu befragen, um daraus auf die erzählerischen Intentionen schließen zu können.
Da es sich beim angebotenen Text um eine Kurzgeschichte handelt, werden Ihnen die folgenden Hinweise die Sprachuntersuchung sicher erleichtern.

- In Kurzgeschichten kommt dem einzelnen Wort gesteigerte Bedeutung zu. Diese erkennt man an seinem **Verweis- und Symbolcharakter**, an seinen **Konnotationen**, die sich erst im Zusammenspiel von Kontext, Thema, Motivik und textexternen Faktoren klären.
- Die Verweisfunktion von Begriffen, Verhaltensweisen und Ereignissen drückt sich mitunter in **Anspielungen** aus. Diese können auch negativer Art sein, wie sich etwa im Falle der Ironie zeigt.
- Sinnvoll ist es, auf bedeutungstragende **Leit- und Schlüsselwörter** zu achten, die Aussagen verbinden und zu gedanklichen Verknüpfungen anregen. Die Häufigkeit ihres Vorkommens unterstreicht ihre Wichtigkeit.
- Kurzgeschichten enthalten nicht selten überraschende Wendungen und sind auf konfliktreichen Spannungen, also auf **Gegensätzen** aufgebaut. Fragen Sie deshalb nach **spannungstragenden Mitteln**.
- Meist will der Erzähler die Geschichte eindringlich und anschaulich vermitteln. Achten Sie auf Wiederholungen, Akkumulationen, Vergleiche, Metaphern und Personifikationen, aber auch auf Übertreibungen und überzogene Formulierungen.
- Zur **Funktionsbestimmung** der sprachlichen Mittel können neben dem Verweischarakter der Sprache auch die inhaltliche Aussage und die aus ihr erschlossene erzählerische Absicht beitragen (Sprachliches Mittel → Funktion ← Inhalt, Absicht). Die Funktion muss sich nach beiden Seiten hin als stimmig erweisen.
- In den meisten Kurzgeschichten wird ein aktueller Fall aus dem Alltag dargestellt, der geeignet ist, auf Allgemeingültiges aufmerksam zu machen. In

den Handlungen der Figuren kommen unterschiedliche Haltungen zum Ausdruck. Diese werden direkt oder indirekt bewertet. Schließlich soll eine Erkenntnis gewonnen werden. Fragen Sie deshalb:

- Welche **Haltungen** werden vorgestellt? An welchen sprachlichen Mitteln lassen sich diese festmachen (zum Beispiel Antithesen, Metaphorik, Formen der Wiederholung)?
- Welche Einstellung wird **kritisiert**? Wie äußert sich diese Kritik (etwa Ironie, Formen der Übertreibung)?
- Was soll **erkannt** werden? Welche sprachlichen Mittel helfen dabei (beispielsweise Schlüssel- und Leitwörter)?

1. Arbeitsschritt: Sie überprüfen den Text auf auffälliges Sprachmaterial hin und fragen nach dessen jeweiligen Funktionen.

Die Hinweise liefern Ihnen wichtige Ansatzpunkte für die Sprachanalyse einer Kurzgeschichte. Sie sollten Werkzeuge sein, die Ihnen helfen, die Sprache des Textes systematisch aufzuschließen.

Aufgabe 44 Untersuchen Sie den Text hinsichtlich der in den Tipps genannten sprachlichen Mittel. Erschließen Sie deren Funktionen.

2. Arbeitsschritt: Sie überlegen Ihr methodisches Vorgehen.

- Es ist sinnvoll, mit Hinweisen auf unauffällige Mittel zu beginnen, die aber der Vollständigkeit halber nicht fehlen sollten. Im vorliegenden Fall sind das Äußerungen zu **Syntax und Stil**.
- Der Text beginnt mit einer ironisch überzogenen Naturschilderung. Da sich die **Ironie** durch den gesamten Text zieht, könnte man sie hier zusammenfassend anführen.
- Dann sollten Sie die sprachliche Darstellung der **Natur** eingehend untersuchen.
- Die **Gesellschaft des Kurortes** und ihre sprachliche Präsentation bilden den folgenden Schwerpunkt.
- Mit Fragen nach **Leit- und Schlüsselbegriffen** vertieft sich die Sprachanalyse. Hier gilt es vor allem Konnotationen und Anspielungen zu erfassen.
- Auch **Gegensätzliches** findet sich über den gesamten Text verstreut. Es ist ratsam, die sprachlichen Spannungsträger beim jeweiligen Teilthema zu behandeln.

Im Wesentlichen folgen Sie also thematischen Schwerpunkten, bleiben aber offen für die Darstellung größerer Zusammenhänge. Dieses Verfahren erleichtert die Arbeit spürbar, weil man sich weitgehend **am Textverlauf orientieren** kann.

3. Arbeitsschritt: Sie lösen die Teilaufgabe.

Aufgabe 45 Analysieren Sie die Sprache der Kurzgeschichte. Stützen Sie sich dabei auf die bisher erarbeiteten Ergebnisse.

5 Aufzeigen gattungsspezifischer Merkmale

Wenn es darum geht, die Gattung eines Textes zu identifizieren oder nachzuweisen, warum ein Text einer bestimmten Gattung zugeordnet werden kann, dann folgen Sie am günstigsten vier Arbeitsschritten, die Sie vom Allgemeinen zum Besonderen führen:

1. Notieren allgemeiner Untersuchungsbereiche eines epischen Textes
2. Feststellen der Besonderheiten der jeweiligen Gattung
3. Überprüfen der Aussagen am gegebenen Text
4. Ausführung

Bereiten Sie die Ausführung vor, indem Sie die ersten drei Schritte stichpunktartig zusammenfassen. Das gelingt am besten, wenn Sie bei Ihrer Gliederung nach den allgemeinen Untersuchungsbereichen bei epischen Texten vorgehen, also: Inhalt, Aufbau, erzählerische Gestaltung, Figuren, Raum, Zeit, Sprache, Leserbezug.

Aufgabe 46 Notieren Sie auf einem Beiblatt die Untersuchungsbereiche eines epischen Textes, darunter die Kennzeichen der Gattung Kurzgeschichte und stichpunktartig die Ergebnisse der Textüberprüfung.

Aufgabe 47 Bearbeiten Sie nun den Aufgabenschwerpunkt.

6 Verfassen des Schlusses

Aufgabe 48 Fassen Sie als Schlussteil Ihrer Arbeit die Absicht der Autorin kurz zusammen.

Erzählerische Gestaltung und Erzählerposition Alfred Döblin: Berlin Alexanderplatz

Die **Analyse der Erzählstrategie** ist für das Verständnis eines epischen Textes von erheblicher Bedeutung, denn sie gibt Auskunft über den Vermittler der Geschichte, den Erzähler. Die wichtigsten Untersuchungskriterien haben Sie im Grundlagenkapitel wiederholt. Greifen Sie bei der Lösung der folgenden Aufgabe auf sie zurück.

Text **Alfred Döblin** (1878–1957)
Berlin Alexanderplatz (1929)

Vorbemerkung: Der ehemalige Zement- und Transportarbeiter Franz Biberkopf ist aus dem Berliner Gefängnis Tegel entlassen worden, wo er vier Jahre für den Mord an seiner Geliebten eingesessen hat. Unsicher begibt er sich zur Straßenbahnhaltestelle.
Die Handlung von Alfred Döblins bedeutendem Großstadtroman spielt in den wilden Zwanzigerjahren.

Er schüttelte sich, schluckte. Er trat sich auf den Fuß. Dann nahm er einen Anlauf und saß in der Elektrischen. Mitten unter den Leuten. Los. Das war zuerst, als wenn man beim Zahnarzt sitzt, der eine Wurzel mit der Zange gepackt hat und zieht, der Schmerz wächst, der Kopf will platzen. Er drehte den Kopf zurück nach der roten Mauer, aber die Elektrische sauste mit ihm auf den Schienen weg, dann stand nur noch sein Kopf in der Richtung des Gefängnisses. Der Wagen machte eine Biegung, Bäume, Häuser traten dazwischen. Lebhafte Straßen tauchten auf, die Seestraße, Leute stiegen ein und aus. In ihm schrie es entsetzt: Achtung, Achtung, es geht los. Seine Nasenspitze vereiste, über seine Backe schwirrte es. „Zwölf Uhr Mittagszeitung", „B.Z.", „Die neuste Illustrirte", „Die Funkstunde neu", „Noch jemand zugestiegen?" Die Schupos haben jetzt blaue Uniformen. Er stieg unbeachtet wieder aus dem Wagen, war unter Menschen. Was war denn? Nichts. Haltung, ausgehungertes Schwein, reiß dich zusammen, kriegst meine Faust zu riechen. Gewimmel, welch Gewimmel. Wie sich das bewegte. Mein Brägen hat wohl kein Schmalz mehr, der ist wohl ganz ausgetrocknet. Was war das alles. Schuhgeschäfte, Hutgeschäfte, Glühlampen, Destillen. Die Menschen müssen doch Schuhe haben, wenn sie so viel rumlaufen, wir hatten ja auch eine Schusterei, wollen das mal festhalten. Hundert blanke Scheiben, laß die doch blitzern, die werden dir doch nicht bange machen, kannst sie ja kaputt schlagen, was ist denn mit die, sind eben blankgeputzt. Man riß das Pflaster am Rosenthaler Platz auf, er ging zwischen den andern auf Holzbohlen. Man mischt sich unter die andern, da vergeht alles, dann merkst du nichts, Kerl. Figuren standen in den Schaufenstern in Anzügen, Mänteln, mit Röcken, mit Strümpfen und Schuhen. Draußen bewegte sich alles, aber – dahinter – war nichts! Es – lebte – nicht! Es hatte fröhliche Gesichter, es lachte, wartete auf der Schutzinsel gegenüber Aschinger zu zweit oder zu dritt, rauchte Zigaretten, blätterte in Zeitungen. So stand das da wie die Laternen – und – wurde immer starrer. Sie gehörten zusammen mit den Häusern, alles weiß, alles Holz.

Schreck fuhr in ihn, als er die Rosenthaler Straße heruntergging und in einer kleinen Kneipe ein Mann und eine Frau dicht am Fenster saßen: die gossen sich Bier aus Seideln in den Hals, ja was war dabei, sie tranken eben, sie hatten Gabeln und stachen sich damit Fleischstücke in den Mund, dann zogen sie die Gabeln wieder heraus und bluteten nicht. Oh, krampfte sich sein Leib zusammen, ich kriege es nicht weg, wo soll ich hin? Es antwortete: Die Strafe.

Er konnte nicht zurück, er war mit der Elektrischen so weit hierher gefahren, er war aus dem Gefängnis entlassen und mußte hier hinein, noch tiefer hinein.

Das weiß ich, seufzte er in sich, daß ich hier rin muß und daß ich aus dem Gefängnis entlassen bin. Sie mußten mich ja entlassen, die Strafe war um, hat seine Ordnung, der Bürokrat tut seine Pflicht. Ich geh auch rin, aber ich möchte nicht, mein Gott, ich kann nicht.

Er wanderte die Rosenthaler Straße am Warenhaus Tietz vorbei, nach rechts bog er ein in die schmale Sophienstraße. Er dachte, diese Straße ist dunkler, wo es dunkel ist, wird es besser sein. Die Gefangenen werden in Einzelhaft, Zellenhaft und Gemeinschaftshaft untergebracht. Bei Einzelhaft wird der Gefangene bei Tag und Nacht unausgesetzt von andern Gefangenen gesondert gehalten. Bei Zellenhaft wird der Gefangene in einer Zelle untergebracht, jedoch bei Bewegung im Freien, beim Unterricht, Gottesdienst mit andern zusammengebracht. Die Wagen tobten und klingelten weiter, es rann Häuserfront neben Häuserfront ohne Aufhören hin. Und Dächer waren auf den Häusern, die schwebten auf den Häusern, seine Augen irrten nach oben: wenn die Dächer nur nicht abrutschten, aber die Häuser standen grade. Wo soll ick armer Deibel hin, er latschte an der Häuserwand lang, es nahm kein Ende damit. Ich bin ein ganz großer Dussel, man wird sich hier doch noch durchschlängeln können, fünf Minuten, zehn Minuten, dann trinkt man einen Kognak und setzt sich. Auf entsprechendes Glockenzeichen ist sofort mit der Arbeit zu beginnen. Sie darf nur unterbrochen werden in der zum Essen, Spaziergang, Unterricht bestimmten Zeit. Beim Spaziergang haben die Gefangenen die Arme ausgestreckt zu halten und sie vor- und rückwärts zu bewegen.

Da war ein Haus, er nahm den Blick weg von dem Pflaster, eine Haustür stieß er auf, und aus seiner Brust kam ein trauriges brummendes oh, oh. Er schlug die Arme umeinander, so mein Junge, hier frierst du nicht.

Aus: Alfred Döblin: Berlin Alexanderplatz. München: Deutscher Taschenbuch Verlag 1965. S. 8–10
Lizenzausgabe des Walter Verlags

Erläuterungen:
Zeile 28: Brägen, auch Bregen: Hirn vom Schlachtvieh
Zeile 50: Aschinger: Name für preisgünstige Lokale in Berlin, so am Rosenthaler Platz und am Alexanderplatz

Zeile 79: Rosenthaler Straße: Straße in Berlin Mitte, vom Rosenthaler Platz ausgehend
Zeile 80: Warenhaus Tietz: Kaufhaus der Warenhauskette Tietz. Das prächtigste Geschäft wurde 1904 am Alexanderplatz errichtet (vgl. Abbildung unten auf dieser Seite).
Zeile 81: Sophienstraße: Seitenstraße der Rosenthaler Straße in Berlin Mitte

Aufgabenstellung

Interpretieren Sie den vorliegenden Romanauszug.
Analysieren Sie zunächst die erzählerische Gestaltung, indem Sie dem Textverlauf folgen, und fassen Sie anschließend Ihre Ergebnisse im Hinblick auf die Erzählerposition zusammen.
Untersuchen Sie die Wirkung der Stadt auf Franz Biberkopf.

1 Erschließen der Aufgabenstellung

Die Arbeitsanweisung gliedert sich in zwei Aufgabenbereiche:

- die Analyse der erzählerischen Gestaltung mit der Erschließung der Erzählerposition und
- die Untersuchung der Wirkung der Stadt auf Franz Biberkopf.

Damit ist die Grobgliederung des Hauptteils vorgegeben.

Das Warenhaus Tietz am Alexanderplatz

2 Analyse der erzählerischen Gestaltung und Erschließen der Erzählerposition

1. Arbeitsschritt: Sie strukturieren den Text.

Die Aufgabenstellung verlangt, dass Sie dem Textverlauf folgen. Um sich die Arbeit zu erleichtern, teilen Sie den Text in Abschnitte ein. Dadurch erhalten Sie nicht nur einen besseren Überblick über die eingesetzten erzählerischen Mittel, sondern auch das Verhältnis von erzählerischer Gestaltung und inhaltlicher Aussage wird klarer.

Aufgabe 49 Gliedern Sie den Text. Berücksichtigen Sie dabei inhaltliche und formale Gesichtspunkte. Im Hinblick auf die Aufgabenstellung erscheint es sinnvoll, auf den wiederholt einsetzenden Erzählerbericht zu achten.

2. Arbeitsschritt: Sie stellen Untersuchungskriterien zusammen.

Richten Sie nun Ihre Aufmerksamkeit auf die bekannten erzählerischen Mittel. Notieren Sie diese in folgender Weise untereinander auf einem Beiblatt.

Checkliste zur Analyse erzählerischer Mittel

- Erzählform
- Erzählsituation beziehungsweise Erzählverhalten
- Erzählperspektive mit Standort, Außen- und Innensicht, Blickfeldveränderungen, Realitätsgrad der Wahrnehmung (mögliche Einflüsse und Ursachen), Wirklichkeitssicht
- Einsatz von Darbietungsformen: Erzählerbericht und Figurenrede (erlebte Rede, innerer Monolog)
- Verhältnis von Erzählzeit zu erzählter Zeit
- Leserbezug
- Sprache
- Erzählerposition

Eine ausführliche Untersuchung der sprachlichen Mittel wird nicht verlangt. Sie ist auch bei der Analyse der erzählerischen Gestaltung nicht üblich. Dennoch kann Sprache als ein erzählerisches Mittel fungieren beziehungsweise im Dienste anderer Mittel stehen. Dies wird beispielsweise beim inneren Monolog deutlich. Sie sollten deshalb, wo es sinnvoll erscheint, auch sprachliche Auffälligkeiten erwähnen.

Auch wenn Sie in jedem Fall die erzählerische Gestaltung unvoreingenommen und exakt analysieren müssen, kann es doch hilfreich sein zu wissen, dass Sie bei einem modernen epischen Text wie dem vorliegenden in der Regel folgende Ergebnisse erwarten dürfen:

- **Erzählsituation**: Dominanz der personalen Erzählsituation; Zurückdrängen des auktorialen, allwissenden Erzählers
- **Perspektive**: subjektiv eingeschränktes Blickfeld der Figur(en) in der personalen Erzählsituation; verstärkte Innensicht
- **Darbietungsform**: verstärkte Figurenrede (erlebte Rede, innerer Monolog)
- Verhältnis von **Erzählzeit** zu **erzählter Zeit**: EZ = eZ oder EZ > eZ
- **Erzählerposition**: geschwächt

Buchcover der Erstausgabe des Romans

Die Ursache liegt im veränderten **Weltbild der Moderne**, in dem feste Werte, der Glaube an eine sich selbst bestimmende, autonome Persönlichkeit und eine eindeutige, überschaubare Wirklichkeit relativiert sind beziehungsweise nicht mehr existieren.

Aufgabe 50 Überprüfen Sie den Text nach den einzelnen Untersuchungskriterien.

Aufgabe 51 Notieren oder unterstreichen Sie auffällige sprachliche Mittel. Bestimmen Sie ihre Funktion.

3. Arbeitsschritt: Sie lösen die Teilaufgabe.

Nach diesen Vorbereitungen wird es Ihnen nicht schwerfallen, die Erzähltechnik des Romananfangs von *Berlin Alexanderplatz* zu untersuchen.

Aufgabe 52 Überführen Sie Ihre Ergebnisse in eine zusammenhängende Darstellung.

Berlin Alexanderplatz, Aufnahme aus dem Jahre 1903

3 Die Wirkung der Stadt auf Franz Biberkopf

Die Bearbeitung des ersten Aufgabenschwerpunkts erweist sich bei der Lösung der folgenden Teilaufgabe als hilfreich. Vor allem können Sie auf die Ermittlung der Struktur des Textes zurückgreifen. Entwickeln Sie, davon ausgehend, zusätzliche Unterpunkte Ihrer Untersuchung. Damit sind die Arbeitsschritte klar: Erstellen einer erweiterten Gliederung (1) als Grundlage für die ausführliche Lösung (2).

Aufgabe 53 Erstellen Sie eine erweiterte Gliederung. Beginnen Sie mit der Ausgangssituation und orientieren Sie sich dann an der bereits analysierten Struktur des Textes.

Aufgabe 54 Führen Sie nun den Arbeitsauftrag aus.

Grundlegende Themen einer Epoche
Franz Kafka: Gibs auf!

Bei der nächsten Aufgabe sollen Sie unter anderem Ihre Kenntnisse wichtiger literarischer Themen und Motive in ihrem historischen Kontext nachweisen.

Text

Franz Kafka (1883–1924)
Gibs auf!

Vorbemerkung: Der Text stammt aus dem Nachlass Franz Kafkas und ist auf Ende 1922 zu datieren. Kafkas Freund Max Brod hat das Prosastück 1936 veröffentlicht und ihm auch den Titel gegeben.

Es war sehr früh am Morgen, die Straßen rein und leer, ich ging zum Bahnhof. Als ich eine Turmuhr mit meiner Uhr verglich, sah ich daß [es] schon viel später war als ich geglaubt hatte, ich mußte mich sehr beeilen, der Schrecken über diese Entdeckung ließ mich im Weg unsicher werden, ich kannte mich in dieser Stadt noch nicht sehr gut aus, glücklicherweise war ein Schutzmann in der Nähe, ich lief zu ihm und fragte ihn atemlos nach dem Weg. Er lächelte und sagte: „Von mir willst Du den Weg erfahren?“ „Ja“, sagte ich, „da ich ihn selbst nicht finden kann.“ „Gibs auf, gibs auf“, sagte er und wandte sich mit einem großen Schwunge ab, so wie Leute, die mit ihrem Lachen allein sein wollen.

Aus: Franz Kafka: Gesammelte Werke in zwölf Bänden. Nach der Kritischen Ausgabe hrsg. von Hans-Gerd Koch. Band 8: Das Ehepaar und andere Schriften aus dem Nachlass in der Fassung der Handschrift. Frankfurt a. M.: Fischer Taschenbuch Verlag 1994, S. 130 (dort unter der Überschrift: „Ein Kommentar“)

Aufgabenstellung

Arbeiten Sie die Gattungsmerkmale des vorliegenden Textes heraus. Interpretieren Sie anschließend den Text. Stellen Sie die thematischen und motivischen Schwerpunkte in den Mittelpunkt Ihrer Deutung und binden Sie diese in einen philosophisch-kulturellen Kontext ein.

1 Erschließen der Aufgabenstellung

Die Aufgabe ist zweiteilig. Sie bestimmen zunächst die Gattungsmerkmale, dann interpretieren Sie den kurzen Text. Die zweite Teilaufgabe ist näher spezifiziert. Im Zentrum der Interpretation sollen Thematisches und Motivisches stehen. Gehen Sie zudem auf den entsprechenden geistigen Zeithintergrund ein.

2 Verfassen der Einleitung

Für den Fall, dass Sie die üblichen Elemente und die Funktionen der Einleitung nicht mehr ganz präsent haben, können Sie zur Vorbereitung noch einmal im ersten Übungskapitel nachschlagen (S. 30 f.).

Aufgabe 55 Verfassen Sie eine Einleitung.

Ein Schutzmann gibt einem Botenjungen eine Auskunft. Berlin, Potsdamer Platz, um 1919

3 Herausarbeiten der Gattungsmerkmale

Der Text ist unschwer als eine moderne verrätselte Parabel zu erkennen. Folgen Sie, um diese Einschätzung zu begründen, diesen vier Arbeitsschritten:

- Notieren grundsätzlicher Untersuchungsbereiche eines epischen Textes,
- Konkretisierung am Fall der Parabel,
- Überprüfen der Aussagen am gegebenen Text,
- Ausführung.

Zusammenfassende Darstellung der Arbeitsschritte

Halten Sie auf einem Beiblatt die infrage kommenden Untersuchungsbereiche eines epischen Textes fest. Erzähltechnik und sprachliche Gestaltung sind hier von geringerem Gewicht und müssen nicht gesondert untersucht werden. Es bleiben somit: Umfang und Form, Aufbau, Inhalt, Zeit- und Raumgestaltung, Figurendarstellung und Leserbezug. Setzen Sie die Kennzeichen der Gattung Parabel jeweils darunter, ebenso stichpunktartig die Ergebnisse der Textüberprüfung.

Aufgabe 56 Gehen Sie wie oben beschrieben vor.

Aufgabe 57 Lösen Sie die Aufgabe mithilfe des gefundenen Materials.

4 Interpretation der modernen Parabel

Die Deutung zielt auf die thematischen und motivischen Schwerpunkte der Parabel. Sie sind in diesem kurzen Text relativ leicht zu erkennen. Zusätzlich verlangt wird ihre Einbindung in den philosophisch-kulturellen Zeithintergrund. Orientieren Sie sich dabei an markanten Kennzeichen der Moderne, so zum Beispiel

- dem Verlust transzendenter Bindungen und damit verbundener Hoffnungen,
- der Relativierung bislang unangefochten gültiger Wahrheiten sowie
- der Vielfalt differierender, zum Teil widersprüchlicher und rasch wechselnder Werte.

Wenn Sie die Folgen dieser Entwicklungen bedenken, werden Sie Übereinstimmungen mit den inhaltlichen Schwerpunkten der vorliegenden Parabel erkennen.

Aufgabe 58 Halten Sie auffällige Textmerkmale fest. Achten Sie dabei besonders auf Wiederholungen.
Fassen Sie die ermittelten Merkmale nach thematischen beziehungsweise motivischen Schwerpunkten zusammen und suchen Sie Deutungsansätze.
Überlegen Sie, inwiefern Ihre Deutungsansätze philosophisch-kulturelle Erscheinungen der Entstehungszeit des Textes spiegeln oder sich mit ihnen vermitteln lassen.

Aufgabe 59 Interpretieren Sie nun den Text. Gliedern Sie Ihre Darstellung dabei nach den gefundenen thematischen Schwerpunkten.

5 Verfassen des Schlusses

Im Anschluss an Ihre Ausführungen zum Weg-Motiv können Sie knapp die Situation des passiven Helden zusammenfassen. Als Akzentuierungen bieten sich an:

- die Problematik, existenzielle Fragen sprachlich zu bewältigen,
- der auf sich selbst geworfene Mensch,
- der offene Schluss der Parabel.

Aufgabe 60 Formulieren Sie einen Schlussteil.

6 Erstellen der Gliederung als Mittel der Selbstkontrolle

Indem Sie als abschließenden Arbeitsschritt die Gliederung Ihres Aufsatzes notieren, kontrollieren Sie, ob Ihre Untersuchung überzeugend aufgebaut ist und alle verlangten Aspekte enthält.

Aufgabe 61 Erstellen Sie eine Gliederung zu Ihrem Aufsatz.

Gesprächsanalyse
Theodor Fontane: Effi Briest

Im Mittelpunkt des Textes steht ein **Dialog**. Achten Sie bei Ihrer Untersuchung deshalb auf dramatische Elemente wie zum Beispiel Exposition, Spannungssteigerung, Höhe- und Wendepunkte und den Ausgang des Gesprächs.

Text **Theodor Fontane** (1819–1898)
Effi Briest (1894/95)

Vorbemerkung: Effi Briest, verheiratet mit Baron von Innstetten, hatte während ihrer Ehe eine kurze Affäre mit dem Offizier Crampas. Nach Jahren kommt diese Episode durch Zufall ans Licht. Es folgen Scheidung und gesellschaftliche Ächtung. Annie, das gemeinsame Kind, wird dem Vater zugesprochen. Effi bleibt nur die Gesellschaft von Roswitha, dem ehemaligen Kindermädchen. In Berlin lebt sie in einer kleinen Wohnung. Leidenschaftlich sehnt sie sich nach ihrer Tochter, mit der sie bereits drei Jahre nicht mehr zusammengetroffen ist. Die Tatsache, dass sie vor Kurzem Annie von fern zwar gesehen, einer näheren Begegnung aber in einer plötzlichen Angstaufwallung ausgewichen ist, quält sie sehr. In dem gesteigerten Verlangen nach ihrer Tochter bittet sie die Frau des Ministers (des Chefs von Innstetten) um Vermittlung. Innstetten solle ihr gelegentliche Zusammentreffen mit Annie gestatten.

DREIUNDDREISSIGSTES KAPITEL

Am zweitfolgenden Tage trafen, wie versprochen, einige Zeilen ein, und Effi las: „Es freut mich, liebe gnädige Frau, Ihnen gute Nachricht geben zu können. Alles ging nach Wunsch; Ihr Herr Gemahl ist zu sehr Mann von Welt, um einer Dame eine von ihr vorgetragene Bitte abschlagen zu können; zugleich aber – auch *das* darf ich Ihnen nicht verschweigen –, ich sah deutlich, daß sein Ja nicht dem entsprach, was er für klug und recht hält. Aber kritteln wir nicht, wo wir uns freuen sollen. Ihre Annie, so haben wir es verabredet, wird über Mittag kommen, und ein guter Stern stehe über Ihrem Wiedersehen."

Es war mit der zweiten Post, daß Effi diese Zeilen empfing, und bis zu Annies Erscheinen waren mutmaßlich keine zwei Stunden mehr. Eine kurze Zeit, aber immer noch zu lang, und Effi schritt in Unruhe durch beide Zimmer und dann wieder in die Küche, wo sie mit Roswitha von allem möglichen sprach, von dem Efeu drüben an der Christuskirche, nächstes Jahr würden die Fenster wohl ganz zugewachsen sein, von dem Portier, der den Gashahn wieder so schlecht zugeschraubt habe (sie würden doch noch nächstens in die Luft fliegen), und daß sie das Petroleum doch lieber wieder aus der großen Lampenhandlung Unter den Linden als aus der Anhaltstraße holen solle – von allem möglichen sprach sie, nur von Annie nicht, weil sie die Furcht nicht aufkommen lassen wollte, die trotz der Zeilen der Ministerin, oder vielleicht auch um dieser Zeilen willen, in ihr lebte.

Nun war Mittag. Endlich wurde geklingelt, schüchtern, und Roswitha ging, um durch das Guckloch zu sehen. Richtig, es war Annie. Roswitha gab dem Kinde einen Kuß, sprach aber sonst kein Wort, und ganz leise, wie wenn ein Kranker im Hause wäre, führte sie das Kind vom Korridor her erst in die Hinterstube und dann bis an die nach vorn führende Tür.

„Da geh hinein, Annie." Und unter diesen Worten, sie wollte nicht stören, ließ sie das Kind allein und ging wieder auf die Küche zu.

Effi stand am andern Ende des Zimmers, den Rücken gegen den Spiegelpfeiler, als das Kind eintrat.

„Annie!" Aber Annie blieb an der nur angelehnten Tür stehen, halb verlegen, aber halb auch mit Vorbedacht, und so eilte denn Effi auf das Kind zu, hob es in die Höhe und küßte es.

„Annie, mein süßes Kind, wie freue ich mich. Komm, erzähle mir", und dabei nahm sie Annie bei der Hand und ging auf das Sofa zu, um sich da zu setzen. Annie stand aufrecht und griff, während sie die Mutter immer noch scheu ansah, mit der Linken nach dem Zipfel der herabhängenden Tischdecke. „Weißt du wohl, Annie, daß ich dich einmal gesehen habe."

„Ja, mir war es auch so."

„Und nun erzähle mir recht viel. Wie groß du geworden bist! Und das ist die Narbe da; Roswitha hat mir davon erzählt. Du warst immer so wild und ausgelassen beim Spielen. Das hast du von deiner Mama, die war auch so. Und in der Schule? Ich denke mir, du bist immer die Erste, du siehst mir so aus, als müßtest du eine Musterschülerin sein und immer die besten Zensuren nach Hause bringen. Ich habe auch gehört, daß dich das Fräulein von Wedelstädt so gelobt haben soll. Das ist recht; ich war auch so ehrgeizig, aber ich hatte nicht solche gute Schule. Mythologie war immer mein Bestes. Worin bist du denn am besten?"

„Ich weiß es nicht."

„Oh, du wirst es schon wissen. Das weiß man. Worin hast du denn die beste Zensur?"

„In der Religion."

„Nun, siehst du, da weiß ich es doch. Ja, das ist sehr schön; ich war nicht so gut darin, aber es wird wohl auch an dem Unterricht gelegen haben. Wir hatten bloß einen Kandidaten."

„Wir hatten auch einen Kandidaten."

„Und der ist fort?"

Annie nickte.

„Warum ist er fort?"

„Ich weiß es nicht. Wir haben nun wieder den Prediger."

„Den ihr alle sehr liebt."

„Ja, zwei aus der ersten Klasse wollen auch übertreten."

„Ah, ich verstehe; das ist schön. Und was macht Johanna?"

„Johanna hat mich bis vor das Haus begleitet ..."

„Und warum hast du sie nicht mit heraufgebracht?"

„Sie sagte, sie wolle lieber unten bleiben und an der Kirche drüben warten."

„Und da sollst du sie wohl abholen?"

„Ja."

„Nun, sie wird da hoffentlich nicht ungeduldig werden. Es ist ein kleiner Vorgarten da und die Fenster sind schon halb von Efeu überwachsen, als ob es eine alte Kirche wäre."

„Ich möchte sie aber doch nicht gerne warten lassen."

„Ach, ich sehe, du bist sehr rücksichtsvoll, und darüber werde ich mich wohl freuen müssen. Man muß es nur richtig einteilen ... Und nun sage mir noch, was macht Rollo?"

„Rollo ist sehr gut. Aber Papa sagt, er würde so faul; er liegt immer in der Sonne."

„Das glaub ich. So war er schon, als du noch ganz klein warst ... Und nun sage mir, Annie – denn heute haben wir uns ja bloß so mal wiedergesehen, wirst du mich öfter besuchen?"

„O gewiß, wenn ich darf."

„Wir können dann in dem Prinz-Albrechtschen Garten spazierengehen."

„O gewiß, wenn ich darf."

„Oder wir gehen zu Schilling und essen Eis, Ananas- oder Vanilleneis; das aß ich immer am liebsten."

„O gewiß, wenn ich darf."

Und bei diesem dritten „wenn ich darf" war das Maß voll; Effi sprang auf, und ein Blick, in dem es wie Empörung aufflammte, traf das Kind. „Ich glaube, es ist die höchste Zeit, Annie; Johanna wird sonst ungeduldig." Und sie zog die Klingel. Roswitha, die schon im Nebenzimmer war, trat gleich ein. „Roswitha, gib Annie das Geleit bis drüben zur Kirche. Johanna wartet da. Hoffentlich hat sie sich nicht erkältet. Es sollte mir leid tun. Grüße Johanna."

Und nun gingen beide.

Kaum aber, daß Roswitha draußen die Tür ins Schloß gezogen hatte, so riß Effi, weil sie zu ersticken drohte, ihr Kleid auf und verfiel in ein krampfhaftes Lachen. „So also sieht ein Wiedersehen aus", und dabei stürzte sie nach vorn, öffnete die Fensterflügel und suchte nach etwas, das ihr beistehe. Und sie fand auch was in der Not ihres Herzens. Da neben dem Fenster war ein Bücherbrett, ein paar Bände von Schiller und Körner darauf, und auf den Gedichtbüchern, die alle gleiche Höhe hatten, lag eine Bibel und ein Gesangbuch. Sie griff danach, weil sie was haben mußte, vor dem sie knien und beten konnte, und legte Bibel und Gesangbuch auf den Tischrand, gerade da, wo Annie gestanden hatte, und mit einem heftigen Ruck warf sie sich davor nieder und sprach halblaut vor sich hin: „O du Gott im Himmel, vergib mir, was ich getan; ich war ein Kind... Aber nein, nein, ich war kein Kind, ich war alt genug, um zu wissen, was ich tat. Ich *hab* es auch gewußt, und ich will meine Schuld nicht kleiner machen ... aber *das* ist zuviel. Denn das hier, mit dem Kind, das bist nicht *du*, Gott, der mich strafen will, das ist *er*, bloß er! Ich habe geglaubt, daß er ein edles Herz habe, und habe mich immer klein neben ihm gefühlt; aber jetzt weiß ich, daß *er* es ist, er ist klein. Und weil er klein ist, ist er grausam. Alles, was klein ist, ist grausam. Das hat *er* dem Kinde beigebracht, ein Schulmeister war er immer, Crampas hat ihn so genannt, spöttisch damals, aber er hat recht gehabt. ‚O gewiß, wenn ich darf.' Du *brauchst* nicht zu dürfen; ich will euch nicht mehr, ich haß euch, auch mein eigen Kind. Was zuviel ist, ist zuviel. Ein Streber war er, weiter nichts. – Ehre, Ehre, Ehre ... und dann hat er den armen Kerl totgeschossen, den ich nicht einmal liebte und den ich vergessen hatte, weil ich ihn nicht liebte. Dummheit war alles, und nun Blut und Mord. Und ich schuld. Und nun schickt er mir das Kind, weil er einer Ministerin nichts abschlagen kann, und ehe er das Kind schickt, richtet er's ab wie einen Papagei und bringt ihm die Phrase bei ‚wenn ich darf'. Mich ekelt, was ich getan; aber was mich noch mehr ekelt, das ist eure Tugend. Weg mit euch. Ich muß leben, aber ewig wird es ja wohl nicht dauern."

Als Roswitha wiederkam, lag Effi am Boden, das Gesicht abgewandt, wie leblos.

Aus: Theodor Fontane: Effi Briest. Roman. Stuttgart: Reclam Verlag 1969, 2000, S. 309–313 (Erste Buchausgabe: Berlin 1895)

Erläuterungen:
Zeile 106: Johanna: Hausbedienstete Innstettens
Zeile 126: Rollo: Haushund

Aufgabenstellung

Interpretieren Sie den Text. Beschreiben Sie zunächst die inhaltliche Struktur des Auszugs und untersuchen Sie die erzählerische Gestaltung. Analysieren Sie anschließend ausführlich Ursachen, Verlauf und Auswirkungen der misslungenen Kommunikation.

1 Erschließen der Aufgabenstellung

Die Arbeitsanweisung gibt Teilaufgaben vor, nach denen Sie Ihren Aufsatz gliedern können. Der dritte Schwerpunkt sollte neben den Ursachen auch die Ausgangssituation festhalten und abschließend ein Ergebnis der Analyse anbieten. Als Einleitung wählen Sie die übliche Überblicksinformation, als Schluss am besten eine knappe Zusammenfassung mit Einordnung in den Epochenzusammenhang.

Die Gliederung

A Überblicksinformation

B Interpretation

- I. Beschreibung der inhaltlichen Struktur
- II. Analyse der erzählerischen Gestaltung
- III. Das Misslingen von Kommunikation
  1. Ursachen und Ausgangssituation
  2. Gesprächsverlauf
  3. Auswirkungen
  4. Ergebnis

C Zusammenfassung und Einordnung in den Epochenzusammenhang

2 Verfassen der Einleitung

Aufgabe 62 Verfassen Sie eine Einleitung.

3 Beschreibung der inhaltlichen Struktur

Die Aufgabe zielt auf eine zusammenfassende Beschreibung von Inhalt und Aufbau des Romanauszugs. Die Grobstruktur des 33. Kapitels ist leicht zu erkennen. Im Mittelpunkt steht das Gespräch Effis mit ihrer Tochter (Z. 52 bis 155). Dieser Dialog wird von einem einführenden (Z. 1–51) und einem abschließenden Teil (Z. 156–214) umrahmt. Die drei Abschnitte lassen sich weiter untergliedern.
Bereits beim ersten Durchlesen wird Ihnen die auf Spannung hin angelegte Handlungsstruktur des Kapitels auffallen. Bei der Frage nach der Komposition sollten Sie deshalb auf dramatische Bauelemente achten.

Aufgabe 63 Erstellen Sie eine Übersicht über die Textstruktur, skizzieren Sie dazu inhaltliche Schwerpunkte und überprüfen Sie die Komposition auf dramatische Elemente hin.

Aufgabe 64 Lösen Sie mit den Ergebnissen Ihrer Übersicht die erste Teilaufgabe.

Berlin, Potsdamer Platz, vor 1900

4 Untersuchung der erzählerischen Gestaltung

Aufgabe 65 Erfassen Sie in Stichpunkten folgende Untersuchungsbereiche:
- Erzählform, Darbietungsformen, Perspektive mit Standort und Einstellung,
- Erzählverhalten, Zeitgestaltung, Erzählerposition.

Aufgabe 66 Schreiben Sie eine zusammenhängende Lösung zur zweiten Teilaufgabe.

5 Gesprächsanalyse: Das Misslingen von Kommunikation

Auch hier sind Sie in Ihrem Vorgehen durch die Aufgabenstellung gebunden: Sie sollen Ursachen, Ablauf und Auswirkungen der misslungenen Kommunikation untersuchen. Dazu ist zunächst eine Bestimmung des Begriffs *Kommunikation* und der Faktoren einer Kommunikationssituation ratsam. Diese entscheiden über das Gelingen oder Fehlschlagen eines Gesprächs und stellen zugleich die Untersuchungskriterien dar, die Sie auf den Text anwenden.

1. Arbeitsschritt: Sie klären die Kommunikationssituation.
Kommunikation bedeutet *Verständigung.* Mindestens zwei Personen sprechen miteinander an einem bestimmten Ort und zu einer bestimmten Zeit. Ihr Thema kann festgelegt sein oder spontan aus der Situation erwachsen. Als **Untersuchungsbereiche** ergeben sich demnach die beteiligten Personen, der Gesprächsgegenstand sowie Ort und Zeit.
Gespräche haben Prozesscharakter, das heißt ihr Inhalt hat Auswirkungen; er verändert womöglich dramatisch die Sichtweisen und Einstellungen der beteiligten Gesprächspartner. Die eigentlichen Ursachen, die das Gespräch beeinflussen und ihm eine Richtung geben, liegen oft im Vorfeld. Es kann sich dabei um Rollenverständnisse, Prägungen in Form von erzieherischen Maßnahmen und Erfahrungen, Vorurteile im Sinne von Partnerprojektionen und zahlreiche andere Faktoren handeln, die den Sprechern bewusst sein können, aber gerade auch unbewusst ihre Wirkung entfalten.

Eheleute, die nicht zusammenpassen – Rainer Werner Fassbinders „Effi Briest“

Bei der Untersuchung eines Dialogs (einer Kommunikationssituation) sollten Sie folgende Faktoren berücksichtigen:

1. Beteiligte Personen
   - Beeinflussende Faktoren:
     - Partnerbeziehung, Rollenverständnis und Partnerprojektion (Übereinstimmung der Vorstellung mit der Realität),
     - Gesprächsbereitschaft, Verhaltensweisen vor dem Gespräch, Art der inneren Beteiligung (rational, emotional),
     - Erwartungen, Absichten, Befürchtungen.
   - Gesprächsverlauf:
     - Gesprächsführung, Gesprächsanteile (ausgewogen oder einseitig; sachlich argumentierend oder emotional beeinflussend, gegebenenfalls manipulierend; Einsatz sprachlicher und gestischer Mittel; Reflexionsflexibilität),
     - Strategie (planend, zielstrebig oder spontan),
     - Themenbehandlung (bei einem Thema bleibend oder wechselnd; oberflächlich oder tief; umfassend oder fragmentarisch; detailliert oder pauschalisiert; kontinuierlich entwickelnd oder sprunghaft; spannungsvoll steigernd oder spannungsarm flach),
     - Entwicklung des Verhaltens der Gesprächspartner.
   - Ergebnisse, Auswirkungen:
     - zeitlicher Aspekt: unmittelbare Auswirkungen, spätere Folgen,
     - persönlicher Aspekt: körperliche, psychische Auswirkungen,
     - Bewertung: positive oder negative Folgen.
2. Thema, Themenbereiche
3. Gesprächsort; Zeit
4. Art des Ereignisses, Besonderheit der Situation, Atmosphäre

Aufgabe 67 Stellen Sie diese Einflussfaktoren in einer Übersicht so zusammen, dass sich aus ihnen die Ursachen für das Scheitern der Kommunikation ablesen lassen. Fügen Sie Angaben zu Ort und Zeit, Ereignis und Situation hinzu.

2. Arbeitsschritt: Sie analysieren die problematische Ausgangssituation.

Die Schilderung der Begleitumstände, unter denen sich das Wiedersehen zwischen Mutter und Tochter anbahnt, durch den Erzähler lässt bereits erkennen, wie belastet die Situation ist.

Aufgabe 68 Beschreiben Sie auf der Basis Ihrer Ergebnisse die problematische Ausgangssituation für den Dialog zwischen Mutter und Tochter.

3. Arbeitsschritt: Sie untersuchen den Gesprächsverlauf.

Gesprächsführung, Strategie, Themenbehandlung und Verhalten stellen – neben den eben untersuchten Rahmenbedingungen – Aspekte dar, die Gespräche gelingen oder scheitern lassen.

Aufgabe 69 Verfassen Sie dazu eine Übersicht, aus der sich weitere Ursachen für das Misslingen des Gesprächs erkennen lassen.

Aufgabe 70 Untersuchen Sie nun den Dialogverlauf.

4. Arbeitsschritt: Sie stellen die Auswirkungen zusammen.

Nun untersuchen Sie den Schlussteil des Kapitels, den kürzeren Erzählerbericht und Effis langen Monolog. Machen Sie sich wiederum zunächst Notizen, bevor Sie diesen Teil Ihres Aufsatzes ausformulieren.

Aufgabe 71 Halten Sie kurz die Auswirkungen und Konsequenzen des Dialogs fest.

Aufgabe 72 Beschreiben Sie die Auswirkungen der misslungenen Kommunikation.

5. Arbeitsschritt: Sie fassen ein Ergebnis zusammen.

Entscheidend ist bei einer so vielschrittigen Untersuchung, dass am Ende alle Teilergebnisse in eine einheitliche Deutungsperspektive integriert werden.

Aufgabe 73 Fassen Sie das Gesamtergebnis Ihrer Untersuchung auf pointierte Weise zusammen.

6 Verfassen des Schlussteils mit Epochenbezug

Aufgabe 74 Formulieren Sie einen Schlussteil, in dem Sie das Epochentypische von Thema und Erzählerverhalten herausarbeiten.

Vergleich mehrerer Textstellen und Erörterung J. W. v. Goethe: Die Leiden des jungen Werther

In der folgenden Arbeitsanweisung geht es um das methodische Vorgehen bei einem **Textvergleich**, auch wenn zu diesem nicht explizit aufgefordert wird. Dabei spielt es keine Rolle, ob man es mit Texten verschiedener Verfasser oder Texten eines Autors zu tun hat. Die Aufgabe zielt stets auf das Erkennen und Herausarbeiten von Gemeinsamkeiten und Unterschieden sowie von Entwicklungen oder Veränderungen (zum Beispiel im Hinblick auf das Verhalten von Figuren, die Art der Darbietung und die gewählte Thematik oder Motivik).
An die Interpretation knüpft ein **Erörterungsauftrag** an. In der Regel greift die Fragestellung dabei einen thematischen Aspekt des Textes oder der vorausgegangenen Untersuchung auf, der vertieft und manchmal auch auf die Erfahrungswelt des Bearbeiters bezogen wird. Das methodische Vorgehen besteht in Materialsammlung, Gliederung und Ausarbeitung einer überzeugenden Argumentation.

Text **Johann Wolfgang von Goethe** (1749–1832):
Die Leiden des jungen Werther (1774/1787)

Vorbemerkung: Der junge Werther ist aus der bürgerlichen Welt, die seine empfindsame Seele beengt und belastet hat, in die Einsamkeit der Natur geflüchtet. In ländlicher Umgebung und im Umgang mit einfachen Menschen kommt es zur Erfahrung eines intensiven Naturgefühls und einer schicksalhaften Liebe. In Briefen an seinen Freund Wilhelm schildert Werther seine wechselnden Stimmungen. Sie korrespondieren mit dem Naturerlebnis und sind Ausdruck seiner Hoffnungen und Enttäuschungen.
Goethe verarbeitete in seinem monologischen Briefroman (1774) persönliche Erlebnisse des Jahres 1772. Acht Jahre nach der Erstveröffentlichung überarbeitete er das Buch. Die zweite Fassung erschien 1787 als Band 1 einer Werkausgabe („Schriften"). Nach dieser zweiten Fassung wird im Folgenden zitiert.

Text 1 Am 10. Mai.

Eine wunderbare Heiterkeit hat meine ganze Seele eingenommen, gleich den süßen Frühlingsmorgen, die ich mit ganzem Herzen genieße. Ich bin allein, und freue mich meines Lebens in dieser Gegend, die für solche Seelen geschaffen ist wie die meine. Ich bin so glücklich, mein Bester, so ganz in dem Gefühle von ruhigem Dasein versunken, dass meine Kunst darunter leidet. Ich könnte jetzt nicht zeichnen, nicht einen Strich, und bin nie ein größerer Maler gewesen als in diesen Augenblicken. Wenn das liebe Tal um mich dampft, und die hohe Sonne an der Oberfläche der undurchdringlichen Finsternis meines Waldes ruht, und nur einzelne Strahlen sich in das innere Heiligtum stehlen, ich dann im hohen Grase am fallenden Bache liege, und näher an der Erde tausend mannigfaltige Gräschen mir merkwürdig werden; wenn ich das Wimmeln der kleinen Welt zwischen Halmen, die unzähligen unergründlichen Gestalten der Würmchen, der Mückchen näher an meinem Herzen fühle, und fühle die Gegenwart des Allmächtigen, der uns nach seinem Bilde schuf, das Wehen des Allliebenden, der uns in ewiger Wonne schwebend trägt und erhält; mein Freund! wenn's dann um meine Augen dämmert, und die Welt um mich her und der Himmel ganz in meiner Seele ruhn wie die Gestalt einer Geliebten; dann sehne ich mich oft und denke: ach könntest du das wieder ausdrücken, könntest du dem Papiere das einhauchen, was so voll, so warm in dir lebt, dass es würde der Spiegel deiner Seele, wie deine Seele ist der Spiegel des unendlichen Gottes! – Mein Freund – Aber ich gehe darüber zugrunde, ich erliege unter der Gewalt der Herrlichkeit dieser Erscheinungen.

Aus: Johann Wolfgang von Goethe: Die Leiden des jungen Werther. Stuttgart: Reclam 1948, 1986, 2001, S. 7 f. (RUB 67)

Text 2

Am 21. Junius.

[...]

Lieber Wilhelm, ich habe allerlei nachgedacht, über die Begier im Menschen, sich auszubreiten, neue Entdeckungen zu machen, herumzuschweifen; und dann wieder über den innern Trieb, sich der Einschränkung willig zu ergeben, in dem Gleise der Gewohnheit so hinzufahren, und sich weder um Rechts noch um Links zu bekümmern.

Es ist wunderbar: wie ich hierherkam und vom Hügel in das schöne Tal schaute, wie es mich rings umher anzog. – Dort das Wäldchen! – Ach könntest du dich in seine Schatten mischen! – Dort die Spitze des Berges! – Ach könntest du von da die weite Gegend überschauen! – Die ineinander geketteten Hügel und vertraulichen Täler! – O könnte ich mich in ihnen verlieren! – – Ich eilte hin, und kehrte zurück, und hatte nicht gefunden, was ich hoffte. O es ist mit der Ferne wie mit der Zukunft! ein großes dämmerndes Ganze ruht vor unserer Seele, unsere Empfindung verschwimmt darin wie unser Auge, und wir sehnen uns, ach! unser ganzes Wesen hinzugeben, uns mit aller Wonne eines einzigen, großen, herrlichen Gefühls ausfüllen zu lassen. – Und ach! wenn wir hinzueilen, wenn das Dort nun Hier wird, ist alles vor wie nach, und wir stehen in unserer Armut, in unserer Eingeschränktheit, und unsere Seele lechzt nach entschlüpftem Labsale.

So sehnt sich der unruhigste Vagabund zuletzt wieder nach seinem Vaterlande, und findet in seiner Hütte, an der Brust seiner Gattin, in dem Kreise seiner Kinder, in den Geschäften zu ihrer Erhaltung die Wonne, die er in der weiten Welt vergebens suchte.

[...]

Aus: Johann Wolfgang von Goethe: Die Leiden des jungen Werther. Stuttgart: Reclam 1948, 1986, 2001, S. 32 (RUB 67)

Text 3

Am 18. August.

Musste denn das so sein, dass das, was des Menschen Glückseligkeit macht, wieder die Quelle seines Elendes würde?

Das volle warme Gefühl meines Herzens an der lebendigen Natur, das mich mit so vieler Wonne überströmte, das rings umher die Welt mir zu einem Paradiese schuf, wird mir jetzt zu einem unerträglichen Peiniger, zu einem quälenden Geist, der mich auf allen Wegen verfolgt. [...]

Es hat sich vor meiner Seele wie ein Vorhang weggezogen, und der Schauplatz des unendlichen Lebens verwandelt sich vor mir in den Abgrund des ewig offnen Grabs. Kannst du sagen: Das ist! da alles vorübergeht? da alles mit der Wetterschnelle vorüberrollt, so selten die ganze Kraft seines Daseins ausdauert, ach! in den Strom fortgerissen, untergetaucht und an Felsen zerschmettert wird? Da ist kein Augenblick, der nicht dich verzehrte und die Deinigen um dich her, kein Augenblick, da du nicht ein Zerstörer bist, sein musst; der harmloseste Spaziergang kostet tausend armen Würmchen das Leben, es zerrüttet ein Fußtritt die mühseligen Gebäude der Ameisen, und stampft eine kleine Welt in ein schmähliches Grab. Ha! nicht die große seltne Not der Welt, diese Fluten, die eure Dörfer wegspülen, diese Erdbeben, die eure Städte verschlingen, rühren mich; mir untergräbt das Herz die verzehrende Kraft, die in dem All der Natur verborgen liegt, die nichts gebildet hat, das nicht seinen Nachbar, nicht sich selbst zerstörte. Und so taumle ich beängstigt! Himmel und Erde und ihre webenden Kräfte um mich her! Ich sehe nichts, als ein ewig verschlingendes, ewig wiederkäuendes Ungeheuer.

Aus: Johann Wolfgang von Goethe: Die Leiden des jungen Werther. Stuttgart: Reclam 1948, 1986, 2001, S. 60–62 (RUB 67)

Aufgabenstellung

Interpretieren Sie auf der Grundlage einer gründlichen Sprachanalyse die in den Briefstellen zum Ausdruck kommende Gefühlswelt Werthers.
Erörtern Sie anschließend das Medium „privater Brief" im realen Kommunikationsprozess und in der Literatur. Stützen Sie sich dabei auf die vorliegenden Auszüge.

1 Erschließen des ersten Arbeitsauftrags

Die Aufgabenstellung besteht aus einer Interpretation und einer Erörterung. Daher erfolgt die Erschließung der Aufgabe in diesem Kapitel in zwei gesonderten Schritten.
Als Erstes sollen Sie Werthers Gefühlswelt interpretieren, wie sie sich in dreien seiner Briefe darstellt. Obwohl ein Vergleich nicht ausdrücklich erwähnt wird, verlangt ihn die Einheit der Aufgabe. Interpretieren Sie zunächst jeden Text gesondert und vergleichen Sie in einem anschließenden Teil die Ergebnisse.

2 Vergleichende Untersuchung von Werthers Gefühlswelt

1. Arbeitsschritt: Sie sammeln Material zu Werthers Gefühlswelt.

Um richtungweisende Anhaltspunkte für eine Untersuchung zu erhalten, ist es üblicherweise empfehlenswert, den zentralen Begriff der Textstelle(n) zu ermitteln. Im vorliegenden Fall erübrigt sich diese Arbeit, denn wichtige themarelevante Komponenten ergeben sich aus der Analyse von Inhalt und Sprache. Halten Sie diese, gesondert für jeden Text, in einer Materialsammlung fest. Sie bildet die Grundlage Ihrer Interpretation.

Aufgabe 75 Listen Sie nach Texten getrennt zunächst inhaltliche Schwerpunkte auf, die auf Werthers Gefühlswelt verweisen. Fassen Sie anschließend funktionsverwandte sprachliche Mittel mit der gleichen Zielsetzung zusammen.

2. Arbeitsschritt: Sie sichten das Material und interpretieren die Texte.

Günstig ist es, wenn Sie Ihre Interpretationen der Briefe so anlegen, dass die Vergleichspunkte zwischen den Texten, die Ihnen beim Anlegen der Materialsammlung aufgefallen sind, schon jetzt sichtbar werden. Für den Leser wird es so leichter, die innere Entwicklung Werthers nachzuvollziehen. Zudem fällt dann der dritte Arbeitsschritt (der eigentliche Vergleich) leichter.

Aufgabe 76 Stellen Sie Ihre Ergebnisse in einem fortlaufenden Text dar. Gliedern Sie diesen nach den einzelnen Briefen. Beginnen Sie Ihre Interpretation jeweils mit einer kurzen Inhaltsübersicht.

3. Arbeitsschritt: Sie führen die Einzelinterpretationen zusammen.

Nachdem Sie die Texte einzeln untersucht und interpretiert haben, können Sie nun die gefundenen Ergebnisse gegenüberstellen.

Aufgabe 77 Beantworten Sie in einem abschließenden Vergleich die Frage, ob sich Werthers Erwartungen erfüllen. Gehen Sie dabei auf die Veränderungen in seiner Gefühlswelt und in seiner Naturwahrnehmung ein.

Radierung des jungen Goethe, vermutlich vor 1775

3 Erschließen des zweiten Arbeitsauftrags

Die zweite Teilaufgabe besteht aus zwei Teilen. Beim ersten gehen Sie am besten von einer Klärung des Begriffs der Kommunikation aus, um dann die Besonderheiten des Briefes als Verständigungsmittel, vor allem in Abgrenzung zum mündlichen Gespräch, zu erfassen. Dabei sollten Sie Form und Inhalt berücksichtigen und auf mögliche Probleme eingehen. Im zweiten Abschnitt wenden Sie Ihre Überlegungen auf die Briefe Werthers an, um schließlich auf den Briefroman zu sprechen zu kommen.

Checkliste zur Erörterung

Arbeitsschritte

- Prüfen der Aufgabenstellung im Hinblick auf Form und Inhalt (steigernder oder dialektischer Aufbau; Schlüsselbegriffe als Orientierungshilfen, mögliche thematische Eingrenzungen),
- Erschließen des Themas (W-Fragen als Leitfragen),
- Sammeln und Ordnen des Materials (Notieren themarelevanter Fakten, Argumente, Gegenargumente, Beispiele; Ordnen nach Sachzusammenhängen),
- Erstellen einer Grobgliederung (folgerichtiger und steigernder Aufbau),
- Ausführung,
- Anfertigen der endgültigen Gliederung,
- Schlussdurchsicht.

Aufbau und Inhalt

- Einleitung: Hinführung zum Thema und Lesermotivation (zum Beispiel durch aktuellen Bezug, persönliche Erfahrung, Begriffsklärung),
- Hauptteil: Lösen der Aufgabe durch überzeugende Argumentation (sachliche Informationen und Begründungen, gestützt auf anerkannte, zuverlässige Erkenntnisse und persönliche Erfahrungen; Entkräften möglicher Einwürfe; Aufzeigen von Konsequenzen; Appelle),
- Schluss: Zusammenfassung, Ausblick oder persönliche Meinungsäußerung.

Zeitgenössisches Aquarell von Wetzlar und Umgebung, dem (wenn auch nicht ausdrücklich genannten) Schauplatz von Goethes Roman

4 Erörterung des Mediums „privater Brief" im realen Kommunikationsprozess und in der Literatur

Leiten Sie Ihre Erörterung mit einer kurzen Definition des Briefes und Hinweisen zur historischen Entwicklung dieses Mediums ein und schließen Sie mit einem Wort zur Bedeutung des Briefes in heutiger Zeit.

Die Dorflinde in Garbenheim, dem Vorbild für Werthers Zufluchtsort Wahlheim im Roman. Goethe hat an diesem Platz während seiner Zeit in Wetzlar gerne gelesen und gezeichnet. Hier lässt er auch seinen Protagonisten Werther denselben Beschäftigungen nachgehen. (Zeitgenössische Lithografie)

Aufgabe 78 Erarbeiten Sie nach diesen Vorgaben eine Gliederung, die Ihnen als Vorlage für die Ausführung dienen kann.

Aufgabe 79 Mit dem gesammelten und gegliederten Material können Sie nun Ihre Erörterung schreiben.

Untersuchung der Motivgestaltung
Thomas Mann: Der Tod in Venedig

Der erste Teil der folgenden Aufgabenstellung konzentriert sich auf ein einzelnes Motiv. Die Schwierigkeit besteht darin zu erkennen, wie dieses im Text aufgefächert und realisiert ist.

Text **Thomas Mann** (1875–1955)
Der Tod in Venedig (1912)

Vorbemerkung: Der folgende Text ist der Beginn der Novelle. Thomas Mann thematisiert darin die von ihm wiederholt aufgegriffene Problematik der Künstlerexistenz. Der Inhalt des Textauszugs spielt in München, wo der Autor von 1894 bis 1896 und von 1898 bis 1933 wohnte.

I. Kapitel

1 Gustav Aschenbach oder von Aschenbach, wie seit seinem fünfzigsten Geburtstag amtlich sein Name lautete, hatte an einem Frühlingsnachmittag des Jahres 19.., das unserem Kontinent monatelang eine so gefahrdrohende Miene zeigte, von seiner Wohnung in der Prinz-Regentenstraße zu München aus allein einen weiteren Spaziergang unternommen. Überreizt von der schwierigen und gefährlichen, eben jetzt eine höchste Behutsamkeit, Umsicht, Eindringlichkeit und Genauigkeit des Willens erfordernden Arbeit der Vormittagsstunden, hatte der Schriftsteller dem Fortschwingen des produzierenden Triebwerkes in seinem Innern, jenem „motus animi continuus", worin nach Cicero das Wesen der Beredsamkeit besteht, auch nach der Mittagsmahlzeit nicht Einhalt zu tun vermocht und den entlastenden Schlummer nicht gefunden, der ihm, bei zunehmender Abnutzbarkeit seiner Kräfte, einmal untertags so nötig war. So hatte er bald nach dem Tee das Freie gesucht, in der Hoffnung, daß Luft und Bewegung ihn wiederherstellen und ihm zu einem ersprießlichen Abend verhelfen würden.

Es war Anfang Mai und, nach naßkalten Wochen, ein falscher Hochsommer eingefallen. Der Englische Garten, obgleich nur erst zart belaubt, war dumpfig wie im August und in der Nähe der Stadt voller Wagen und Spaziergänger gewesen. Beim Aumeister, wohin stillere und stillere Wege ihn geführt, hatte Aschenbach eine kleine Weile den volkstümlich belebten Wirtsgarten überblickt, an dessen Rand einige Droschken und Equipagen hielten, hatte von dort bei sinkender Sonne seinen Heimweg außerhalb des Parks über die offene Flur genommen und erwartete, da er sich müde fühlte und über Föhring Gewitter drohte, am Nördlichen Friedhof die Tram, die ihn in gerader Linie zur Stadt zurückbringen sollte.

Zufällig fand er den Halteplatz und seine Umgebung von Menschen leer. Weder auf der gepflasterten Ungererstraße, deren Schienengeleise sich einsam gleißend gegen Schwabing erstreckten, noch auf der Föhringer Chaussee war ein Fuhrwerk zu sehen; hinter den Zäunen der Steinmetzereien, wo zu Kauf stehende Kreuze, Gedächtnistafeln und Monumente ein zweites, unbehaustes Gräberfeld bilden, regte sich nichts, und das byzantinische Bauwerk der Aussegnungshalle gegenüber lag schweigend im Abglanz des scheidenden Tages. Ihre Stirnseite, mit griechischen Kreuzen und hieratischen Schildereien in lichten Farben geschmückt, weist überdies symmetrisch angeordnete Inschriften in Goldlettern auf, ausgewählte, das jenseitige Leben betreffende Schriftworte, wie etwa: „Sie gehen ein in die Wohnung Gottes" oder: „Das ewige Licht leuchte ihnen"; und der Wartende hatte während einiger Minuten eine ernste Zerstreuung darin gefunden, die Formeln abzulesen und sein geistiges Auge in ihrer durchscheinenden Mystik sich verlieren zu lassen, als er, aus seinen Träumereien zurückkehrend, im Portikus, oberhalb der beiden apokalyptischen Tiere, welche die Freitreppe bewachen, einen Mann bemerkte, dessen nicht ganz gewöhnliche Erscheinung seinen Gedanken eine völlig andere Richtung gab.

Ob er nun aus dem Innern der Halle durch das bronzene Tor hervorgetreten oder von außen unversehens heran und hinauf gelangt war, blieb ungewiß. Aschenbach, ohne sich sonderlich in die Frage zu vertiefen, neigte zur ersteren Annahme. Mäßig hochgewachsen, mager, bartlos und auffallend stumpfnäsig, gehörte der Mann zum rothaarigen Typ und besaß dessen milchige und sommersprossige Haut. Offenbar war er durchaus nicht bajuwarischen Schlages: wie denn wenigstens der breit und gerade gerandete Basthut, der ihm den Kopf bedeckte, seinem Aussehen ein Gepräge des Fremdländischen und Weitherkommenden verlieh. Freilich trug er dazu den landesüblichen Rucksack um die Schultern geschnallt, einen gelblichen Gurtanzug aus Lodenstoff, wie es schien, einen grauen Wetterkragen über dem linken Unterarm, den er in die Weiche gestützt hielt, und in der Rechten einen mit eiserner Spitze versehenen Stock, welchen er schräg gegen den Boden stemmte und auf dessen Krücke er, bei gekreuzten Füßen, die Hüfte lehnte. Erhobenen Hauptes, so daß an seinem hager dem losen Sporthemd entwachsenden Halse der Adamsapfel stark und nackt hervortrat, blickte er mit farblosen, rotbewimperten Augen, zwischen denen, sonderbar genug zu seiner kurz aufgeworfenen Nase passend, zwei senkrechte, energische Furchen standen, scharf spähend ins Weite. So – und vielleicht trug sein erhöhter und erhöhender Standort zu diesem Eindruck bei – hatte seine Haltung etwas herrisch Überschauendes, Kühnes oder selbst Wildes; denn sei es, daß er, geblendet, gegen die untergehende Sonne grimassierte oder daß es sich um eine dauernde physiognomische Entstellung handelte: seine Lippen schienen zu kurz, sie waren völlig von den Zähnen zurückgezogen, dergestalt, daß diese, bis zum Zahnfleisch bloßgelegt, weiß und lang dazwischen hervorbleckten.

Wohl möglich, daß Aschenbach es bei seiner halb zerstreuten, halb inquisitiven Musterung des Fremden an Rücksicht hatte fehlen lassen, denn plötzlich ward er gewahr, daß jener seinen Blick erwiderte und zwar so kriegerisch, so gerade ins Auge hinein, so offenkundig gesonnen, die Sache aufs Äußerste zu treiben, und den Blick des andern zum Abzug zu zwingen, daß Aschenbach, peinlich berührt, sich abwandte und einen Gang die Zäune entlang begann, mit dem beiläufigen Entschluß, des Menschen nicht weiter achtzuhaben. Er hatte ihn in der nächsten Minute vergessen. Mochte nun aber das Wandererhafte in der Erscheinung des Fremden auf seine Einbildungskraft gewirkt haben oder sonst irgendein physischer oder seelischer Einfluß im Spiele sein: eine seltsame Ausweitung seines Innern ward ihm ganz überraschend bewußt, eine Art schweifender Unruhe, ein jugendlich durstiges Verlangen in die Ferne, ein Gefühl, so lebhaft, so neu oder doch so längst entwöhnt und verlernt, daß er, die Hände auf dem Rücken und den Blick am Boden, gefesselt stehen blieb, um die Empfindung auf Wesen und Ziel zu prüfen.

Aus: Thomas Mann: Der Tod in Venedig und andere Erzählungen. Frankfurt am Main: Fischer Taschenbuch Verlag 1954, 58. Auflage 2002, S. 7–9

Worterklärungen:
Zeilen 5f.: eine so gefahrdrohende Miene: Gemeint ist die zweite Marokkokrise zwischen Deutschland und Frankreich im Jahre 1911.
Zeilen 16f.: „motus animi continuus“: „beständige Tätigkeit des Geistes“
Zeilen 60f.: hieratischen Schildereien: religiöse Darstellungen
Zeile 73: Portikus: Säulenvorbau
Zeile 74: der beiden apokalyptischen Tiere: Steinskulpturen vor dem Eingang; nach der Offenbarung des Johannes Verkörperungen des Antichristen
Zeilen 89f.: bajuwarischen Schlages: bayrischer Abstammung
Zeilen 98f.: Wetterkragen: umzuhängendes Kleidungsstück zum Schutz vor Sturm und Regen
Zeilen 120f.: physiognomische Entstellung: Entstellung der Gesichtszüge
Zeile 128: inquisitiv: forschend

Aufgabenstellung

Untersuchen Sie den Text im Hinblick auf das dominierende Motiv und die tragende Grundstimmung.
Weisen Sie an einem selbst gewählten Beispiel wesentliche Merkmale der Novelle nach.

Trambahn in München um 1900. Eine Weichenstellerin bei der Arbeit.

1 Erschließen der Aufgabenstellung

Die Aufgabenstellung enthält zwei voneinander unabhängige Arbeitsaufträge. Zur Lösung des ersten gehen Sie nach den üblichen Arbeitsschritten vor:

- Bestimmung des Themas, hier des Motivs und dessen Realisation,
- Materialzusammenstellung,
- Ausarbeitung.

2 Das Hauptmotiv und die tragende Grundstimmung

Rufen Sie sich zunächst ins Gedächtnis, was ein literarisches Motiv ist und wie es sich untersuchen lässt. Orientieren Sie sich an der folgenden Checkliste.

Kriterien der Motivuntersuchung

Motiv
(lat. movere = bewegen): Beweggrund, Grundidee, Bedeutungsträger, kleinstes inhaltliches Element mit literarischer Überlieferung

Position im Text
- Häufigkeit des Vorkommens, zum Beispiel als Kernmotiv, Leitmotiv (das heißt: an entscheidenden Stellen wiederkehrendes Motiv, oft als Dingsymbol, Handlung, sprachlicher Ausdruck), Nebenmotiv (auch Füll- oder Schmuckmotiv, für den Handlungsverlauf von geringer Bedeutung), blindes Motiv (ablenkendes Motiv),
- Auffälligkeit durch Eigenart (etwa Vieldeutigkeit) und Textposition,
- Vielfalt der Erscheinungsformen (achten Sie besonders auf Wiederholungen bei der Figur-, Natur-, Zeit- und Raumbeschreibung).

Funktion
- Textgliederung und Textakzentuierung,
- Herstellen von Zusammenhängen zwischen Textteilen und Handlungssträngen; mitunter zurückverweisend oder vorausdeutend,
- Vermitteln von Informationen,
- Hervorrufen von Handlungen,
- Aussenden von Reizen, Erzeugen von Assoziationen.

Wirkung
- Art der ausgelösten Assoziationen und Empfindungen,
- Erzählerabsicht,
- Stellung in der Motivtradition.

Aufgabe 80 Bestimmen Sie nun das den Text kennzeichnende Motiv und halten Sie die Bereiche fest, in denen dieses sich in besonderer Weise realisiert.

Überprüfen Sie den Text im Hinblick auf die Vergänglichkeits- beziehungsweise Todesmotivik. Notieren oder unterstreichen Sie zusammengehörende Textstellen und bestimmen Sie deren Motivfunktion. Überlegen Sie, welchen Beitrag diese Textstellen zur Grundstimmung des Textes leisten. Gliedern Sie nach den in der vorhergehenden Aufgabe ermittelten Bereichen: 1. Zeitangaben, 2. Wetterverhältnisse, 3. Örtlichkeiten und 4. Figuren.

Aufgabe 81 Fertigen Sie eine Materialsammlung für diese vier Bereiche an.

Aufgabe 82 Arbeiten Sie nun Ihre Lösung der ersten Teilaufgabe aus.

3 Nachweis der Gattungsmerkmale einer Novelle

Die Aufgabenstellung verlangt weder eine eingehende inhaltliche Darstellung noch eine vertiefte Interpretation des von Ihnen ausgewählten Werkes. Es ist am günstigsten, wenn Sie den bekannten **Merkmalen der Novelle** folgen: Im Mittelpunkt einer Novelle steht ein neues, besonderes Ereignis (mitunter eine Ereignisfolge), das die Hauptfigur in einen Konflikt verwickelt, der die straff geführte Handlung über einen Wendepunkt zur oft dramatischen Lösung, der Katastrophe, treibt. Leitmotive und Dingsymbole unterstützen die formale Geschlossenheit und begleiten den Geschehensverlauf.

Eine besondere Form der Novelle bildet die **Rahmennovelle**. Bei ihr wird die eigentliche Erzählung von einer weiteren Geschichte umschlossen. Diese Klammer korrespondiert mit der **Binnenerzählung**: Sie bereitet die Geschichte vor (Einführung eines Erzählers, Nennen der fingierten Quelle), trägt durch Kontrastierung zur Spannungssteigerung bei (zum Beispiel durch unterschiedliche Handlungsbewertungen) oder erhöht die Distanz zur Geschichte (etwa wenn der Erzähler über ein zurückliegendes Geschehen berichtet). Der Rahmen kann auch mehrere Einzelerzählungen zu einer Einheit verbinden.

Im ersten Arbeitsschritt suchen Sie sich zunächst ein geeignetes Beispiel aus, an dem sich die genannten Kennzeichen sicher nachweisen lassen. Hier wird als Beispiel Thomas Manns Novelle *Der Tod in Venedig* gewählt.
Dann erstellen Sie eine Übersicht, die Sie nach den Merkmalen der Novelle unterteilen. Folgende Zusatzfragen erweisen sich dabei als hilfreich:

- Wen betrifft das entscheidende Ereignis?
- Handelt es sich um einen bestimmten Lebensabschnitt?
- Setzt der Erzähler einen thematischen Schwerpunkt?
- Welche Qualität besitzt der Konflikt (äußerer oder innerer Konflikt)?
- Welche Gegensätze lassen sich erkennen (etwa der Widerspruch zwischen Normalem und Außergewöhnlichem, Bekanntem und Neuem, unterschiedlichen Einstellungen, differierenden Wünschen)?
- Worin lässt sich die Geschlossenheit der Komposition erkennen?
- Existiert ein Rahmen?
- Welche Aspekte umfasst die Exposition?
- Gibt es ein erregendes Moment, das die eigentliche Handlung auslöst?
- Welche Elemente dienen der Spannungssteigerung?
- Wo liegt der Höhe- und Wendepunkt?
- Wurden retardierende Elemente eingebaut?
- Wie gestaltet sich die Lösung?
- Welche Funktion kommt Dingsymbolen und Leitmotiven zu?

Aufgabe 83 Legen Sie eine Übersicht der Gattungsmerkmale der Novelle an und konkretisieren Sie diese stichpunktartig am gewählten Beispiel.

Abschließend beantworten Sie den Arbeitsauftrag.

Aufgabe 84 Führen Sie nun, gestützt auf Ihre Materialsammlung, den zweiten Teil des Aufsatzes aus.

Untersuchung gesellschaftlicher Beziehungen
Daniel Kehlmann: Die Vermessung der Welt

Zur Untersuchung von Figurenkonstellationen gehört auch die Frage nach den sozialen Beziehungen. In der folgenden Aufgabenstellung geht es zunächst um die Aufhellung von Autoritätsverhältnissen. Anschließend soll **ein wesentliches Epochenmerkmal** an einer Figur überprüft werden.

Text **Daniel Kehlmann** (geb. 1975)
Die Vermessung der Welt (2005)

Vorbemerkung: Daniel Kehlmann zeigt in seinem Roman, wie Alexander von Humboldt (1769–1859) und Carl Friedrich Gauß (1777–1855) auf unterschiedliche Weise an der Vermessung der Welt arbeiten. Während Humboldt den südamerikanischen Urwald erforscht, ist Gauß als Mathematiker in seiner Heimat tätig. Bereits in seiner Schulzeit hat Gauß als Wunderkind auf sich aufmerksam gemacht. Mit einer bekannt gewordenen Episode beginnt der folgende Auszug.

Der Lehrer in der Schule hieß Büttner und prügelte gern. Er tat, als wäre er streng und asketisch, und nur manchmal verriet sein Gesichtsausdruck, wieviel Spaß ihm das Zuschlagen machte. Am liebsten stellte er ihnen Aufgaben, an denen sie lange arbeiten mußten und die trotzdem kaum ohne Fehler zu lösen waren, so daß es zum Schluß einen Anlaß gab, den Stock hervorzuholen. Es war das ärmste Viertel Braunschweigs, keines der Kinder hier würde eine höhere Schule besuchen, niemand mit etwas anderem arbeiten als den Händen. Er wußte, daß Büttner ihn nicht leiden konnte. So stumm er sich auch verhielt und so sehr er versuchte, langsam wie alle zu antworten, spürte er doch Büttners Mißtrauen, und daß der Lehrer nur auf einen Grund wartete, ihn ein wenig fester zu schlagen als den Rest.

Und dann gab er ihm einen Grund.

Büttner hatte ihnen aufgetragen, alle Zahlen von eins bis hundert zusammenzuzählen. Das würde Stunden dauern, und es war beim besten Willen nicht zu schaffen, ohne irgendwann einen Additionsfehler zu machen, für den man bestraft werden konnte. Na los, hatte Büttner gerufen, keine Maulaffen feilhalten, anfangen, los! Später hätte Gauß nicht mehr sagen können, ob er an diesem Tag müder gewesen war als sonst oder einfach nur gedankenlos. Jedenfalls hatte er sich nicht unter Kontrolle gehabt und stand nach drei Minuten mit seiner Schiefertafel, auf die nur eine einzige Zeile geschrieben war, vor dem Lehrerpult.

So, sagte Büttner und griff nach dem Stock. Sein Blick fiel auf das Ergebnis, und seine Hand erstarrte. Er fragte, was das solle.

Fünftausendfünfzig.

Was?

[...]

[...] Büttner verlangte sein Ehrenwort, und zwar bei Gott, der alles sehe, daß er das allein ausgerechnet habe. Gauß gab es ihm, aber als er erklären wollte, daß doch nichts daran sei, daß man ein Problem nur ohne Vorurteil und Gewohnheit betrachten müsse, dann zeige es von selbst seine Lösung, unterbrach ihn Büttner und reichte ihm ein dickes Buch. Höhere Arithmetik: ein Steckenpferd von ihm. Gauß solle es mit nach Hause nehmen und durchsehen. Und zwar vorsichtig. Eine geknickte Seite, ein Fleck, der Abdruck eines Fingers, und es setze den Knüttel, daß der Herrgott gnaden möge.

Am nächsten Tag gab er das Buch zurück.

Büttner fragte, was das solle. Natürlich sei es schwierig, aber so schnell gebe man nicht auf!

Gauß schüttelte den Kopf, wollte erklären, konnte nicht. Seine Nase lief. Er mußte schniefen.

Na was denn!

Er sei fertig, stotterte er. Es sei interessant gewesen, er wolle sich bedanken. Er starrte Büttner an und betete, daß es genug sein würde.

Man dürfe ihn nicht belügen, sagte Büttner. Das sei das schwierigste Lehrbuch deutscher Zunge. Niemand könne es an einem Tag studieren, schon gar nicht ein Achtjähriger mit triefender Nase.

Gauß wußte nicht, was er sagen sollte.

Büttner griff mit unsicheren Händen nach dem Buch. Er könne sich auf etwas gefaßt machen, jetzt werde er ihn befragen!

Eine halbe Stunde später sah er Gauß mit leerer Miene an. Er wisse, daß er kein guter Lehrer sei. Er habe weder eine Berufung noch besondere Fähigkeiten. Aber jetzt sei es soweit: Wenn Gauß nicht aufs Gymnasium komme, habe er umsonst gelebt. Er musterte ihn mit verschwommenem Ausdruck, dann, wahrscheinlich um seine Rührung zu bekämpfen, faßte er nach dem Stock, und Gauß erhielt die letzte Tracht Prügel seines Lebens.

[...]

Die Höhere Schule enttäuschte ihn. Viel lernte man wirklich nicht: Etwas Latein, Rhetorik, Griechisch, Mathematik auf lachhaftem Niveau, ein bißchen Theologie. Die neuen Mitschüler waren nicht viel klüger als die alten, die Lehrer schlugen zwar nicht seltener, aber immerhin weniger fest. Bei ihrem ersten Mittagessen fragte ihn der Pastor, wie es in der Schule gehe.

Leidlich, antwortete er.

Der Pastor fragte, ob ihm das Lernen schwerfalle.

Er zog die Nase hoch und schüttelte den Kopf.

Hüte dich, sagte der Pastor.

Gauß sah überrascht auf.

Der Pastor blickte ihn streng an. Stolz sei eine Todsünde!

Gauß nickte.

Das solle er nie vergessen, sagte der Pastor. Sein Leben lang nicht. Wie klug man auch sei, man habe demütig zu bleiben.

Warum?

Der Pastor bat um Verzeihung. Er habe wohl falsch verstanden.

Nichts, sagte Gauß, gar nichts.

Doch, sagte der Pastor, er wolle das hören.

Er meine es rein theologisch, sagte Gauß. Gott habe einen geschaffen, wie man sei, dann aber solle man sich ständig bei ihm dafür entschuldigen. Logisch sei das nicht.

Der Pastor äußerte die Vermutung, daß etwas mit seinen Ohren nicht stimme.

Gauß holte ein sehr schmutziges Taschentuch hervor und schneuzte sich. Er sei überzeugt, daß er etwas mißverstehe, aber ihm erscheine das wie eine mutwillige Verkehrung von Ursache und Wirkung.

[...] Hofrat Zimmermann [...] nahm ihn mit zu einer Audienz beim Herzog von Braunschweig.

Der Herzog, ein freundlicher Herr mit zuckenden Augenlidern, erwartete sie in einem goldgeschmückten Raum, in dem so viele Kerzen brannten, daß es keine Schatten gab, nur Reflexionen in den Deckenspiegeln, die einen zweiten, gleichsam umgefalteten Raum über ihren Köpfen schweben ließen. Das sei also das kleine Genie?

Gauß machte die Verbeugung, die man ihm beigebracht hatte. Er wußte, daß es bald keine Herzöge mehr geben würde. Dann würde man von absoluten Herrschern nur mehr in Büchern lesen, und der Gedanke, vor einem zu stehen, sich zu verneigen und auf sein Machtwort zu warten, käme jedem Menschen fremd und märchenhaft vor.

Rechne was, sagte der Herzog.

Gauß hustete, ihm war heiß und schwindlig. Die Kerzen verbrauchten fast die gesamte Luft. Er sah in die Flammen, und plötzlich wurde ihm klar, daß Professor Lichtenberg unrecht hatte und die Phlogistonhypothese unnötig war. Es war kein Lichtstoff, der brannte, sondern die Luft selbst.

[...]

Er interessiere sich mehr fürs Lateinische, sagte Gauß heiser. Auch könne er Dutzende Balladen.

Der Herzog fragte, ob da jemand geredet habe.

Zimmermann stieß Gauß in die Rippen. Er bitte um Entschuldigung, der junge Mann stamme aus groben Verhältnissen, sein Benehmen lasse noch zu wünschen übrig. Doch er verbürge sich dafür, daß nur ein Stipendium des Hofes zwischen ihm und jenen Leistungen stehe, welche den Ruhm des Vaterlandes mehren würden.

Also werde jetzt nichts gerechnet, fragte der Herzog.

Leider nein, sagte Zimmermann.

Na ja, sagte der Herzog enttäuscht. Dann solle er das Stipendium trotzdem haben. Und wiederkommen, wenn er etwas vorzeigen könne. Er sei sehr für die Wissenschaft. Sein liebster Patensohn, der kleine Alexander, sei eben aufgebrochen, um in Südamerika Blumen zu suchen. Vielleicht züchte man hier ja noch so einen Kerl! Er machte eine entlassende Handbewegung, und wie sie es geübt hatten, gingen Zimmermann und Gauß unter Verbeugungen rückwärts durch die Tür.

Aus: Daniel Kehlmann: Die Vermessung der Welt. Reinbek bei Hamburg: Rowohlt Verlag 2005. 15. Auflage 2006, S. 55–63 (gekürzt)

Worterklärung: Zeile 165: Phlogistonhypothese: Theorie des 18. Jahrhunderts, nach der allen verbrennenden Körpern ein Wärmestoff entweichen soll

Aufgabenstellung

Untersuchen Sie, wie im vorliegenden Auszug Vertreter von Schule, Staat und Kirche mit Macht umgehen.
Vergleichen Sie anschließend Eigenschaften und Fähigkeiten des jungen Gauß mit den Genievorstellungen seiner Zeit.

1 Erschließung der Aufgabenstellung

Die Aufgabe besteht aus zwei Teilen. Der erste zielt auf eine Analyse spezifischer sozialer Beziehungen unter dem Aspekt der Macht. Im zweiten soll Gauß mit den Genievorstellungen seiner Zeit verglichen werden. Die unterschiedlichen Inhalte dieser Arbeitsaufträge machen es sinnvoll, sie gesondert zu erschließen. Wenden Sie sich aber zunächst der Einleitung zu.

2 Verfassen der Einleitung

Wiederholen Sie im letzten Übungskapitel noch einmal die Komponenten dieses Aufsatzteils. Denken Sie daran, dass Sie in der Einleitung auch einen Hinweis auf Ihre Vorgehensweise geben können. Dies erweist sich hier deshalb als vorteilhaft, weil sich die Einleitung auf beide Teilaufgaben beziehen sollte.

Aufgabe 85 Verfassen Sie eine Einleitung.

3 Gesellschaftliche Beziehungen

Lenken Sie nun Ihren Blick auf zwischenmenschliche Beziehungen. An ihnen lassen sich die Positionen der Figuren im sozialen Geflecht einer Gruppe erkennen. Im Vorfeld ist es sinnvoll, die Figurendarstellung in epischen und dramatischen Texten zu vergleichen.

Aufgabe 86 Zeigen Sie einige Unterschiede zwischen epischen und dramatischen Figuren.

4 Der Umgang mit Macht

Zunächst ist es wichtig, sich Klarheit über den **Begriff „Macht“** zu verschaffen. Aus den Fächern Geschichte und Sozialkunde, aber ebenso aus dem Literaturunterricht wissen Sie, dass Macht die Fähigkeit bedeutet, den eigenen Willen – auch gegen den Widerstand anderer – durchsetzen zu können. Kein menschlicher Lebensbereich ist vom Streben nach Einfluss, Vormacht und Herrschaft ausgeschlossen.
Im Bereich der **Figurenkonstellation** stellen Fragen nach möglichen Machtverhältnissen interessante Untersuchungsobjekte dar. Die Beteiligten stehen in

einem oft spannungsvollen Verhältnis, das im Extremfall auf der einen Seite vom Wunsch nach Machtsicherung, -verteidigung, -ausbau und -demonstration, auf der anderen Seite durch Machtabwehr, Aufbegehren und Revolution geprägt sein kann.

Der Lehrer, der Herzog und der Pastor fungieren als Vertreter von Schule, Staat und Kirche. Der Text zeigt, wie sie sich als Machtträger dem jungen Gauß gegenüber verhalten, der ihrer Willkür ausgesetzt ist und dessen Leben von ihren Entscheidungen maßgeblich beeinflusst ist. Die Aufgabenstellung zielt auf eine Analyse dieser Beziehung. Es gilt auf der einen Seite Machtverständnis und Machteinsatz (Machtmittel) zu untersuchen und auf der anderen Seite, der des Machtlosen, die Art und Weise der Reaktion: Unterwerfung oder Aufbegehren. Und schließlich interessiert wiederum die Antwort der Machtträger auf das Verhalten von Gauß. Damit ergibt sich als mögliches methodisches Vorgehen, gegliedert nach den einzelnen Machtvertretern, die Analyse

- des Machtverständnisses und des Einsatzes von Machtmitteln,
- der Einstellungen, Verhaltensweisen und Reaktionen von Gauß,
- der Reaktionen der Vertreter der Macht auf Gauß' Verhalten.

Aufgabe 87
a) Erschließen Sie in Stichpunkten, wie der Lehrer Macht versteht und ausübt. Orientieren Sie sich an seinen Einstellungen und Verhaltensweisen. Untersuchen Sie Art und Einsatz von Machtmitteln.
b) Unterstreichen oder notieren Sie in Stichpunkten die Reaktionen von Gauß.
c) Halten Sie Büttners Reaktion auf Gauß' Leistung fest.

Aufgabe 88 Verfahren Sie beim Herzog und beim Pastor in ähnlicher Weise.

Aufgabe 89 Lösen Sie nun die Teilaufgabe mithilfe Ihrer bisherigen Ergebnisse.

Aufgabe 90 Fassen Sie Ihre Ergebnisse zusammen.

Herzog Karl Wilhelm Ferdinand von Braunschweig (1735–1806). Pastell nach dem um 1795 entstandenen Bildnis von Johann Heinrich Schröder (1757–1812)

5 Der junge Gauß und die Genievorstellungen seiner Zeit

Gauß' Jugendzeit fällt in die Epoche des Sturm und Drang und des Geniekults. Daher erweist sich eine Zusammenstellung wichtiger Epochenmerkmale als sinnvoller Zwischenschritt.

Wichtige Kennzeichen des Sturm und Drang

- Protest gegen alle Formen überkommener Autorität, Aufbegehren gegen politische, soziale und moralische Enge, Eintreten für individuelle Entfaltungsmöglichkeiten und Entscheidungsfreiheit
- Verherrlichung der ursprünglichen beseelten Natur als Quelle aller Schöpferkraft und Intuition
- Ablehnung des Rationalismus der Aufklärung, Gefühlskult

Aufgabe 91
a) Erfassen Sie stichpunktartig wichtige Kennzeichen des Genie-Begriffs in der Sturm und Drang-Epoche.
b) Vergleichen Sie die zusammengetragenen Merkmale mit den im Textauszug erkennbaren Eigenschaften und Fähigkeiten von Gauß.

Aufgabe 92 Beantworten Sie nun die zweite Teilaufgabe.

6 Verfassen eines Schlussteils

Nicht immer ist eine Schlussbemerkung notwendig. Dies gilt besonders, wenn einzelne Teilaufgaben durch eigene Zusammenfassungen abgeschlossen worden sind (vgl. 7. Übungskapitel). Im vorliegenden Fall könnte man als knappen Ausblick die Begriffe „Wissenschaft" und „Macht" aufgreifen und auf die Notwendigkeit einer legitimierten Kontrolle dieser Bereiche zu sprechen kommen.

Aufgabe 93 Verfassen Sie eine Schlussbemerkung.

Lösungen

Joseph von Eichendorff: Aus dem Leben eines Taugenichts

Aufgabe 12 Der Textausschnitt stellt den Beginn der Novelle *Aus dem Leben eines Taugenichts* (1826) von Joseph von Eichendorff dar. Er handelt von einem jungen Müllersohn, der an einem Frühlingsmorgen ohne große Vorbereitungen sein Dorf verlässt, um in der Fremde sein Glück zu machen. Der Titel verrät bereits, dass seine Lebensauffassung nicht der gängigen Vorstellung von Leben und Arbeit entspricht.

Auszug, Textart, Titel, Erscheinungsjahr, Autor, Kernaussage

Aufgabe 13 I. Der Aufbruch und seine Beweggründe (Z. 1–49)

Erste Einheit (Z. 1–8):
a) Erzählerbericht
b) Freude des Ich-Erzählers an einem Frühlingsmorgen

Zweite Einheit (Z. 8–21):
a) Darbietungswechsel (Erzählerbericht → szenisches Erzählen); Auftreten einer neuen Figur; einleitendes Adverbiale („Da")
b) väterlicher Vorwurf; Aufforderung zum eigenen Broterwerb in der Fremde; Zustimmung des Protagonisten

Dritte Einheit (Z. 21–30):
a) Darbietungswechsel (szenisches Erzählen → Erzählerbericht); Argumentationselement; Perspektivenwechsel (Außensicht → Innensicht)
b) Begründung des Entschlusses

Vierte Einheit (Z. 30–35):
a) Perspektivenwechsel (Innensicht → Außensicht); Ereigniswechsel
b) rascher Aufbruch von der väterlichen Mühle

Fünfte Einheit (Z. 35–49):
a) Perspektivenwechsel (Außensicht → Innensicht)
b) frohgemute Trennung von der dörflichen Welt

II. Erste hilfreiche Fügungen (Z. 50–112)

Sechste Einheit (Z. 50–81):

a) Ereignis- und Darbietungswechsel (Erzählerbericht → szenisches Erzählen → Erzählerbericht); Auftreten neuer Figuren; Gespräch
b) Mitfahrgelegenheit als willkommene Fügung

Siebte Einheit (Z. 82–112):

a) Ereigniswechsel; geraffter Erzählerbericht; Stimmungswechsel (Außensicht → Innensicht)
b) zweite Schicksalsfügung: der Schlaf als Abwehr einer möglichen Umkehr

Aufgabe 14 Der Text besteht aus zwei Inhaltsblöcken.

1. Der Aufbruch

Der erste Teil (Z. 1–49) schildert den Aufbruch des Protagonisten aus dem heimatlichen Dorf: Der jugendliche Sohn eines Müllers freut sich über einen Frühlingsmorgen, den er mit wachen Sinnen wahrnimmt (Z. 1–4). Es folgt eine Auseinandersetzung mit dem Vater, der seinen Sohn als arbeitsscheu bezeichnet und ihn auffordert, in die Fremde zu ziehen, dort zu lernen und für sich selbst zu sorgen. Ohne lange zu überlegen stimmt der Sohn zu (Z. 8–21). Er hat sich bereits vorher mit diesem Gedanken, angeregt durch die frühlingshafte Natur, getragen, und so fällt ihm die Entscheidung nicht schwer (Z. 21–30). Es bedarf keiner großen Vorbereitungen. Der junge Mann holt lediglich seine Geige aus dem Haus, der Vater steckt ihm ein paar Münzen zu. Dann beginnt seine Wanderung (Z. 30–35). Frohgestimmt verlässt er sein Dorf. Sein Abschiedsgruß wird von den zur Arbeit ziehenden Bekannten kaum wahrgenommen (Z. 35–49).

Freude · *Vorwurf* · *Aufforderung* · *Zustimmung* · *Anregungen* · *Entschluss, rascher Aufbruch* · *Trennung vom Dorf*

2. Fügungen

Der zweite Teil (Z. 50–112) schildert erste hilfreiche Fügungen: Zwei Damen in einer Kutsche, die am Gesang des Müllerburschen Gefallen gefunden haben, lassen anhalten. Sie fahren nach Wien und bieten ihm, der diesen Ort ohne zu überlegen als sein Ziel angegeben hat, eine Mitfahrgelegenheit an (Z. 50–81). Glücklich betrachtet der junge Mann die rasch vorüberfliegende Landschaft. Als er sich an sein Zuhause erinnert, wechselt seine fröhliche

Mitfahrgelegenheit

Stimmung und es überkommt ihn ein sonderbares Gefühl. Nachdenklich geworden schläft er ein und erwacht erst, als der Wagen sein Ziel erreicht hat (Z. 82–112). *Schlaf*

Aufgabe 15 Der Text gliedert sich dem Inhalt entsprechend in zwei Hauptteile:

I. Der Aufbruch und seine Beweggründe (Z. 1–49)

Erste Einheit (Z.1–8):

a) Exposition
b) Situationsbeschreibung – Auftritt der zentralen Figur; Einführung in die Grundstimmung; Hinführung zur Natur durch sinnliche Wahrnehmung

Zweite Einheit (Z. 8–21):

a) erregendes Moment; Kontrastierungen
b) Spannungs- und Handlungsentscheidung durch die Kontrastfigur des Vaters; erstes Aufscheinen unterschiedlicher Weltanschauungen; Wandern als Leitmotiv

Dritte Einheit (Z. 21–30):

a) Handlungsbegründung
b) Bedeutung der Natur als Impulsgeber

Vierte Einheit (Z. 30–35):

a) Handlungsvorbereitung
b) Geige als einziger Mitnahmegegenstand: Hinweis auf die Wertschätzung der Musik

Fünfte Einheit (Z. 35–49):

a) Handlungsbeginn; arbeitende Bekannte als Kontrastfiguren
b) Herausstellen von Gegensätzen: enges Dorf – freies Feld; Verstärkung der Grundstimmung

II. Erste hilfreiche Fügungen (Z. 50–112)

Sechste Einheit (Z. 50–81):

a) erste Begegnung außerhalb des Dorfes: Zusammentreffen mit zwei reisenden Damen
b) Musik als Kommunikationsmedium; Hinweis auf seelische Affinitäten jenseits sozialer Unterschiede; willkommene äußere Hilfe auf dem Weg

Siebte Einheit (Z. 82–112):

a) Übergang zu innerer Handlung; äußere Bilder als Auslöser von Erinnerungen und Stimmungen; Gefahr einer Handlungsretardierung
b) Schlaf als Hilfe angesichts von inneren Bedrängnissen

Aufgabe 16 Die Textstruktur besteht aus zwei Hauptteilen, die sich in sieben Einheiten untergliedern lassen.

1. Aufbruch
Exposition

Der Text setzt mit einem Erzählerbericht ein, dem expositorischer Charakter zukommt: Ort, Zeit, Situation und Grundstimmung des erzählenden Ich werden knapp dargestellt (Z.1–8).

Spannung

Dann tritt der Bericht zugunsten des dramatischen Dialogs zurück. Spannung entsteht zwischen Vater und Sohn, der Konflikt unterschiedlicher Weltanschauungen deutet sich bereits an. Gleichzeitig fungiert der Inhalt als erregendes Moment, denn er enthält eine klare Handlungsanweisung seitens des Vaters und eine wesentliche Entscheidung des Protagonisten, wodurch die nachfolgenden Ereignisse in Gang kommen. Wandern wird als Leitmotiv eingeführt (Z. 8–21).

erregendes Moment
Leitmotiv

Handlungsbegründung

Die Entscheidung ist zwar gefallen, muss aber vertiefter begründet werden. Als eigentlicher Handlungsauslöser werden die Natur und das sensibel auf sie reagierende Ich genannt (Z. 21–30).

Handlungsvorbereitung

Auf eine wesentliche Charaktereigenschaft des Taugenichts wird nun hingewiesen: die vertrauensvolle Hingabe an eine aus dem Inneren entspringende Sicherheit, die sich rationalem Handeln entzieht. Die Geige wird als einzig wichtiger Mitnahmegegenstand betrachtet. Damit ist der Aufbruch aus dem Vaterhaus abgeschlossen (Z. 30–35)

Handlungsbeginn

Dem überraschend schnellen Abschied von seinem Zuhause folgt die ebenso rasche Trennung von der vertrauten dörflichen Welt. Der Gegensatz zwischen den arbeitenden Dörflern und dem fröhlich in die Freiheit wandernden Taugenichts setzt die im Vaterhaus entstandene Spannung fort (Z. 35–49).

2. Fügungen
äußere Hilfe

Die Mitreisegelegenheit und das Zusammentreffen mit Schicksalsfiguren bedeuten die erste glückliche Fügung

auf der Lebensfahrt. Dabei kommt der Musik eine öffnende und verbindende Funktion zu (Z. 50–81).
Die zweite glückliche Fügung stellt der Schlaf dar, der den Taugenichts vor einer möglichen Rückkehr und damit einer Handlungsretardierung bewahrt (Z. 82–112).

innere Hilfe

Zusammenfassendes Ergebnis: Der Aufbruch des Ich-Erzählers bildet den inhaltlichen Kern des ersten Teils. Der Text führt zunächst in die Situation ein. Es folgen Entscheidung und Handlungsbegründung. Den Abschluss bilden Informationen zum besonderen Verhalten des Handlungsträgers.
Im zweiten Teil fördern zwei glückliche Fügungen die Trennung von der Heimat.

Aufgabe 17 Der Text ist in der Ich-Form verfasst. Der Erzähler gehört also zur Geschichte, die er rückblickend aus seiner subjektiven Sicht vorträgt. Damit ist die Darstellung zwar auf das Ich des Erzählers, sein Wissen, seine Erfahrungen und Absichten, eingeengt, andererseits wirkt der Inhalt durch das Erzählen in der ersten Person unmittelbarer und daher in der Regel auch glaubwürdiger als ein in der Er-Form geschriebener Text.

Aufgabe 18

a) Distanz vermitteln *Raffungen* (Z. 82–84) und *Rückblenden* (Z. 9 f. und 21 bis 24), aber auch *Schwierigkeiten des Erzählers* bei der zeitlichen Einordnung vergangener Vorgänge (vgl. „der Schnee tröpfelte emsig“, Z. 3; „leise wogenden Kornfeldern“, Z. 97).
Bei Kommentierungen (z. B. „lustig“, Z. 2; „emsig“, Z. 3) ist Vorsicht geboten, da nicht immer schlüssig ist, ob sie vom erzählenden oder erlebenden Ich stammen.
b) *Gefühle*: zum Beispiel „mir war so recht wohl“ (Z. 7); „war mir das recht lieb“ (Z. 22); „heimliche Freude“ (Z. 36); „recht stolz und zufrieden“ (Z. 43); „Mir war es wie ein ewiger Sonntag im Gemüte“ (Z. 45 f.); „weil mein Herz so voller Klang war“ (Z. 54 f.); „Da schämte ich mich“ (Z. 68 f.); „ich schämte mich, laut zu schreien, aber innerlichst jauchzte ich“ (Z. 87 bis 89); „Mir war dabei so kurios zumute“ (Z. 102 f.); *Gedanken*: „voller Gedanken“ (Z. 105)
c) *Wörtliche Reden* in den Dialogen mit dem Vater und der älteren Dame

Aufgabe 19 Die erzählte Wirklichkeit wird aus der eingeschränkten Perspektive des Ich-Erzählers geboten. Seine Gegenwart ist gegenüber dem Geschehen zeitlich versetzt. Dies lässt sich an seiner teilweise gerafften Darbietung (Z. 82–84), an Rückblenden (Z. 9 f. und 21–24) und Schwierigkeiten des Erzählers bei der zeitlichen Einordnung vergangener Vorgänge (vgl. „der Schnee tröpfelte emsig", Z. 3; „leise wogenden Kornfeldern", Z. 97) erkennen, die ein unmittelbares Erleben ausschließen. Deshalb kann man von einer Distanz zwischen dem erzählenden und dem erlebenden Ich sprechen. Der Erzähler überblickt erinnernd die Ereignisse. Dies sind Hinweise auf eine auktoriale Färbung des Erzählverhaltens. Doch bereits mit der Formulierung „mir war so recht wohl" (Z. 7) nähert sich das erzählende Ich dem erlebenden Ich. Es berichtet wiederholt über dessen Empfindung, was eine Nähe zum personalen Verhalten anzeigt (vgl. „war mir das recht lieb", Z. 22; „heimliche Freude", Z. 36; „recht stolz und zufrieden", Z. 43; „Mir war es wie ein ewiger Sonntag im Gemüte", Z. 45 f.; „weil mein Herz so voller Klang war", Z. 54 f.; „Da schämte ich mich", Z. 68 f.; „ich schämte mich, laut zu schreien, aber innerlichst jauchzte ich" Z. 87–89; „Mir war dabei so kurios zumute", Z. 102 f.; „voller Gedanken", Z. 105). Neutral sind dagegen die wörtlichen Reden in den Dialogen des Müllerburschen mit seinem Vater und den reisenden Frauen.

Ich-Form

auktoriale Färbung

personaler Ansatz

neutrale Anteile

Die oft nur angedeuteten Distanzverhältnisse zwischen dem erzählenden und dem erlebenden Ich verwehren dem Leser eine eindeutige Festlegung der Erzählersituationen. Deren Wirklichkeit verschwimmt und öffnet sich dem Bereich des Möglichen (vgl. auch die Schwierigkeit bei der Zuweisung der Kommentierungen, beispielsweise der Adverbien „lustig", Z. 2, und „emsig", Z. 3).

Aufgabe 20 Der Aufbruch des Taugenichts verändert seine Situation:

- *Auslöser:* Natur im Frühling
- *Standortwechsel:* väterliches Haus (Schwellensituation!), Dorf, Straße, Kutsche, Wien

- *Blickfeldveränderung:* von der Enge in die Weite; vom Vertrauten ins Unbekannte
- *Wahrnehmung:* monotone Tätigkeiten und Bewegungen in der Heimat (Mühlenrad, Arbeit der Dörfler; Aufgabe des Gewohnten – Bedeutung der mitgenommenen Geige!); auf der Fahrt: rasch wechselnde Eindrücke zu unkontrollierter Bewegung verführend
- *Einstellung:* Aufbruchsstimmung, Erfahren von Freiheit (Gegensatz zu den Dörflern), Bedrohungsansätze, hilfreiche Fügungen (Außensicht korrespondiert mit Innensicht)

Aufgabe 21

Der Ich-Erzähler begleitet erinnernd das erlebende Ich durch dessen Geschichte. Mit ihm wechselt er seinen Standort vom väterlichen Haus über Dorf und Landstraße nach Wien. Dabei weitet sich sein Blickfeld. Die Geschichte beginnt mit einer scheinbaren Entscheidungssituation. Der junge Mann auf der Türschwelle, Schlaf und Hausenge hinter sich, vor sich erwachende Natur und weites Land, wählt die Wanderschaft in den Frühling. Er empfindet seinen Aufbruch zunächst als Befreiung und sich selbst als Mittelpunkt einer sich ihm erschließenden Welt: „Hinter mir […], vor mir […]; unter mir […], über mir […]" (Z. 82–87). Seine Wahrnehmung erfasst zunächst gewohnte, monotone Bewegungen und Tätigkeiten: das Mühlenrad, die Arbeit der Dörfler. Dann verändert sie sich. Die vielen unbekannten „vorüberfliegend[en]" (Z. 85 f.) Objekte verführen ihn zu unkontrollierter Bewegung. Dabei kommt dem drohenden Verlust seiner Geige (er sitzt nicht in der schützenden Kutsche!) Verweischarakter zu: Ein sich Verlieren in schnell wechselnde Äußerlichkeiten gefährdet auch das innere Gleichgewicht. Als sein Blick die ablenkenden Einzelheiten verlässt und sich ihm die Natur in ihrer Größe und Weite offenbart, hält er dem Bild nicht stand. Unsicher geworden versucht er sich an die heimatliche Welt mit ihrer Orientierung bietenden Überschaubarkeit zu erinnern. Schützend überfällt ihn der Schlaf, bis ein anderes Geschehen seine Aufmerksamkeit in Anspruch nimmt.

Standortwechsel

Blickfelderweiterung

Wahrnehmungsveränderung

Gefährdungen

Innensicht und Außensicht korrespondieren miteinander. Stets antworten Gefühl und Empfinden auf die wahrgenommene Welt. Die Signale der Natur werden zunächst unreflektiert positiv gedeutet, motivieren und bestärken das Ich in seiner Entscheidung zum Aufbruch, zeigen ihm aber auch seine Grenzen und schützen es vor der Gefahr, sich selbst zu verlieren und zu überschätzen. *Außensicht / Innensicht*

Aufgabe 22 Der Erzähler beginnt mit einer schildernden Situationsbeschreibung. Ein Bild wird eingefangen und dem Leser vermittelt, das aus der Spannung von Dauer und in ihr angelegter Veränderung seine Wirkung entfaltet. Dann folgt ein Erzählerbericht, der in den Dialog zwischen Vater und Sohn übergeht. Auch der folgende Text enthält die grundlegenden Vermittlungsformen des Berichts, der Beschreibung und der szenischen Darstellung. Bericht und Beschreibung vermischen sich, als die Darstellung die Vorgänge stark rafft, ihnen gleichbleibenden Wiederholungscharakter zuweist und die Perspektive ein breites Panorama erfasst, das sich dem Zeitlichen zu entziehen scheint. *Beschreibung* *Erzählerbericht* *Dialog*

Die erzählte Zeit ist mit Ausnahme der zeitdeckenden direkten Reden wesentlich länger als die Erzählzeit. Besonders der große Zeitraum der Reise erfährt eine iterative Raffung durch Hinweise auf einzelne, sich ständig wiederholende Bilder. Der letzte Teil der Fahrt wird völlig ausgespart. Das Erlebnis der gewaltigen Natur löst einen erinnernden Rückblick in die vertraute Heimat aus. *meist: eZ umfangreicher als EZ* *Raffung* *Rückblick*

Aufgabe 23

- Die freundliche Natur
  Mittel: Personifikationen: „lustig“ (Z. 2); „emsig“ (Z. 3); „Der Frühling ist vor der Tür“ (Z. 16 f.); „betrübt“ (Z. 26); „stolz und lustig“ (Z. 29); „der Wind […] pfiff“ (Z. 81)
  Funktion: Vermenschlichung der Natur, Betonen der Naturnähe des Protagonisten

- Vater und Sohn
  Mittel: Lautung, Alliteration, Ausruf: „war […] wohl […] warmen" (Z. 7 f.); „Da trat der […]" (Z. 8); „Du Taugenichts! da sonnst du dich […]" (Z. 12 f.); Pronomen „der Vater […], der sagte[…]" (Z. 8, 11 f.); „alle Arbeit allein" (Z. 15)
  Funktion: Verdeutlichen von Gegensätzen; Sohn: Phase des Aufgewachtseins, Formbarkeit der Jugend; Vater: Hinweis auf Autorität
  Mittel: Allusion: „die Schlafmütze schief" (Z. 10 f.)
  Funktion: karikierende Anspielung auf Spießbürgertum
  Mittel: Anapher, Konjunktion, Inversion, Wortspiel: „so ists gut, so will ich […]" (Z. 20); „Und eigentlich war mir das recht lieb" (Z. 21 f.); „Bauer, miet mich, Bauer, miet mich […]" (Z. 27)
  Funktion: nachdrückliches Akzeptieren, unreflektierte, widerspruchslose Annahme; Normabweichung; Anspielung
  Mittel: 1. Person Personalpronomen: „Ich ging […] Ich hatte […] Ich rief […]" (Z. 30, 35 f., 42)
  Funktion: Selbstbestärkung

- Dörfler
  Mittel: syndetische Steigerung, Dreierfigur, Vergleich, Metapher: „wie gestern und vorgestern und immerdar" (Z. 38 f.); „wie ein ewiger Sonntag im Gemüte" (Z. 45 f.)
  Funktion: Gegensätzlichkeit: Monotonie der Arbeit – Hochgefühl

- Musik
  Mittel: Personifikation, Metapher: „meine liebe Geige" (Z. 48); „weil mein Herz so voller Klang war" (Z. 54 f.)
  Funktion: Bedeutung der Musik
  Mittel: Zweier- und Dreierfiguren, Assonanzen, Alliterationen, Formen der Wiederholung: zum Beispiel „brauste und rauschte" (Z. 1 f.); „zwitscherten und tummelten" (Z. 4 f.)
  Funktion: Musik als tragendes Lebenselement; Rhythmisierung des Lebens; Aufbruchs- und Wanderstimmung

- Damen
  Mittel: Lautung: „Wohin wandert Er" (Z. 67); „Wien" (Z. 70); „Wer war froher […]" (Z. 76 f.)
  Funktion: Hinweis auf Übereinstimmung

- Die bedrohliche Natur
  Mittel: Aufzählung: „Dorf, Gärten und Kirchtürme" (Z. 82 f.); „Dörfer, Schlösser und Berge" (Z. 83 f.); „Saaten, Büsche und Wiesen" (Z. 85); „jauchzte ich und strampelte und tanzte" (Z. 89)
  Funktion: hektisches Reagieren auf die Fülle der Eindrücke; Gefahr des Sichverlierens
  Mittel: Hypotaxe, Wiederholung, Häufung von Adjektiven und Adverbien, syndetische Reihung, gedehnte Lautung: „Wie aber dann die Sonne [...] wie es da so [...]" (Z. 92–102); „so leer und schwül und still" (Z. 96); „mein Dorf [...] und mein Vater und unsere Mühle" (Z. 98 f.); „so leer [...] so weit, weit" (Z. 96, 101); „schwere weiße Mittagswolken" (Z. 94); „weiten Fläche so leer und schwül und still" (Z. 95 f.); „leise wogenden Kornfeldern" (Z. 97); „[...] höher stieg [...] schwere weiße [...] aufstiegen [...] weiten [...] so leer und schwül [...] über [...] fiel [...] wieder" (Z. 93–98)
  Funktion: Größe darstellend, Gefühl von Bedrohung und Bedrückung erzeugend

Aufgabe 24 Der Text beginnt mit *parallel gesetzten Parataxen*. Ihre Gleichförmigkeit scheint durch *rhythmisierte Zweierfiguren* („brauste und rauschte", Z. 1 f.; „zwitscherten und tummelten", Z. 4 f.) und *Assonanzen* („Das Rad an", Z. 1; „brauste und rauschte", Z. 1 f.) noch intensiviert zu werden. Allerdings erkennt man in den *handlungsstarken Verben*, die zum Teil durch *personifizierende Adverbien* unterstützt werden („lustig", Z. 2; „emsig", Z. 3), auch einen kraftvollen Bewegungsdrang, der dem Frühling entspricht. Die Natur wird *personifiziert* (vgl. auch „Der Frühling ist vor der Tür", Z. 16 f.; „der Wind [...] pfiff", Z. 81), als freundlich empfunden und rückt dadurch dem Betrachter näher (vgl. die Kommunikation mit der Goldammer und die Zuweisung menschlicher Eigenschaften: Z. 24–30).

die freundliche Natur

In der weichen Lautung der *w-Alliteration* („-schwelle [...] wischte [...] war [...] wohl [...] warmen [...]", Z. 6–8) kommen die Situation des vor kurzem erst erwachten jungen Müllersohnes und sein noch formbarer und weltoffener Charakter zum Ausdruck. Dagegen steht eine strengere Lebensanschauung in Form von *„d"- und „t"-Lauten*: „Da trat der Vater", „Du Taugenichts! da sonnst du dich […]“ (Z. 8, 12 f.) In der betonten *Alliteration*, vor allem in den einsilbigen Wörtern, hört man geradezu das Heranstiefeln des Vaters. Zusammen mit *Ausruf* (Z. 12), *Zweierfigur* (Z. 13 f.), der auf Nachdruck zielenden *Alliteration* „alle Arbeit allein“ (Z. 15) und dem verwendeten *Pronomen* („der Vater […], der sagte […]“, Z. 8, 11 f.) weisen sie auf eine gefestigte väterliche Autorität und bereiten die folgende Aufforderung vor. Dem Vaterbild wird die Härte durch die *ironische Anspielung der Alliteration* „Schlafmütze schief auf dem Kopfe“ (Z. 11) genommen. Schlafmütze, Schlafrock und Pfeife gehören zu den Requisiten der „Philister“, jener Spießbürger, deren Augen vor den Schönheiten der Natur und der Wissenschaft verschlossen bleiben.

Gegensatz zwischen Vater und Sohn

Der Taugenichts akzeptiert die Aufforderung ohne weitere Überlegung und bekräftigt seine Entscheidung mit einer eindringlichen *Anapher*: „so ists gut, so will ich […]“ (Z. 20). Als wollte der junge Mann nicht weiter darüber reflektieren, verkürzt er die Pause nach seiner wörtlichen Rede durch eine *Konjunktion* am Satzbeginn, die eine *Inversion* zur Folge hat und damit eine Abweichung von der üblichen Norm andeutet: „Und eigentlich war mir das recht lieb“ (Z. 21 f.). Zur Argumentation bietet er ein *Wortspiel* an, das auf einen sozialen Hintergrund anspielt: das zeitlich begrenzte sich Verdingen junger Handwerksburschen bei einem Dienstherrn (Z. 27). Dieser Hinweis ist im Zusammenhang mit der Aufforderung des Vaters zu sehen, in die Welt hinauszugehen und selbst für das eigene Auskommen zu sorgen. Die nächsten Sätze zeigen den jetzt auf sich selbst gestellten Protagonisten. Vermutlich ist er nicht ganz frei von einer unterschwelligen Unsicherheit. Doch er kaschiert sie mit einem betont selbstsicheren Auftreten, wie sich in der Verwendung der *1. Person des Personalpronomens* am Satzbeginn zeigt. Mit der *Wiederholung* sich selbst bestärkend, stellt er sich tapfer dem Neuen und zu erwartenden Fremden entgegen: „Ich ging […] Ich hatte […] Ich rief […]“ (Z. 30, 35 f., 42).

Gegensatz zwischen Dörflern und Taugenichts

Die nicht endende Monotonie der Arbeit seiner Bekannten äußert sich in einer *syndetischen Steigerung von Zeit-*

adverbien und einer *Dreierfigur* (Z. 38 f.). Der Welt dieser „armen Leute“ (Z. 42) stellt der Protagonist antithetisch seine Zufriedenheit gegenüber. Ihre Arbeit richtet sich stets („immerdar“, Z. 39) nach unten („graben und pflügen“, Z. 40), während ihn ein fortwährendes Hochgefühl begleitet, das er *metaphorisch* als einen „ewige[n] Sonntag im Gemüte“ (Z. 45 f.) beschreibt.

Unterwegs ist er in seinen Gesang und sein Spiel auf der Geige, deren Bedeutung aus der *Personifikation* „meine liebe Geige“ (Z. 48) hervorgeht, so versunken, dass er die hinter ihm heranfahrende Kutsche erst spät bemerkt, „weil [s]ein Herz so voller Klang war“ (Z. 54 f.). In dieser *Metapher* wird erkennbar, wie wesentlich die Musik für ihn ist. Die singenden Vögel motivieren ihn zum Aufbruch, singend beginnt er seine Wanderung und seine Lieder bewegen die reisenden Damen anzuhalten. In diesem Sinne ist auch die *rhythmisierte Sprache* zu verstehen, die von *Zweier- und Dreierfiguren, Assonanzen, Alliterationen* und verschiedenen Formen der *Wiederholung*, die sich durch den gesamten Text ziehen, bestimmt wird. Zur Melodik der Sprache passt die Bildhaftigkeit, die in *Metaphern und Personifikationen* die Aufbruchsstimmung spiegelt.

Musik als Lebenselement

Die beiden Frauen werden zwar beurteilt: „Die eine [...] die andere [...]“ (Z. 58 f.), die ohnehin spannungsarme *Antithetik* wird jedoch sogleich aufgehoben: „aber eigentlich gefielen sie mir alle beide“ (Z. 59 f.). Übereinstimmung deutet sich in der *w-Alliteration* der Frage „Wohin wandert Er“ (Z. 67), dem Zielort „Wien“ (Z. 70) und dem Ausruf „Wer war froher“ (Z. 76 f.) an.

innere Übereinstimmung mit den Damen

Während der schnellen Fahrt, die, *metaphorisch* formuliert, als ein Fliegen empfunden wird, werden die Gegenstände nur *akkumulativ* in *antithetischem Wechsel* und im *Plural* erfasst („Dorf, Gärten und Kirchtürme“, Z. 82 f.; „Dörfer, Schlösser und Berge“, Z. 83 f.; „Saaten, Büsche und Wiesen“, Z. 85). Die Wahrnehmung der „bunt vorüberfliegend[en]“ (Z. 85 f.) Welt übt ihre verblendende und verführende Wirkung aus, wie die *parallel und syndetisch gesetzte Dreierfigur* „jauchzte ich und strampelte und tanzte“ (Z. 89) belegt. Dann verlangt die Wahrnehmung der großen Natur eine *Hypotaxe* (Z. 92–102) mit *syndetisch gesetzten Dreierfiguren* („so leer und schwül und still“, Z. 96; „mein Dorf [...] und mein Vater und unsere Mühle“, Z. 98 f.), *Häufung von Adjektiven* („schwere weiße Mittagswolken“, Z. 94; „leise wogenden Kornfeldern“, Z. 97), *Wiederholungen* („so leer [...] so weit, weit“, Z. 96, 101) und eine *gedehnte Lautung* („[...] höher stieg [...] schwere weiße [...] aufstiegen [...] weiten [...] so leer und schwül [...] über [...] fiel [...] wieder“, Z. 93–98 u. a.). Diese sprachlichen Mittel lassen Gefühle von Bedrohung und Bedrückung erkennen, als dem Taugenichts die Größe der Natur und damit seine eigene Verlorenheit aufgehen. Schon erwägt er die Möglichkeit einer Umkehr, wie der *Konjunktiv* anzeigt („als müßt ich wieder umkehren“, Z. 103), doch bleibt ihm diese Entscheidung erspart.

die bedrohliche Natur

Aufgabe 25 Die gebundene Welt des Dorfes

- *Blickfeld:* eingeschränkt; nach unten, auf den Boden gerichtet („graben und pflügen“, Z. 40)
- *Zeit, Bewegung:* stets von der Zeit bestimmt („gestern und vorgestern und immerdar“, Z. 38 f.); am Ort verbleibende, monotone Bewegung (Motiv des Mühlenrads)
- *Raum:* begrenzt („rechts und links“, Z. 38)
- *Weltbild:* abgeschlossene stark normgebundene Gesellschaft; Andersgesinnte abweisend („Taugenichts [...] geh [...] hinaus“, Z. 12–17); von Sorgen belastet („armen Leuten“, Z. 42)
- *Naturbezug:* gebrochen; Arbeit als anstrengende Unterwerfung der Natur („graben und pflügen“, Z. 40)

Die freie Welt des Taugenichts

- *Blickfeld:* weit, sich ausdehnend („endlich ins freie Feld“, Z. 46 f.)
- *Zeit, Bewegung:* außerhalb der Zeit stehend („ewiger Sonntag“, Z. 45 f.); vom Ort fortlaufende Bewegung (Wandermotiv)
- *Raum:* ausweitend (vgl. Z. 82–102)
- *Weltbild, Gestimmtheit:* aufgeschlossen, vorurteilsfrei („lustiger Gesell“, Z. 63); Lebensfreude („ewiger Sonntag im Gemüte“, Z. 45 f.; s. a. Z. 87–92)
- *Naturbezug:* der Natur vertrauend, mit ihr kommunizierend (vgl. Z. 24–30)

Aufgabe 26 Der Text erfasst zwei gegensätzliche Lebenseinstellungen. Die eine repräsentieren der Vater und die Dorfbewohner, die andere der Müllersohn.

unterschiedliche Welten

Die Welt des gebundenen Menschen

1. Die enge Welt

Das Dorf steht für die Welt des an seine Arbeit gebundenen Menschen. Dessen Blick ist eingeschränkt, auf sein Handwerk oder die Bestellung des Bodens gerichtet. Der Handlungsort verändert sich nicht, die Tätigkeit kennt weder eine Unterbrechung noch ein Ende. Das Mühlenrad symbolisiert dabei die monotone, schwerfällige, den Ort nicht verlassende Bewegung (vgl. „wie gestern und vorgestern und immerdar", Z. 38 f.). Diese Menschen bewegen sich in einem begrenzten Raum, verdeutlicht durch die Bereiche Haus und Dorfgemeinschaft. Es handelt sich um eine abgeschlossene Gesellschaft mit eigenen Normen. Sie kritisiert Andersgesinnte („Taugenichts"), stempelt sie zu Außenseitern, fordert sie zum Weggang auf und verhält sich teilnahmslos-stumpf gegenüber emotionalen Gesten. Offenbar sind die Bewohner von ihren alltäglichen Sorgen zu stark belastet. Ihr Verhältnis zur Natur ist gebrochen, was aus ihrem Willen, sie in permanenter Anstrengung zu unterwerfen („graben und pflügen", Z. 40), und der Vorstellung, bei ihrer Arbeit allein gelassen zu werden (vgl. Z. 14 f.), ersichtlich wird.

Leben als permanente Plage

begrenzter geistiger Raum

von anderen getrennt, intolerant

Natur als Belastung

Die Welt des freien Menschen

2. Die freie Welt

Die Welt des freien Menschen kennzeichnet ein weites Blickfeld nach allen Richtungen, eine vom Ort des Betrachters fortlaufende Bewegung, wie sie im zentralen Wandermotiv zum Ausdruck kommt. Ihr Vertreter hat das Gefühl, außerhalb der Zeit zu stehen, wenn er von einem „ewige[n] Sonntag im Gemüte" (Z. 45 f.) spricht, und er sucht die Weite des Raums, das „freie Feld" (Z. 47). Menschen dieser Art sind aufgeschlossen, sie haben einem Fremden gegenüber keine Vorurteile („lustiger Gesell", Z. 63) und verstehen sich über Standesgrenzen hinweg. Beim Müllerburschen fallen Sorglosigkeit und Lebensfreude auf. Dies drücken auch das Bild der „unzählige[n] Lerchen in der klaren blauen Luft" (Z. 86 f.) und das Gefühl

Leben als sorglose Wanderung

weiter geistiger Raum

über die Straße zu fliegen (Z. 80) aus. Es scheint, als wüsste er sich eingebunden in einen großen kosmischen Zusammenhang, innerhalb dessen sich alles trefflich fügen wird.

kosmisch eingebunden, aufgeschlossen, Natur als Befreiung

Aufgabe 27

Bereits der Titel weist darauf hin, dass im Zentrum der Geschichte eine gesellschaftliche Kontrastfigur steht: ein Ich-Erzähler, der das Mittel der Selbstdarstellung wählt. In seiner Funktion als erzählendes Ich überblickt er das Geschehen und kann die Darbietung nach seinen Vorstellungen gestalten, als erlebendes Ich ist er unmittelbar Beteiligter. Der Protagonist verschweigt seinen wahren Namen und gibt auch sonst nur spärlich Auskunft über äußere Sachverhalte. Man erfährt lediglich, dass es sich bei ihm um einen jungen Mann handelt, dessen Vater in einem unbekannten Dorf eine Mühle besitzt. Lebensdaten und physische Merkmale werden nicht angesprochen.

erzählendes Ich / erlebendes Ich

wenig Informationen zu äußeren Sachverhalten

Das Verhältnis zur Welt des Vaters drückt sich bereits in dessen leicht ironischer Zeichnung aus, wenn der Sohn ihn mit „Schlafmütze schief auf dem Kopfe“ (Z. 11) karikiert, der „schon seit Tagesanbruch in der Mühle rumort“ (Z. 9 f.). Arbeit und Schlafmütze passen nicht zusammen. Und „rumoren“ ist eher als „dumpfen Lärm verbreiten“ zu verstehen. Eine frisch und mit wachen Sinnen in den neuen Tag hineingehende, sich auf seine Arbeit freuende Figur scheint der Vater also nicht zu sein.

ironische Charakterisierung des Vaters

Der Sohn entspricht nicht den Vorstellungen seines Vaters. Er steht spät auf und geht dem Müller nicht willig zur Hand, sodass dieser ihn abwertend als „Taugenichts“ bezeichnet (Z. 12) und aus dem Hause weist. Die „heimliche Freude“ (Z. 36), die der junge Mann bei seinem Aufbruch empfindet, und sein Bedauern der betriebsamen, zugleich trägen Dorfbewohner mit ihrem eingeschränkten Gesichtskreis sind Indizien für seine Ablehnung dieser Welt, in der er die Position eines Außenseiters einnimmt.

Außenseiter

Aufgabe 28 Es ist zu einfach, den Müllerburschen wegen seines unüberlegten Aufbruchs als einfältigen Toren zu bezeichnen. Denn hinter seiner Frohgestimmtheit merkt man doch, dass er intuitiv etwas von den Gefahren spürt, denen er auf seiner Wanderung ausgesetzt sein wird. Zunächst wird er als ein junger Mann beschrieben, der mit wachen Sinnen (hören, sehen, spüren!) die Frühlingsnatur aufnimmt. Sie scheint ihm vertraut, weist er ihr doch menschliche Eigenschaften zu. Allerdings mischen sich zwischen das scheinbar Leichte, Unbeschwerte und Wärmende („lustig [...] emsig [...] warmen", Z. 2, 3, 8) auch dunklere Töne, hinter denen sich etwas Bedrohliches verbergen mag („brauste und rauschte", Z. 1 f.). Diese innere Offenheit macht den Protagonisten empfänglich für die Impulse der Natur, als verstünde er ihre Sprache, ganz im Gegensatz zu den engen, bedrückten Dorfbewohnern. So empfindet er, als ihn der Vogelruf erreicht, den Drang aufzubrechen, ihm ohne Wenn und Aber zu folgen. Hier zeigt er ein tiefes Grundvertrauen in führende und behütende Kräfte. Er folgt der Einfalt seines Herzens, einem inneren Instinkt, nicht kluger Überlegung. Deshalb kann man die einleitende Situation, die den Taugenichts auf der Türschwelle zeigt, hinter sich die Enge und Arbeit des Hauses, vor sich den beginnenden Frühling, der Freiheit, Abenteuer und Selbstverwirklichung verspricht, nicht als Entscheidungssituation verstehen, da diese an Überlegung und Urteil gebunden wäre. In einer schier kindlichen Naivität zieht er hinaus, als wäre das Wandern ein selbstverständlicher Bestandteil seines Lebens. In diesem Verhalten gleicht er einem Märchenhelden, der von zu Hause aufbricht, um in der Fremde sein Glück zu machen. Später spürt er deutlicher, dass in der Größe der Natur, in ihrer Weite, Leere und Stille (vgl. Z. 92–102) auch etwas Unheimliches liegt, dem er nicht gewachsen ist. Jetzt schlägt die Sehnsucht nach der Ferne in Heimweh um. Er erinnert sich der vertrauten heimatlichen Umgebung, fühlt seine Einsamkeit und erwägt die Umkehr. Es ist die eigene Natur, der Schlaf, der ihn aus dieser Situation rettet.

geschärfte sinnliche Wahrnehmung

innere Offenheit

intuitive Hingabe

Heimweh

Musik als verbindendes Medium

Ein anderes Wundermittel ist die Musik. Seine „liebe Geige“ (Z. 48) stellt die einzige Beziehung zu seiner Heimat dar, und bezeichnenderweise beginnt er sie in dem Augenblick zu spielen, als er das vertraute Dorf verlässt und „ins freie Feld“ (Z. 47) hinaustritt. Die Formulierung „weil mein Herz so voller Klang war“ (Z. 54 f.) zeigt, wie sehr er die Musik verinnerlicht hat. Sie ist Ausdruck seiner Stimmung und Mittel der Beeinflussung und Verzauberung. Seine „hübsche[n] Lieder“ (Z. 63 f.) finden den Beifall der Damen. Er versteht den Gesang der Goldammer, als wäre die Musik nicht nur ein Verständigungsmittel zwischen Menschen, sondern auch zwischen Mensch und Natur (Z. 24–30). Diese Gemeinsamkeit scheint dann in Gefahr, wenn er in einem extremen Gefühlsüberschwang schier außer sich gerät (vgl. Z. 87–92).

Aufgabe 29

Grundmotive der Romantik

Aufbruchs- und Wandermotiv

weitere Motive

Kontraste: der freie Mensch – der von Sorgen belastete Mensch

Musik

die dunkle Seite der Romantik

Die im Novelleneingang verwendeten Motive gehören zu den Grundmotiven romantischer Dichtung. Im Mittelpunkt des Textes steht der Aufbruch des jungen Müllerburschen, der in der Welt sein Glück machen möchte, ähnlich der Situation vieler Märchenhelden. Mit diesem Wandermotiv sind viele weitere Motive verbunden: die Natur im Frühling, die Türschwelle, der junge weltoffene Mensch, der in kindlichem Vertrauen in die Fremde aufbricht und dem Hilfe zuteil wird. Er kontrastiert mit dem nur arbeitsorientierten Menschen, der von Sorgen beladen nicht zur inneren Freiheit und Freude findet. Dieses Hochgefühl drückt sich in der Musik aus, die alle Schöpfung miteinander verbindet. Verhalten, aber doch spürbar, erscheint die dunkle Seite der Romantik in den beiden Bedrohungen: dem Unbehaustsein in der Fremde und der Gefahr unverhältnismäßigen Gefühlsüberschwangs. Damit wird deutlich, dass der Mensch, der die Sicherheit der Heimat verlässt, stets gefährdet ist. Die Romantiker, vor allem Eichendorff, zeigen aber auch, dass gerade in dieser Schutzlosigkeit die Quelle für menschliche Größe liegt.

Aufgabe 30 Gliederung

A Überblicksinformation

B Interpretation des Textes

I. Inhalt und Aufbau
   1. Zusammenfassen des Inhalts
   2. Beschreiben des Aufbaus

II. Analyse der erzählerischen und sprachlichen Gestaltung
   1. Die erzählerische Gestaltung
      a) Erzählform, Erzählverhalten
      b) Perspektive
      c) Darbietung, Zeitgestaltung
   2. Die sprachliche Gestaltung

III. Deutung
   1. Gegensätzliche Welten
   2. Die Figur des Taugenichts
   3. Das Motiv des Aufbruchs

C Romantische Motivik

Heinrich Böll: Ansichten eines Clowns

Aufgabe 31 Der Text bildet den Beginn des Romans *Ansichten eines Clowns* (1963) von Heinrich Böll (1917–1985). Der Ich-Erzähler Hans Schnier berichtet kurz über seine Ankunft in seiner Heimatstadt Bonn und beschreibt in einem Selbstgespräch seine private und berufliche Situation, die er vor allem durch eine abgebrochene Beziehung belastet sieht.

Textart, Titel, Erscheinungsjahr, Autor, Hauptfigur, Inhalt

Aufgabe 32 Äußere Bestimmungsfaktoren

- Selbstreflexion der Hauptfigur über ihre momentane Lage und frühere Ereignisse; Alter: 27 Jahre; Beruf: Clown; im Repertoire die Pantomime „Ankunft und Abfahrt“
- Ort, Zeit: Bonner Bahnhof nach Einbruch der Dunkelheit

Soziale Beziehungen, Position im sozialen Umfeld
- Eltern: strenggläubige Protestanten, doch offenbar Hang zum modischen Opportunismus
- gescheiterte Beziehung zu Marie; vermuteter Grund: Maries überzogener Katholizismus
- Agent: Organisationstalent; zuständig für angenehmes Ambiente

Innere Befindlichkeit
- Eigenschaften, Vorlieben: Abneigung gegen Schuhe; Bevorzugen einer angenehmen Atmosphäre, zum Beispiel lange Badewannenaufenthalte, dabei Lektüre anspruchsloser Zeitungen und Singen religiöser Lieder
- Religiosität: auffälliges Betonen religiöser Bindungslosigkeit
- Leiden: Melancholie und Kopfschmerz; depressiver Gemütszustand, Traurigkeit; Alkohol als befristet hilfreiches, doch gefährliches Mittel
- Tagesablauf: mechanischer, gleichförmiger Tagesrhythmus zwischen Bahnhof und Hotel; Gefallen an dieser Automatik; Maries Weggang als Auslöser von Störungen im Lebensrhythmus; Verwechseln von Realität und Fantasiewelt

Aufgabe 33

äußere Bestimmungsfaktoren

Der Text handelt vom Leben des Ich-Erzählers. Dieser kommt bei Dunkelheit am Bonner Bahnhof an und reflektiert über seine Situation. Dabei geht er nur wenig auf die äußeren Umstände seines Lebens ein. Man erfährt, dass er aus einem protestantischen Elternhaus stammt (Z. 82 f.), siebenundzwanzig Jahre alt ist (Z. 41 f.) und seit fünf Jahren als Clown sein Geld verdient (Z. 4 f. und 39 f.). Eines seiner Stücke trägt den Titel „Ankunft und Abfahrt“ (Z. 43) und stellt eine künstlerisch umfangreich gestaltete Pantomime dar (Z. 43–58).

Offenbar ist er bislang erfolgreich gewesen, denn er beschäftigt einen Agenten (Z. 63–65), der seine Besonderheiten als Künstler kennt und für ein ungestörtes Arbeiten sowie ein angenehmes und erholsames Umfeld sorgt (Z. 65–76).

soziale Beziehungen; soziale Position

Im sozialen Beziehungsgeflecht werden die Eltern nur knapp erwähnt. Obwohl sie treue Protestanten sind, haben sie ihn auf eine katholische Schule geschickt (Z. 85 f.). Dabei entbehrt der begründende Hinweis nicht einer

gewissen Ironie. Der Wechsel vom strengen Bekenntnis zur „Nachkriegsmode konfessioneller Versöhnlichkeit" (Z. 84 f.) lässt auf eine opportunistische Haltung schließen, der der Ich-Erzähler anscheinend kritisch gegenüber steht.
Wiederholt kreist sein Denken um Marie, die sich von ihm getrennt hat (Z. 21–23, 30 f., 93–96, 103 f., 127 bis 130). Nach seiner Meinung liegt die Ursache der zerstörten Beziehung ausschließlich bei der jungen Frau: Sie, die Katholische, habe ihn wegen eines anderen Katholiken verlassen; sie sei geradezu „zu den Katholiken übergelaufen" (Z. 93 f.). Mit ihrem Verhalten sei sie für verschiedene Widrigkeiten seines jetzigen Lebens verantwortlich.
So habe ihr Weggang einen stumpfen Schematismus in seinem geregelten Tagesablauf gefördert, ihn aber auch aus dem Gleichmaß geworfen, zu Verwechslungen veranlasst und schließlich seine Krankheiten verstärkt.

innere Befindlichkeit

Diese „Leiden" (Z. 91), Kopfschmerzen und ein depressiver Gemütszustand, beeinflussen seine innere Befindlichkeit, sie belasten ihn schon von Geburt an. Er weiß ihnen bis zur Auflösung seiner Beziehung mit dem Singen religiöser Lieder in der Badewanne zu begegnen (Z. 79 bis 81). Doch durch die Trennung von Marie haben diese „Mittel" (Z. 102) an Wirksamkeit verloren. Ein ausgesprochen gefährlicher Ersatz, aber eine zeitweise taugliche Hilfe ist der Alkohol (Z. 101 f.). Bei einer Rückkehr Maries, so glaubt der Ich-Erzähler, wären diese Probleme behoben (Z. 102 f.).
Die Persönlichkeit des Ich-Erzählers wird von Gegensätzen bestimmt: Gerade als Clown leidet er an einer düsteren Weltsicht. Seine Eltern sind „strenggläubige Protestanten" (Z. 83), er aber ist nicht religiös; trotzdem verwendet er katholische Kirchenlieder als Heilungsmittel. In fünf Jahren hat sich in seinem Tagesablauf die Gleichförmigkeit eingespielt. Er freut sich an der „Lässigkeit dieser Automatik" (Z. 21), denn im Vertrauten kann er sich ungezwungen bewegen. Gegen das permanente Unterwegssein zwischen „Ankunft und Abfahrt" setzt er die „Aura des Wohlbefindens" (Z. 67 f.) im Hotel. Hier sucht er auch

die wohltuende Wärme eines Bades. Sie vermittelt ihm Sicherheit und eine embryonale Geborgenheit. Hier kann er sich von Spannungen befreien, wie es im Fortschleudern der verhassten Schuhe zum Ausdruck kommt (vgl. die Klammer in Zeile 71 f., die für Einengung steht). Die Erfahrung der ständigen Veränderung, die sich ihm in seinen Reisen mitteilt, ist auch eine Erfahrung von Zeit und Vergänglichkeit. Um sie zu vermeiden, sucht er einen einheitlichen Rhythmus in seinem Leben. Auch die Vorliebe für die gleichförmige, getragene Feierlichkeit der „Choräle, Hymnen, Sequenzen“ (Z. 80 f.) ist ein Indiz für seine Ablehnung von Veränderungen. Solange die Beziehung zu Marie existierte, hatte auch das labile Gleichgewicht zwischen beruflicher Tätigkeit und Refugium, Bewegung und Ruhe, Spannung und Entspannung Bestand. Dies erklärt seine Klage über den Verlust Maries, der ihn so stark aus der Bahn geworfen hat, dass seine Spannungen, seine Rastlosigkeit und Unausgewogenheit wachsen und er sogar Realität und Fantasiewelt verwechselt. Doch allem Anschein nach konkretisiert sich in dieser Trennung ein bisher unbekannter, tiefer liegender Verlust, der die eigentliche Ursache seiner Unsicherheit, seiner Schwermut und seines Kopfschmerzes ist. Die Formulierung „von Natur“ (Z. 91) lässt den Ursprung dieser Leiden in der Kindheit, vielleicht im Elternhaus, vermuten.

Aufgabe 34 Folgende Verhaltensweisen Schniers fallen auf:

- Er bevorzugt einen *geregelten* beruflichen Alltag,
- ist aber von *inneren Spannungen* nicht frei.
- Als er seinen „Rhythmus“ verliert, wird sein Verhalten *hektisch* und *unsicher*.
- *Unausgewogen* schwankt er zwischen Rebellion und Schutzbedürfnis.
- *Permanent kreisen seine Gedanken* um die zerbrochene Beziehung.

Aufgabe 35

- *Gleichmaß*: Parallelismus, Akkumulation, Schlüsselwort „Rhythmus“, Alliteration, gleichklingende Lautung
- *Anspannung:* Antithese

- *Rastlosigkeit*: Akkumulation, Hypotaxen, Satzeinleitungen mit Konjunktion
- *Unausgewogenheit*: Satzzeichen; Aufzählung, Parenthesen, Erklärungsversuche, Wertungen, Antithesen, Ironie
- *insistierendes Gedankenkreisen*: Wiederholung

Aufgabe 36 Verschiedene sprachliche Mittel bestätigen und bestärken die inhaltliche Aussage: *Gleichmaß*

Schnier schätzt die regelmäßige Abfolge von gleichartigen Aktionen. Sein Tagesablauf unterliegt geradezu einem festen Verhaltensmuster, bei dem bestimmte Verhaltensweisen sequenzhaft vorkommen. Der Rhythmus der Aktionen drückt sich sprachlich in verschiedenen Formen der Wiederholung aus. Zu nennen sind vor allem *Parallelismen* („Bahnsteigtreppe runter, Bahnsteigtreppe rauf", Z. 5 f.; u. a.), zum Teil *anaphorisch* gesetzt (ebd.) und *Akkumulationen* (z. B. Z. 80 f.). Sie ziehen sich fast durch den gesamten Text. „Rhythmus" (Z. 31, 61) erscheint geradezu als ein *Schlüsselwort*. Auf das ihn bestimmende und von Schnier gesuchte Gleichmaß verweisen etliche *Alliterationen* („Ankunft und Abfahrt", Z. 43; „Komiker, keiner Kirche", Z. 40; „Kaffee und Kognak", Z. 73 f.) und *gleichklingende Lautungen* („läßt [...] einlaufen", Z. 74; „grünen Ingredienzien", Z. 75).

Auch mit spannungserzeugenden *Antithesen* wird die den Tag ausfüllende „Automatik" erfasst: „runter [...] rauf" (Z. 6); „aufnehmen [...] abgeben" (Z. 8 f.); „abgefahren [...] angekommen" (Z. 12 f.); „rauf und runter [...] runter und rauf" (Z. 14–16); „vom Bahnhof zum Hotel, vom Hotel zum Bahnhof" (Z. 26 f.). *Anspannung*

Gegensätze sind allerdings nur so lange produktiv, wie das innere labile Gleichgewicht aufrechterhalten werden kann. Werden jedoch eingefahrene Verhaltensmuster durch ein schwerwiegendes Ereignis gestört, können sich die extremen Kräfte verselbstständigen. Dies ist bei Schnier der Fall. Der Bruch seiner Beziehung bewirkt eine Verhaltensveränderung, auch wenn er dies zunächst noch nicht wahrhaben will (Z. 24). Seine beiden „Leiden" (Z. 91) intensivieren sich. Schnier gerät „aus dem Rhythmus" (Z. 31).

Als Folgen kann man gesteigerte Unruhe und Rastlosigkeit erkennen. Sie werden in *Akkumulationen* zum Ausdruck gebracht. Diese lassen, verbunden mit der *gedehnten hypotaktischen Struktur*, den Atem nicht zur Ruhe kommen und verleihen so dem Sprachfluss eine gewisse Nervosität (Z. 5–11). Hektik vermitteln zusätzlich *Satzeinleitungen* mit der Konjunktion *„und"* nach Komma oder Gedankenstrich, die keine längere Pause gestattet (Z. 42, 63, 67). Dies sind nicht nur Anzeichen einer verlorenen Selbstkontrolle, sondern auch Hinweise auf Schniers Unfähigkeit, der neuen Situation angemessen zu begegnen. Hektik, Unsicherheit

Dabei fehlt es nicht an Versuchen, der Lage dennoch Herr zu werden. Mehrere *Doppelpunkte* kündigen *Aufzählungen* an (Z. 5) oder wollen diese mit einer definitiven Erklärung beenden: „[...] gibt es ein Maß: den Taxameter" (Z. 27 f.); „Es gibt ein [...] Mittel: Alkohol" (Z. 101 f.); „es gäbe eine dauerhafte Heilung: Marie" (Z. 102 f.). Akkumulationen und Erklärungsansätze lösen keine Spannung (vgl. die *Anadiplose*: „[...] dauerhafte Heilung: Marie; Marie hat mich verlassen", Z. 102–104), sie verwirren eher. Durch die den Sprechfluss unterbrechenden Doppelpunkte wirkt die syntaktische Struktur unausgewogen. Unausgewogenheit

Auch etliche *Parenthesen*, die mitunter in *Klammern* gesetzt sind, stören den Sprachfluss und blähen die Sätze auf (Z. 21–25, 46–58). Schnier versucht mit ihnen, sachlich zu erläutern und zu erklären (etwa „strenggläubige Protestanten", Z. 83), doch verfällt er wiederholt in die Subjektivität teils versteckter, teils offener *Wertungen:* „diesen Katholiken" (Z. 23); „ich hasse Schuhe" (Z. 71 f.). Ambivalenz

Die *Klammersetzung* hat verschiedene Funktionen. So weist sie, wie die bereits genannten Antithesen, auf Schniers ambivalenten Charakter. Denn einerseits ist sie ein Zeichen der Einengung (Er setzt seine Abneigung gegen Schuhe in eine beengende Klammer, Z. 71 f.), andererseits vermitteln die beiden Klammerteile das Gefühl des Abgeschirmtseins und Schutzes sowie die grafische Nähe zur Badewanne. An anderen Stellen relativiert die Klammer seine Selbstrechtfertigung (Z. 94–96) oder nimmt dem Peinlichen die verlegene Betroffenheit (Z. 116–118).

Auch die Ironie ist ein Mittel der Distanzierung. Wenn Schnier seine Eltern „strenggläubige Protestanten" nennt und zugleich mit einer kritischen Spitze erwähnt, dass sie „der Nachkriegsmode konfessioneller Versöhnlichkeit" „huldigten" (Z. 83–85), ist dies nicht nur ein Hinweis auf das auf Vorteil bedachte Verhalten der Eltern, sondern ebenso Anzeichen für Spannung und Suche nach Abstand.

Ausweglosigkeit

Der Hinweis auf den Weggang Maries durchzieht in fast *stereotyper Wiederholung* den Text, geradezu, als wäre das Ereignis ein unerklärbares Faktum: „Seitdem Marie mich verlassen hat [...]" (Z. 21 f.), „Seitdem Marie weg ist [...]" (Z. 30), „Seitdem Marie zu den Katholiken übergelaufen ist [...]" (Z. 93 f.), „Marie hat mich verlassen [...]" (Z. 103 f.). Stets verweist der *Konjunktionalsatz* auf die umfangreichen und schwerwiegenden Folgen für Schnier: Sein Tagesablauf ist „mechanischer geworden" (Z. 24), er ist „aus dem Rhythmus geraten" (Z. 31) und seine „Leiden" haben sich gesteigert (Z. 96 f.). All dies sind Anzeichen für eine ausweglose Situation.

In der unausgewogenen syntaktischen Struktur und den eingesetzten sprachlichen Mitteln drücken sich innere Anspannung, Rastlosigkeit und Hilflosigkeit eines jungen Menschen aus, den ein Ereignis aus der Bahn geworfen hat.

Aufgabe 37 Folgende Merkmale lassen sich verstärkt erkennen:

Handlungskompetenz: Passivität
- Unfähigkeit, Krisensituationen zu lösen
- Fluchtbedürfnisse
- Beschäftigung mit der eigenen Person und der unbewältigten Vergangenheit

Innere Ausrichtung: Orientierungsprobleme
- Innere Unausgewogenheit
- Heimatlosigkeit
- Sprachlosigkeit

Sozialer Bezug: Außenseitertum
- Isolierung

- Beziehungsverlust
- Gesellschaftskritik

Aufgabe 38 Passivität

- Vergleichsfigur: der aktionsstarke traditionelle Held
- Beziehungsverlust; „Leiden“; „aus dem Rhythmus geraten“
- „Mittel“ der Betäubung und Abschottung: Alkohol, Badewanne; Masken-Motiv; Flucht-Motiv
- Belastung der Gegenwart durch nicht verarbeitete Vergangenheit; Gedanken an vergangene Ereignisse

Orientierungsprobleme

- Vergleichsfigur: der an festen Werten orientierte traditionelle Held
- gegensätzliche Weltbilder
- Bahnhofsmotiv: Heimatlosigkeit
- Unausgewogenheit; Extremverhalten

Außenseitertum

- Vergleichsfigur: der sozial engagierte traditionelle Held
- Kommunikationsprobleme
- Distanz zu den Eltern; Unverständnis gegenüber Marie; negatives Gesellschaftsbild
- Beruf: Notwendigkeit des inneren Abstands

Aufgabe 39 Hans Schnier – eine moderne Romanfigur

1. Passivität

der traditionelle Held: aktionsstark

Der traditionelle Held steht aktiv und vorbildlich handelnd im Leben. Auch wenn dieses oft nicht störungsfrei verläuft, wenn Widerstände zu überwinden, Konflikte zu lösen und Krisen zu meistern sind, besteht der Held doch diese Bewährungsproben.

Schnier: Handlungsunfähigkeit, Fluchtverhalten, Beschäftigung mit der Vergangenheit

Hans Schnier ist beruflich gescheitert und sieht sich durch den Weggang Maries aus der Bahn geworfen. *Unfähig, diese Krisensituation und psychische Belastungen*, die ihn seit seiner Kindheit begleiten, *zu verarbeiten* und das geordnete Gleichmaß seines früheren Berufslebens fortzuführen, gelingt es ihm nicht, den Problemen aktiv gestaltend entgegenzutreten und positiv in die Zukunft zu blicken. Stattdessen verhält er sich passiv. Er *trinkt* und *schottet sich nach außen ab.* Darin wird ein Fluchtbedürfnis deutlich (vgl. das im Badewannenmotiv implizierte Verlangen nach Wärme und Geborgenheit). In gewisser Weise ist dieser Aspekt der eigenen Zurücknahme auch in Schniers beruflicher Tätigkeit zu erkennen. Als Clown ist er ein Schauspieler, der zu bestimmten Zeiten in bestimmte gelernte Rollen schlüpft, mit denen er seinem Publikum etwas „vor-macht", das ihn selbst nicht zu berühren braucht. Schminke und *Maske* können zudem als Schutzmöglichkeit fungieren, hinter denen sich Ängste, Schwächen und ungelöste Probleme verbergen mögen. Indem sich Schnier fortwährend mit seiner *unbewältigten Vergangenheit beschäftigt,* weicht er der Gegenwart aus.

2. Orientierungsprobleme

der traditionelle Held: an festen Werten orientiert

Die wichtigste Grundlage für die Aktionsfähigkeit des traditionellen Helden bildete die Vorstellung von einem einheitlichen, von klaren Werten und Bildungsidealen bestimmten Weltbild. Es vermittelte Orientierung und ermöglichte in einem Prozess der inneren Reifung Selbstverwirklichung und die Übernahme von Verantwortung in der Gesellschaft. Beispielhaft sind die Helden der Erziehungs-, Entwicklungs- und Bildungsromane (vgl. besonders Wielands *Agathon*, Goethes *Wilhelm Meister*, Kellers *Der grüne Heinrich* und Stifters *Der Nachsommer*). Mit dem Infragestellen, Relativieren und Auflösen einer idealistischen Wirklichkeitssicht werden die Entscheidungen der Helden unsicherer. Bereits im Sturm und Drang, verstärkt seit dem 19. Jahrhundert, lösen sich die Spannungen zwischen der Realität und den angestrebten Zielen nicht mehr in einem versöhnlichen Schluss. Die Pluralität rasch vergänglicher Möglichkeiten erschwert dem Helden Überblick und Orientierung. Er verliert seine gestaltende Kraft und wird zum Opfer vielfältiger, undurchschaubarer Einflüsse. In der Moderne ist er nicht mehr eine handlungsstarke, autonome Persönlichkeit, sondern Objekt psychologischer und gesellschaftlicher Analyse.

In der Vorstellung und im Verhalten Schniers spiegeln sich ansatzmäßig zwei *gegensätzliche Weltbilder:* das verlorene traditionelle, von Ordnung und Überschaubarkeit bestimmte, und das belastende „aus dem Rhythmus" geratene moderne Weltbild, dem sich Schnier ausgeliefert sieht. Mit ihm korrespondieren die räumlichen Situationen. Vor allem ist der *Bahnhof* kein Ort, an dem die Bewegung zur Ruhe kommt. Er steht für „Ankunft und Abfahrt", also Getriebensein und ständige Veränderung. Dieser Hinweis auf Heimatlosigkeit, die betonte religiöse Bindungslosigkeit und die sich wiederholende Verwechslung von Realität und Fantasie deuten auf Orientierungsprobleme. Dem entspricht Schniers ambivalenter Charakter. Er wäre gern der Künstler-Rebell, der anderen die Meinung sagt. Doch das Aufbegehren erschöpft sich im Fortschleudern der Schuhe und rechthaberischen Schuldzuweisungen. Innerlich unausgewogen und zu einem *Extremverhalten* neigend, wird er von Spannungen beherrscht.

Schnier: Gegensätze, Extrempositionen, Heimatlosigkeit, Getriebensein, Kommunikationsprobleme

3. Außenseitertum

Während der traditionelle Held seine Aktivitäten in den Dienst der Gemeinschaft stellte, in die er sich eingebunden wusste, ist der moderne Antiheld eine kollektivierte oder isolierte Figur. Besonders der Künstler findet sich häufig in einem problematischen Verhältnis zu seiner Umwelt (vgl. Thomas Manns Novellen *Tonio Kröger* und *Der Tod in Venedig*). Erst der bewusst gesuchte Abstand zur Welt ermöglicht eine kritische Analyse. Andererseits reagiert die angegriffene Gesellschaft mit Abwehr und Ausschluss. Anzeichen für eine gestörte Beziehung sind oft *Kommunikations- und Sprachprobleme.* In Bölls Roman äußern sie sich in der eingeschränkten subjektiven Perspektive des Ich-Erzählers, der Dominanz der inneren Handlung und dem Vorherrschen des inneren Monologs.

der traditionelle Held: sozial engagiert

Schnier ist ein Außenseiter. Dies wird an seiner *distanziert-ironischen Haltung* gegenüber seinen Eltern, seiner selbstgewählten Isolation, dem *Unverständnis gegenüber Maries Entscheidung* und den kirchlichen Kreisen, in denen sie sich bewegt, aber auch an seinen künstlerischen

Schnier: innerer Abstand zu den Eltern, Unverständnis gegenüber Marie, Distanz des Künstlers und Kritikers

Ambitionen deutlich. Schnier sehnt sich zwar nach einer heilen Welt, doch sein Gesellschaftsbild ist von *Negation* geprägt.
Als *Clown* kommt ihm ein bestimmtes Aufgabenfeld zu, das die Notwendigkeit des *inneren Abstands* voraussetzt: Er parodiert, bringt sein Publikum mit seinem scheinbar sinnwidrigen Verhalten zum Lachen, provoziert und verweist auf den Widerspruch zwischen Anspruch und Realität. Mit seinem Karikieren von Personen und Situationen will er auf Unausgewogenheiten aufmerksam machen und die Dinge wieder ins Lot bringen. Bereits im Mittelalter besaßen die Hofnarren das Vorrecht, die ungeschminkte Wahrheit ungestraft sagen zu dürfen. Der Hinweis auf Bonn, die damalige Hauptstadt der Bundesrepublik, in der sich die zu neuem Wohlstand prosperierende und nach politischer Macht strebende Gesellschaft der Adenauer-Ära spiegelt, lässt allerdings einen starken gesellschaftlichen Sprengstoff vermuten und prognostiziert dem Heimkehrenden nicht das gütige Schicksal des verlorenen Sohnes in der biblischen Parabel.

Aufgabe 40 Hans Schnier ist ein Mensch, der mit seiner Situation nicht zurechtkommt. Seine Begegnung mit der Welt erfolgt eingeschränkt, subjektiv, passiv. Er trägt Züge des modernen Antihelden, der über seine Enttäuschungen reflektiert, aber nicht die Kraft besitzt, seine Lage zu verändern.

Hans Schnier als moderner Antiheld

Aufgabe 41 Gliederung:

A Überblicksinformation

B Interpretation

- I. Darstellung von Schniers Situation
  1. Die äußere Situation
  2. Schniers Position im sozialen Beziehungsgeflecht
  3. Schniers innere Befindlichkeit
- II. Untersuchung der sprachlichen Mittel
  1. Rhythmik und Gleichförmigkeit

2. Spannung
3. Unruhe und Rastlosigkeit
4. Unausgewogenheit
5. Orientierungslosigkeit

III. Hans Schnier – eine moderne Romanfigur
1. Passivität
2. Orientierungsprobleme
3. Außenseitertum

C Zusammenfassung

Elisabeth Langgässer: Saisonbeginn

Aufgabe 42 Die Kurzgeschichte *Saisonbeginn* von Elisabeth Langgässer (1899–1950) beruht auf einer wahren Begebenheit. Sie erschien in dem 1947 veröffentlichten Band *Der Torso*. Die Geschichte zeigt, dass sich das Christentum durch Antisemitismus selbst verleugnet.

Überblicksinformation

Aufgabe 43 Der erste Abschnitt (Z. 1–49) liefert ungefähre Angaben zu Ort, Zeit, Handlungsträger und Situation: Es ist Spätfrühling. Die Bewohner eines „hoch in den Bergen" (Z. 4) gelegenen Ortes haben die für die kommende Touristensaison notwendigen Arbeiten bereits erledigt und sind voller Erwartungen. Drei Arbeiter bereiten am Ortseingang neben einem Wegkreuz die Aufstellung eines Schildes vor. Der Erzähler widmet der Naturschilderung breiteren Raum.

1. Sinneinheit: ungefähre Angaben zu Ort, Zeit, Handlungsträger, Situation

Die Suche nach einem passenden Aufstellungsort und die Errichtung der Tafel bilden die folgende inhaltliche Einheit (Z. 50–107): Nachdem die Handwerker verschiedene Aufstellungsplätze begutachtet haben, entscheiden sie sich schließlich für einen Standort in der unmittelbaren Nähe des Wegkreuzes am Ortseingang.

2. Sinneinheit: Suche nach einem Aufstellungsort und Aufstellung des Schildes

Anschließend werden die Reaktionen von Ortsansässigen auf die Schildaufschrift erfasst (Z. 108–133). Die meisten bleiben vom Geschehen unberührt.

3. Sinneinheit: Reaktionen der Ortsansässigen

Des Erzähler zufolge scheint sich sogar der Gekreuzigte für die Tafelinschrift zu interessieren (Z. 134–144).

4. Sinneinheit: Verhalten des Gekreuzigten

Der knappe Schluss enthält die überraschende und schockierende Wendung (Z. 145–150): Der Text der Tafel weist darauf hin, dass Juden im Ort nicht willkommen sind.

5. Sinneinheit: der Inhalt der Tafel

Aufgabe 44

- Anspielung, Ironie, Formen der Übertreibung
  Nicht zu übersehen sind die wiederholten Aufzählungen und die übertriebene Naturmetaphorik am Textbeginn. Eine ganze Reihe von rhetorischen Figuren steht im Dienst der Ironie, ironischen Anspielung und Übertreibung (Vergleich, Zweierfigur, Personifikation).
  Funktion: karikierende Kritik unnatürlicher Gesellschaftsformen.

- Schlüssel- und Leitwörter
  Bereits beim ersten Durchlesen fällt die besondere Bedeutung auf, die der Erzähler den Wörtern „Schild" und „Kreuz" beimisst. Nicht so leicht zu erkennen ist, dass dies auch für „Weg" gilt, da sich der Begriff in den Formen von „Paßkehre", „Paßweg" und „Wegekreuz" verbirgt. Diese Wörter entfalten ein breites konnotatives Spektrum mit zahlreichen Anspielungen auf historisches und aktuelles Geschehen.
  Funktion: Vermittlung unterschiedlicher Lebenswege; Erkenntnisfindung mithilfe von Symbol-Wörtern; Warnung vor Gleichgültigkeit und Verblendung.

- Gegensätze
  Sie beherrschen den gesamten Text. Schwerpunkte bilden die Gegensätze zwischen der beschriebenen und der vom Leser erwarteten Natur, unterschiedlichen Zeitbestimmungen und Todessymbolen, willkommenen und unerwünschten Gästen, Christentum und Antisemitismus.
  Funktion: Hinweis auf die Unvereinbarkeit von lebensvernichtenden und lebensbejahenden Einstellungen.

Aufgabe 45

Syntax, Stil

Der Text zeigt wenige syntaktische und stilistische Besonderheiten. Es handelt sich meist um einfache *parataktische Strukturen*, mit einer gelegentlichen Tendenz zur *Hypotaxe*. Zur Präzisierung finden sich *Relativsatzkonstruktionen*, zum Teil als Parenthesen (z. B. Z. 1–5, 12–14). Wo inhaltlich auf Quantitäten hingewiesen wird, kommt es zu *Satzreihen* (Z. 9–12), *Parallelismen* (Z. 18–20) und *Auf-*

zählungen, zum Teil syndetisch (Z. 9–17; 47 f.), zum Teil asyndetisch (Z. 18–20). Der Stil steht der Umgangssprache nahe.

Naturschilderung: überzogene Metaphorik, Vergleich, Akkumulation – ironische Anspielung auf materialistische und nationalsozialistische Sichtweise

Ein kennzeichnendes Merkmal, die Ironie, fällt zunächst nur bei der *übertriebenen* Naturbeschreibung auf. Andere Hinweise erkennt der Leser erst mit der Schlusswendung, so wenn es um die „beste" Platzierung des Schildes in der Nähe des Kreuzes geht (Z. 51 f.), wenn vom Schild „gewissermaßen als Gruß" (Z. 58) gesprochen wird, vom „Vorzug dieses Schildes" (Z. 73 f.), von Schulkindern, die „sich gegenseitig die Ehre streitig" (Z. 109 f.) machen, den Männern zu helfen, von Frauen, die die Inschrift genau „studieren" (Z. 114), und von mit ihrer Tätigkeit zufriedenen Handwerkern.

Die *metaphorische Darstellung* der Natur wirkt unangemessen und ironisch überzogen: Das zeigt sich an Formulierungen wie „verschwendete sich" (Z. 10); „strotzte und blähte" (Z. 11), besonders am *Vergleich* „wie eingefettet mit gelber Sahne" (Z. 13) oder etwa der Wendung „platzten vor Glück" (Z. 14). Auffällig ist, dass zur Naturschilderung *Personifikationen* verwendet werden. Dadurch erhalten die Naturobjekte allegorischen Charakter und rücken in die Nähe des Menschen. Sie signalisieren floskelhaft eine schmierig-aggressive Potenz, etwa in den Zweierfiguren „in Saft und Kraft" (Z. 9); „strotzte und blähte" (Z. 11) sowie in dem bereits erwähnten Vergleich und der Metapher in den Zeilen 13 und 14. Damit geraten sogar die sonst unverfänglichen *Blumennamen* assoziativ in die Nähe des Gewaltigen, Starken und Dämonischen: „Wucherblume" (Z. 9 f.), „Löwenzahn" (Z. 10), „Trollblumen" (Z. 12; Trolle sind dämonische Wesen in der nordischen Mythologie). Eindeutig ist hier die Spannung zu spüren zwischen der erwarteten zarten Frühlingsnatur und ihrer ironischen Verfremdung ins Unnatürliche.

Mit „Himmel" (Z. 16) ist zwar ein Naturobjekt – höhere Luftschichten – gemeint, doch das *Genitivattribut* „von unwahrscheinlichem Blau" (Z. 16 f.) will tiefer verstanden sein. Unterschwellig wird hier nicht nur das Schöne und Reine („Blau") infrage gestellt, sondern es soll zudem das

Bezugsubstantiv „Himmel“, – jetzt in seiner religiösen Bedeutung – als unglaubwürdig bestimmt werden. Neben dem Blau steht auch das Weiß des Schnees für die Reinheit der Natur. Dass die „Schneegrenze [. . .] sich hoch hinauf zu den Gletscherwänden gezogen“ (Z. 6–8) hat, deutet eine Qualitätsveränderung in der Natur an. Natur wird hier aus einer bestimmten Zeit- und Gesellschaftsperspektive gesehen. Es handelt sich um eine ‚neue‘ Sicht, was durch die *Konjunktion* „Auch“ angedeutet wird. Mit der Gesellschaft („Auch die Häuser und Gasthöfe waren wie neu“, Z. 17 f.) ändert sich die Natur. Das natürlich Schöne ist „unwahrscheinlich“ (Z. 16 f.) geworden.

Gegensatz zu früherer Naturauffassung

Diese neue Natur, die in der Verfügbarkeit des Menschen zu stehen scheint, bildet einen *Gegensatz* zur „uralte[n]“ (Z. 87), wie sie symbolisch in der Buche erfasst wird. Diese Natur war noch fähig – wie der Vergleich mit der Schutz-„Mantelmadonna“ (Z. 90) zeigt –, menschlichen Untaten die Schärfe zu nehmen.

Schließlich kann man die Ausdrücke, die auf Kraft, Überzogenheit und Dämonie verweisen, als eine *ironische Allusion* auf die Gesellschaft des Dritten Reiches werten, in deren Wortschatz sie zu finden sind.

Akkumulationen, Dreierfigur, Nennen von Objekten mit einengendem Charakter – Anspielung auf eine enge, am Haben orientierte, materialistische Gesellschaft

In den Textpassagen, die auf den ausführlich analysierten Erzähleingang folgen, dominieren *Aufzählungen* (Z. 17 bis 27). Sie nennen die renovierten Wohnungen, die verschiedenen Gäste und deren Automarken. Die Behausungen werden in einer parallel ausgerichteten *Dreierfigur* aufgezählt (Z. 18–20), wobei der begrenzende und einengende Charakter der „wie neu“ (Z. 18) wirkenden Objekte (Fensterläden, Dächer, Zäune) auffällig ist und im *Gegensatz* zum „Himmel“ (Z. 16) steht. Der Ausdruck „die Fremden“ (Z. 21 f.) wird in „die Sommergäste“ (Z. 22) *korrigiert*; ihre *Akkumulation* entspricht der erwarteten Touristenmenge, wobei aber jenen besondere Aufmerksamkeit zuteil wird, deren Autos für ihren Reichtum sprechen. Hinter den Akkumulationen schwingt unterschwellig eine kennzeichnende Eigenschaft kapitalistischer Gesellschaften mit: das Anhäufen und Horten von Besitz. Auch die Wörter „Wucher-“ (Z. 9) und „verschwendete“ (Z. 10) sowie die *Meta-*

pher „Das Geld würde anrollen“ (Z. 27 f.) verweisen auf ein Verhalten, bei dem das Geld im Mittelpunkt des Interesses steht.

„Schild“ als Leitwort

Das Wort „Schild“ (Z. 1, 29, 31, 36, 43, 51 f., 56, 70, 74, 76, 85, 103, 128, 148) ist ein Leitwort, das den Leser von der ersten Zeile bis zum Schluss durch den Text begleitet. Es ist von verschiedenen Schildern die Rede: Warnschildern an der Straße (Z. 29 f.), „Kilometerschilder[n]“ (Z. 30 f.), „Schilder[n] für Fußgänger“ (Z. 14), dem Schild am Kreuz Christi (Z. 36), dem Ortsschild (Z. 70) und dem Schild, das die Männer aufstellen (Z. 1). Schilder haben erklärende, weisende und warnende Funktion. Sie sind somit hilfreich, doch wenn sie sich häufen („Ein Schild kam zum andern“, Z. 29), können die Anweisungen zur Gängelei entarten. Der Schilderwald kommt mit der ‚neuen‘ Welt und hat den Naturwald abgelöst. Sogar hoch in den Bergen sind Schilder zu finden. Auffällig ist die Verbindung von „Totenkopf“ (Z. 30) und „Haarnadelkurve“ (Z. 29 f.). Totenkopfemblem und gefährliche Kurven stellen im Leser eine gedankliche Verbindung zu nationalsozialistischen SS-Totenkopfverbänden mit ihrem scharfen und runenhaft stilisierten Buchstabensymbol (SS) her.

„Weg“ und „Kreuz“ als Schlüsselwörter

Die im Text erwähnten Schilder stehen am Weg. Wiederholt wird das Motiv des Weges evoziert, so in den Formen „Paßkehre“ (Z. 5), „Paßweg“ (Z. 54) und „Wegekreuz“ (Z. 57). „Weg“ hat hier eine Schlüsselfunktion. Einmal deutet „Pass“ auf einen engen Übergang zwischen zwei Bergmassen, der nur ein Vor oder Zurück zulässt, einen Weggipfel, auf dem man einen Augenblick in Gedanken verweilt und seine Entscheidung trifft. Zum anderen beinhaltet das Wegmotiv die Situation eines Menschen, der seine Heimat verlassen, aber sein Ziel noch nicht erreicht hat. Dieser Weg kann in den Abgrund führen (Nationalsozialismus, Kapitalismus), aber auch die Möglichkeit einer letzten Umkehr („Paßkehre“, Z. 5) bieten und im Sinne der jüdisch-christlichen Autorin als Pilgerweg verstanden werden. Eine weitere Variante des Wegmotivs liefert das Verbotsschild, das bestimmten Menschen ein Weitergehen untersagt. Was der Kurort den

Juden verweigert, ist nicht nur lokal zu verstehen. Es ist ein Hinweis auf das Schicksal eines Volkes, dessen Weg den Charakter eines Kreuzwegs annimmt und sich so mit dem Leiden Christi verwebt.

symbolisches Erfassen des Kreuzwegs Christi und des Leidens der Juden

Auch „Kreuz" ist ein Schlüsselwort. Am Weg-Kreuz geschieht die Handlung: Drei Männer stellen ein Schild auf. Bei ihrer Arbeit weisen viele *Anspielungen* auf die Passion Christi. „Hammer, Zange und Nägel" (Z. 48) der Handwerker wecken die Erinnerung an das Kreuzigungsgerät, die dreimalige Unterbrechung bei der Suche nach einem geeigneten Platz entspricht dem dreimaligen Fall Jesu auf seinem Kreuzweg. Es sind Frauen und Kinder anwesend. Auch diese werden im Evangelium erwähnt (vgl. Lukas 23.27 ff.). Schließlich gleicht das Annageln des Schildes auf den Pfosten (Z. 101–105) der Kreuzigung Christi. Bezeichnenderweise wird der Ort, an dem das Schild aufgestellt wurde, „Kreuzigungsort" (Z. 145) genannt. So vollziehen sich hier symbolisch der Kreuzweg Christi und die Kreuzigung der Juden.

Gegensatz zwischen der neuen Welt und dem Weg Christi

Der Spott über die Kreuzesinschrift wird von den Zeitgenossen nicht mehr als Verletzung der Menschenwürde und des Anstands empfunden. Sie stehen dem historischen Geschehen, aber auch dem Text des neuen Schildes teilnahmslos gegenüber. Der Ausdruck „Richtspruch" (Z. 132 f.) *spielt* auf die Tat des Pilatus *an* und steht zugleich für die Verurteilung der Juden. Die Gleichgültigkeit der Menschen macht die damalige Tat wiederholbar, das Leiden Christi bleibt dauerhaft. Unausgesprochen wird die Begründung dafür in den Lebensentscheidungen der Menschen gesehen. Die neue Generation folgt dem Leben in Reichtum und Überfluss, liefert sich dem dämonisch Starken und den exzessiven Parolen der Propaganda aus. Dieses Leben steht im Gegensatz zum Leiden und Tod Christi und zum Leidensweg der Juden. Die Menschen verkennen die Botschaft Christi: „Ich bin der Weg, die Wahrheit und das Leben" (Johannes 14.6). Sie wählen den gefährlichen Weg, die Warnung des Totenkopfemblems bleibt unbeachtet.

Anspielung auf den Beginn der Judenverfolgung

„Saisonbeginn" *deutet* auf einen wichtigen Zeitabschnitt im Jahresverlauf – eine eigentlich schöne Zeit in der Natur, doch diese wird durch die fühllose Haltung der Menschen verbogen. Das Ereignis erlaubt aber noch eine andere, bittere Deutung: Jagdsaison als Beginn der Judenverfolgungen.

Aufgabe 46

Inhalt
- *Kurzgeschichte:* Wirklichkeitsausschnitt mit Symbolgehalt; Konfliktsituation; Erkenntnisfindung
- *Text:* Errichten einer Tafel am Eingang eines Kurorts; Verlagerung der Konfliktsituation in das Bewusstsein des Lesers

Aufbau, erzählerische Gestaltung
- *Kurzgeschichte:* unmittelbarer Beginn, offener Schluss; gedrängte Steigerung, überraschende Wende; meist Er-Form und personale Erzählweise; Verzicht auf Kommentare; Innensicht
- *Text:* unvermittelter Eingang; unerwartete Schlusspointe; kein strenger linearer Aufbau; Steigerungselemente bei der Suche nach einem geeigneten Aufstellungsort; Er-Form; auktoriale Erzählweise; ironische Kommentierungen; Außensicht

Figuren
- *Kurzgeschichte:* typisierte Durchschnittsfiguren
- *Text:* Durchschnittsmenschen; durch Alter und Beruf differenziert, sonst keine individuellen Züge; keine Hauptfigur; Präsenz des Gekreuzigten, indirekt auch der Juden

Zeit, Raum
- *Kurzgeschichte:* kurze Zeitspanne; begrenzter äußerer Raum
- *Text:* kurze Zeitspanne; Rückblenden, Vorausschau; begrenzter Handlungsraum: Ortseinfahrt

Sprache
- *Kurzgeschichte:* Nähe zur Umgangssprache; Inhaltsdichte; Symbolgehalt; Verweischarakter
- *Text:* Symbolgehalt; überzogene Formulierungen; Einsatz extremer Mittel

Leserbezug
- *Kurzgeschichte:* ausgeprägt
- *Text:* ausgeprägt durch die Schlusswendung

Aufgabe 47

Inhalt

Die Kurzgeschichte greift ein Ereignis aus dem Leben einer oder mehrerer Personen heraus und stellt dieses in den Mittelpunkt. Im vorliegenden Fall ist es das eher beiläufige Errichten einer Tafel am Ortseingang eines Kurortes.

Der in Kurzgeschichten häufige innere Konflikt, der eine Person vor eine wichtige Entscheidung stellt und ihrem Leben eine Wendung gibt, findet sich nicht. Die Gedanken der Arbeiter erschöpfen sich in einer Diskussion um den Aufstellplatz. Weder erreicht die Botschaft des Kreuzes ihr Bewusstsein, noch erkennen sie die tiefere Beziehung ihres Tuns zur Kreuzigung Christi. Diese Erkenntnis, die daraus zu ziehende Konsequenz und eine notwendige Verhaltensänderung bleiben dem Leser vorbehalten. Erst für ihn erhält das Geschehen vor dem Wegkreuz einen symbolischen Gehalt, der auf den Leidensweg der Juden im Dritten Reich verweist.

Aufbau, erzählerische Gestaltung

Auch wenn im ersten Abschnitt einige Angaben mit expositorischem Charakter gemacht werden, setzt die Geschichte der Gattung entsprechend unvermittelt ein und endet mit einem unerwarteten, provozierenden Schluss. Die äußere Handlung ist zwar abgeschlossen, doch bleibt das Geschehen weiterhin der Reflexion des Lesers überantwortet. Ein strenger linearer Aufbau bis zum Schluss, wie bei einer Kurzgeschichte üblich, liegt nicht vor. Die Suche nach einem geeigneten Aufstellungsort der Tafel folgt aber dem Steigerungsprinzip. Dem Erzähler kommt es bei der längeren, überzeichneten Darstellung der Natur, des Kurortes und der erwarteten Gäste darauf an, ironisch-karikierend auf eine unnatürliche Gesellschaft aufmerksam zu machen, deren dunkle Triebe und materialistische Interessen nicht nur zur Gleichgültigkeit gegenüber einem unmenschlichen Verhalten führen, sondern dieses auch fördern.

Der Erzähler wählt die Er-Form und verhält sich auktorial. Direkt und indirekt liefert er seine wiederholt ironisch überzogenen Kommentierungen, so bereits bei seiner Naturschilderung. Er bevorzugt die Außenperspektive, schon um zu zeigen, wie innerlich „unberührt" (Z. 122) diese

Menschen sind. Der Schluss bietet die überraschende Wende.

Figurendarstellung

Bei den Handlungsträgern handelt es sich um Durchschnittsmenschen. Sie sind Ausführende, die eine nur banale Entscheidung zu treffen haben. Der Erzähler vermittelt keinerlei individuelle Merkmale. Die Kinder, die auf die gesellschaftliche Zukunft verweisen, gehen den Arbeitern naiv zur Hand, die Vorübergehenden, nur durch Beruf oder Tätigkeit differenziert, stehen für die große gleichgültige Mehrheit der Bevölkerung.

Es gibt zwar keinen die Handlung tragenden Protagonisten, doch der leidende Christus, der aus seiner Perspektive das Ereignis zu beobachten scheint, steht im Mittelpunkt.

Zeit- und Raumgestaltung

Wie bei Kurzgeschichten üblich, umfasst die Handlung eine relativ kurze Zeitspanne. Rückblenden und eine Vorausschau auf die zu erwartende Saison kommen vor.

Der äußere Handlungsraum ist auf die Ortseinfahrt begrenzt.

Sprache

Die verwendete Sprache besitzt symbolischen Charakter. Überzogene Wendungen sollen den Leser das Gefährliche, Falsche und Doppelbödige erkennen lassen, das entsteht, wenn man Realitäten ins Extreme verändert und Wertbindungen durch Gleichgültigkeit verliert.

Leserbezug

Die Kurzgeschichte wendet sich spürbar an den Leser. Besonders der Schluss fordert seine Stellungnahme: Ist er betroffen, weil er die zahlreichen Anspielungen nicht erkannt, die ironischen Kommentare missverstanden hat und die Aussage erst vom Ende her begreift? Gehört er zu den Deutschen, denen erst nach dem Zusammenbruch des Nationalsozialismus der Holocaust bewusst wurde?

Ergebnis

Der Text erfüllt nicht alle Merkmale der klassischen Kurzgeschichte. Langgässer verzichtet vor allem auf die Innensicht und einen sich im Inneren einer Person abspielenden Konflikt, der diese zu einer Entscheidung zwingt. Statt dessen will sie den Leser reflektierend in das Geschehen integrieren. Sein Erkenntnisschock, den er durch den Schlusssatz empfindet, konfrontiert ihn mit der Frage nach dem eigenen Verhalten: Hat er sich ablenken, irreführen lassen?

Aufgabe 48

Elisabeth Langgässer zeigt in ihrer Kurzgeschichte das zutiefst unchristliche Wesen des Antisemitismus. Als seine Quellen werden Verleugnung des Überkommenen, übertriebenes Kraftgehabe, materialistische Ausrichtung, unreflektierte Aufgabenerfüllung und Gleichgültigkeit entlarvt. An einem beiläufigen Ereignis macht die Autorin deutlich, wie christlich-humane Werte im Alltag untergraben wurden und sich das Grauen des Nationalsozialismus gerade auch dadurch entfalten konnte.

Entlarvung der Motive des Antisemitismus

Alfred Döblin: Berlin Alexanderplatz

Aufgabe 49

Der erste Abschnitt umfasst die Straßenbahnfahrt. Biberkopf ist von der Fülle der auf ihn einstürzenden Reize überfordert und seine Angst beginnt. *Z. 1–22*

Wie der erste Teil fängt auch der zweite formal mit einem Erzählerbericht an. Er endet mit der erneuten Wortmeldung des Protagonisten. Inhaltlich zeigt der Text, wie die Fülle der Eindrücke Biberkopfs Angst verstärkt und wie er sich zu wehren versucht. Der Erzähler wird zurückgedrängt. *Z. 22–39*

Biberkopf hat Schwierigkeiten, seine Wahrnehmungen korrekt einzuordnen, und muss seine Not eingestehen. *Z. 40–78*

Der letzte Abschnitt beginnt wieder mit einem Erzählerbericht. Dann stellt Biberkopf die Gefängnisordnung gegen das empfundene Chaos der Welt draußen. Er flüchtet in ein Haus. *Z. 79–118*

Aufgabe 50

- *Erzählform:* Er-Form
- *Erzählsituation beziehungsweise Erzählverhalten:* wiederholte Ansätze und Behauptungsversuche des auktorialen Erzählers, der jedoch durch eine immer stärker dominierende personale Erzählsituation abgelöst wird
- *Erzählperspektive:*
  - häufiger *Wechsel* vom *Erzähler* (Bericht) über einen *Zwischenbereich* (erlebte Rede) zur *Figur* (innerer Monolog)
  - *Standort:* permanente Veränderung durch die Bewegung von Erzähler und Figur; Verschwinden eines festen Erzähler-Standortes in der personalen Erzählsituation

  - *Außen- und Innensicht:* Wechsel parallel zur Veränderung der Erzählsituationen
  - *Blickfeld:* Veränderung des äußeren Blickfelds entsprechend dem Standortwechsel; subjektive Einengung beim personalen Erzählverhalten
  - *Realitätsgrad der Wahrnehmung:* Sinnestäuschung durch Informationsfülle und Angst; Zuordnungsprobleme
- *Darbietungsform:* Wechsel von Erzählerbericht und Figurenrede (erlebte Rede, innerer Monolog)
- *Verhältnis von Erzählzeit zu erzählter Zeit:* Beim Erzählerbericht ist die erzählte Zeit länger als die Erzählzeit; bei der erlebten Rede und besonders beim inneren Monolog entsprechen sich erzählte Zeit und Erzählzeit beziehungsweise kann die Erzählzeit sogar länger sein als die erzählte Zeit.
- *Leserbezug:* Mitgestaltung des Lesers besonders bei der personalen Erzählsituation (erlebte Rede)
- *Sprache:* Auflösung der traditionellen Syntax; Einbau unterschiedlicher Sprachformen und -schichten
- *Erzählerposition:* geschwächt

Auch wenn Sie bei Ihrer Untersuchung Zeile für Zeile vorgehen müssen, können Sie sich doch an dieser Zusammenstellung gut orientieren. Greifen Sie vor allem bei der Zusammenfassung auf sie zurück.

Aufgabe 51

- Ellipsen, Einwortsätze: Auflösung der traditionellen Syntax
- Akkumulationen: Hinweis auf Informationsfülle
- Formen der Wiederholung (Alliterationen, Anaphern, Epipher, Geminatio): Steigerung der Eindringlichkeit
- Jargon, Dialekt: Großstadtmilieu
- Asyndetische Fügungen, Parataxen, Ellipsen, Einwortsätze, Personifikationen: Farbigkeit und Hektik der Großstadt

Aufgabe 52

Die Straßenbahnfahrt: Biberkopf fühlt sich überfordert und seine Angst beginnt. *(Z. 1–22)*

Der Text ist in der Er-Form verfasst. Er setzt mit dem knappen Bericht eines auktorialen Erzählers ein, der aus einiger Entfernung Biberkopfs Verhalten beobachtet. Er verändert seinen Standort und springt mit seinem Helden in die Straßenbahn, mitten ins Geschehen. Der Einwort-

Er-Form

Erzählerbericht des auktorialen Erzählers

Standortveränderung

satz „Los“ (Z. 4) zeigt als innerer Monolog, wie sich seine Perspektive auf den subjektiven Blickwinkel Biberkopfs verengt und er eine personale Haltung einnimmt. Er wechselt von der Außen- zur Innensicht, als er mit einem Beispiel versucht, Biberkopfs Empfindungen wiederzugeben (Z. 4–7). Diese Annäherung des Erzählers an seine erzählte Figur verstärkt sich in der Beschreibung der wahrgenommenen Wirklichkeitssplitter. Bei der schnellen Straßenbahnfahrt entsteht der Eindruck, als würden sich Gegenstände und Wirklichkeit verändern. Biberkopfs Verwirrung überträgt sich auf den Leser. Indem dieser sich die Frage nach dem Vermittler stellt (Wer äußert sich hier? Wessen Empfindungen sind dies?), reduziert sich sein Abstand zum Geschehen, das er unmittelbar und intensiv erlebt; so wird er selbst zum Mitgestalten und damit zur Deutung dieser Welt geführt. Biberkopfs Situation wird in einem inneren Monolog erfasst, der noch einmal (nach dem bereits erwähnten „Los“), jetzt verstärkter, den Beginn von Biberkopfs Ängsten erfasst: „In ihm schrie es entsetzt: Achtung, Achtung, es geht los.“ (Z. 16 f.) Verschiedene Zeitungsnamen werden einmontiert (Z. 18–20), doch bleibt es unklar, ob Biberkopf sie bei den Mitfahrern erkennt oder ob er ihre Namen von Verkäufern hört. Er nimmt sie jedenfalls wie die Frage des Schaffners („Noch jemand zugestiegen?“, Z. 20 f.) und die Farbe der Polizeiuniformen („Die Schupos haben jetzt blaue Uniformen“, Z. 21 f.) in einem Bewusstseinsstrom wahr, mit dem sein Gehirn auf die Vielfalt der Umwelteindrücke reagiert.

Perspektivenverengung
personaler Erzähler
Außensicht – Innensicht
Leserbeteiligung
innerer Monolog
Bewusstseinsstrom

Die Fülle der Eindrücke verstärkt Biberkopfs Angst. Er versucht sich zu wehren. Der Erzähler wird zurückgedrängt.

(Z. 22–39)

Nach dem Verlassen der Straßenbahn berichtet der Erzähler wieder auktorial; er gewinnt Distanz, steht außerhalb des Geschehens und überblickt den Vorgang: „Er stieg unbeachtet wieder aus dem Wagen, war unter Menschen.“ (Z. 22–24) Die folgende Frage „Was war denn?“ (Z. 24) verunsichert den Leser, denn dieser weiß erneut nicht, wer das Wort führt. Durch die Wiederholung der Alliteration und des Verbs („Wagen, war“, Z. 23; „Was

Erzählerbericht des auktorialen Erzählers

war denn?“, Z. 24; „Was war das alles.“, Z. 30) scheint sich die Präsenz des Erzählers auszudehnen, doch der erklärende und auflösende Zusatz „dachte er“ erfolgt nicht und der Leser bleibt über den Informanten im Ungewissen darüber, ob noch der Erzähler spricht oder bereits die erzählte Figur. Die erlebte Rede, die an dieser Stelle eingesetzt wird, steht zwischen Bericht und Selbstgespräch. Sie verweigert eine eindeutige Antwort, überlässt dem Leser die Entscheidung. Doch die Verwendung des inneren Monologs lässt erkennen, wie die Darstellung einer distanzierenden Instanz entgleitet und die Initiative auf die Figur übergeht, die offensichtliche Schwierigkeiten bei der Verarbeitung der Außenwelt mit ihren Furcht auslösenden Eindrücken hat (vgl. Z. 24–30). Damit wird klar: In einer personalen Erzählsituation spricht die Figur für sich. Es folgen rasche Wechsel von erlebter Rede und innerem Monolog. Innere Handlung dominiert. Die Perspektive ist wieder auf die subjektive Sicht Biberkopfs eingeengt. Von ihr geht weiterhin eine suggestive Wirkung auf den Leser aus, die durch die Verwendung der 2. Person, mit der sich Biberkopf selbst anredet (Z. 36–38), zusätzlich verstärkt wird.

Wechsel zum personalen Erzählen: erlebte Rede und innerer Monolog

innere Handlung

eingeschränkte Perspektive

Wirkung auf den Leser

Biberkopf hat Schwierigkeiten, seine Wahrnehmungen korrekt einzuordnen, und muss seine Not eingestehen. Erneut versucht der auktoriale Erzähler das Wort zu ergreifen. Er bleibt aber farblos und liefert genau genommen nur eine knappe unkommentiert-neutrale Beschreibung. Wieder wechselt die Darbietungsweise, und zwar mithilfe einer Anapher. Fließend wird der Erzählerbericht vom inneren Monolog abgelöst: „Man riß [...] Man mischt [...]“ (Z. 40–42). Der personale Erzähler zeigt im Wechsel von erlebter Rede und innerem Monolog, wie die seelische Qual Biberkopfs dessen Wirklichkeitssicht verändert (Z. 40 bis 55). Der Anblick eines banalen Essvorgangs löst Assoziationen und einen bis ins Körperliche spürbaren Schrecken aus (Z. 56–67). Der auktoriale Erzähler greift ein und kommentiert; er kennt Biberkopfs Zukunft: „er war aus dem Gefängnis entlassen und mußte hier hinein, noch

(Z. 40–78)

Erzählerbericht

innerer Monolog

Assoziationen

auktorialer Erzähler

tiefer hinein“ (Z. 69–71). Als stünde er mit dem Erzähler im Gedankenaustausch, bricht daraufhin die ganze Qual aus Franz heraus: „Das weiß ich [...] daß ich hier rin muß [...]. Ich geh auch rin, aber ich möchte nicht, mein Gott, ich kann nicht.“ (Z. 72–78)

Fluchtbedürfnisse: Biberkopf stellt die Gefängnisordnung gegen das empfundene Chaos. *(Z. 79–118)*
Nach der Wiedergabe des inneren Monologs liefert der Erzähler einen kurzen sachlichen Bericht. Er ist noch nicht beendet, da kündigt sich ein Darbietungswechsel an. Auf die Formulierung des Erzählers „Er dachte [...]“ (Z. 82) folgen weder Konjunktiv noch episches Präteritum, sondern Indikativ und Präsens des inneren Monologs: „[...] diese Straße ist dunkler, wo es dunkel ist, wird es besser sein.“ (Z. 82 f.) Dann kommt es zu einem Bruch der Perspektive. Die Vorstellung von Dunkelheit löst bei Biberkopf die Assoziation an eine andere Wirklichkeitsebene, das Gefängnis, aus. Dessen Welt tritt in seine Vorstellung, und zwar aus der Perspektive der Gefängnisordnung (Z. 83 bis 88). Sie wird vom ehemaligen Insassen gedacht oder gesprochen zitiert und fungiert als innerer Monolog, aber auch als ein eigenständiger, vom auktorialen Erzähler gelöster Bereich. Durch diese Montage verliert der auktoriale Erzähler weiter an Gewicht, gleichzeitig ergibt sich die Möglichkeit einer komplexeren Wirklichkeitserfassung. In der folgenden Passage wechseln Erzählerbericht und innerer Monolog in rascher Folge. Zunächst meldet sich der auktoriale Erzähler mit bilderreicher Sprache zu Wort: „Die Wagen tobten [...] seine Augen irrten nach oben“ (Z. 92–97). Dann beschleunigt sich der Wechsel: „wenn die Dächer nur nicht abrutschten“ (Z. 97 f.): Biberkopfs Wunsch im inneren Monolog und Konjunktiv Imperfekt; „aber die Häuser standen grade“ (Z. 98 f.): Erzählerbericht; „Wo soll ick armer Deibel hin“ (Z. 99 f.): innerer Monolog; „er latschte [...] damit“ (Z. 100 f.): Erzählerbericht; „Ich bin ein [...] setzt sich“ (Z. 101–105): innerer Monolog. Dann wird die Gefängnisordnung erneut einmontiert und fortgesetzt (Z. 105–112), bis sich mit einem neuen

Darbietungswechsel

Perspektivenveränderung

Montage

Wirklichkeitsverschränkung

rascher Darbietungswechsel

Absatz der auktoriale Erzähler meldet (Z. 113–117). Den Schluss bildet wieder ein innerer Monolog Biberkopfs (Z. 117 f.).

Zusammenfassung der Ergebnisse im Hinblick auf die Erzählerposition

Wechsel von Erzählverhalten, Perspektive, Darbietung

unsicherer Erzähler

Bei der erzählerischen Gestaltung fällt vor allem der häufige Wechsel des Erzählverhaltens, der Perspektive und der Darbietung auf. Dies deutet bereits auf einen unruhigen, unsicheren und damit nicht mehr souveränen Erzähler. Immer wieder (vgl. besonders Z. 1, 22, 40, 56, 68) versucht der auktoriale Erzähler, das Wort zu ergreifen und seine Position abzugrenzen. Doch seine betonte Distanz zum Geschehen, die er durch die anaphorisch-nachdrückliche Benennung der Figur in der 3. Person zum Ausdruck bringen möchte („Er schüttelte sich [...]. Er trat sich auf den Fuß", Z. 1 f.), kann er nicht durchhalten, denn das klare Gegenüber verschwindet in der Ellipse: „Mitten unter den Leuten" (Z. 3 f.), „[...] war unter Menschen" (Z. 23 f.).

Dominanz der personalen Erzählsituation und Figurenrede

Kaum hat der Erzähler angesetzt, wird er zurückgedrängt. Gerade der Einsatz der erlebten Rede und des inneren Monologs zeigt, wie er den Überblick verliert und somit seine Souveränität und Autonomie einbüßt. Der auktoriale Erzähler kämpft um seine Position. Wie zu Beginn verwendet er auch später die eindringliche Anapher: „Er konnte nicht zurück, er war mit der Elektrischen so weit hierher gefahren, er war aus dem Gefängnis entlassen und mußte hier hinein, noch tiefer hinein." (Z. 68–71; vgl. auch Z. 79–83) Mit der Epipher am Schluss des Satzes deutet der Erzähler sein Wissen um die Zukunft Biberkopfs an. So lebt der Text auch aus der Spannung zwischen einem um seine Position kämpfenden auktorialen Erzähler und einer über weite Teile dominierenden personalen Erzählsituation, in der der Leser keinen Erzähler mehr erkennen kann. Er erfährt vom Geschehen durch die subjektiv eingeschränkte Perspektive der Figur.

subjektiv eingeschränkte Perspektive

EZ > eZ; EZ = eZ

Wo der Erzähler auktorial auftritt, ist die erzählte Zeit länger als die Erzählzeit. Bei der erlebten Rede und im inneren Monolog nähern sich beide Zeitformen an.

Mit Biberkopf, der in der Straßenbahn und zu Fuß unterwegs ist, ändert der Erzähler fortlaufend seinen Standort, stets in Bewegung, stets neue Straßen, Häuser, Schaufenster und Menschen wahrnehmend. Wiederholt wechseln Außensicht und Innensicht. Die Wirklichkeit verändert sich, Assoziationen führen zu anderen Wirklichkeitsebenen. Dies verdeutlicht, dass sich mit dem traditionellen Erzähler auch das gewohnte Weltbild aufzulösen scheint.

Wechsel von Außen- und Innensicht

Veränderung der wahrgenommenen Wirklichkeit

Durch die Zurücknahme des Erzählerberichts, den Übergang zu erlebter Rede und innerem Monolog, entsteht eine zunehmend suggestive Wirkung. Der Leser fühlt sich unmittelbar in die Gedanken- und Gefühlswelt des Franz Biberkopf hineinversetzt.

Lesernähe

Die Auflösung fester Erzählpositionen in modernen Texten wirkt sich auf die Sprache aus. So nötigt der Bewusstseinsstrom, der oft aus Gedankenfetzen besteht, zur Veränderung der herkömmlichen Syntax. Dies lässt sich im vorliegenden Text nachweisen. Er enthält Ellipsen (z. B. Z. 3 f. und 23 f.) und Einwortsätze (etwa Z. 4, 24). Dazu passen Parataxen und Dialektausdrücke (Z. 28–30, 35 bis 39). Im inneren Monolog findet sich der Jargon des subkulturellen Milieus (vgl. Z. 24–26). Das hektische Leben, die Fülle und Farbigkeit der Großstadt, die auf Franz nach seinem Gefängnisaufenthalt eindringt, sollen bildhaft eingefangen werden. Diesem Zweck dienen beispielsweise die Personifikationen in den Zeilen 13 f. und 15 f. Asyndetisch gefügte Substantiv-Akkumulationen (Z. 18–20, 30 bis 32) verleihen der Sprache etwas abgehackt Gehetztes. Wiederholungen (Z. 27, 55), Alliterationen (Z. 23 f., 30, 36 f.), Epiphern (Z. 71) und vor allem Anaphern (Z. 1, 6 f., 40–42, 48 f., 55, 61, 68–70) steigern die Aussageintensität der Sprache, die zugleich Ausdruck der pulsierenden Großstadt wird (vgl. Titel).

Sprachzertrümmerung

Aufgabe 53

1. Die Ausgangssituation: Biberkopfs Konfrontation mit einer neuen Welt und Ich-Verlust
   - die überschaubare Welt des Gefängnisses
   - Fortschrittsentfremdung durch Haft

   - Konfrontation mit der Außenwelt als Auslöser von Angst, Aktionslähmung und Ich-Verlust
2. Erlebnis der Straßenbahnfahrt: Wahrnehmungstäuschung
   - Wahrnehmungstäuschung durch die Straßenbahnfahrt
   - Anthropomorphisierung von Gegenständen
   - die Umwelt als Bedrohung
   - körperliche Angstreaktionen
3. Steigerung der Angst; Abwehrversuche
   - die Welt im Fluss
   - Abwehrversuche durch Disziplinierung, Zusprechen von Mut und Distanzierung
   - Misslingen von Befreiungsversuchen
4. Wirklichkeitsveränderung
   - Überforderung durch die Großstadtwelt
   - Realitätsverlust
5. Fluchtbedürfnisse; Eingeständnis der Not
   - Außenwelt als Gegner
   - Schutzsuche im Dunkeln
   - Beschwören der Gefängnisordnung gegen das empfundene Chaos
   - Ansatz existenzieller Gefährdung

Aufgabe 54

1. Die Ausgangssituation: Konfrontation mit einer neuen Welt und Ich-Verlust

Franz Biberkopf ist durch mehrjährige Haft dem urbanen Fortschritt, wie er sich besonders in Berlin zeigt, entfremdet worden. Im Gefängnis hatte er einen geregelten Tagesablauf, eine kleine geordnete und überschaubare Welt. Entlassen in das pulsierende Leben der Großstadt, zögert er, will sich nicht darauf einlassen, das hektische Getriebe dieser andersartigen Außenwelt bereitet ihm Angst. Er muss sich geradezu überwinden, in die Straßenbahn einzusteigen.

Das Eintauchen in die gestaltlose Menschenmenge stellt der Erzähler sprachlich mit einer Ellipse dar: „Dann nahm er einen Anlauf und saß in der Elektrischen. Mitten unter den Leuten.“ (Z. 2–4) Und ebenso: „Er stieg unbeachtet wieder aus dem Wagen, war unter Menschen.“ (Z. 22–24) Das Fehlen des Subjekts „Er“ deutet an, wie sich das Ich im Kollektiv der Menschen zu verlieren und aufzulösen scheint. Hineingestoßen in das Getümmel und von ihm fortgerissen büßt es seine Handlungsmächtigkeit ein, wird zum passiven Objekt, das eigenständig agierenden Mechanismen ausgeliefert scheint: „die Elektrische sauste mit ihm auf den Schienen weg" (Z. 9 f.).

2. Das Erlebnis der Straßenbahnfahrt: Wahrnehmungstäuschung

Biberkopf erfährt das Dynamische und die Hektik der Stadt, der vertraute Ort des Gefängnisses bleibt zurück. Die schnelle und ungewohnte Fahrt der Straßenbahn bewirkt eine Wahrnehmungstäuschung: Feste Objekte wie Bäume, Häuser und sogar Straßen scheinen ihren Standort zu verändern, sie werden anthropomorphisiert und nehmen Leben an (Personifikation): „Bäume, Häuser traten dazwischen. Lebhafte Straßen tauchten auf" (Z. 13 f.). Die Umwelt verselbstständigt sich und wird als personale Bedrohung erfahren. Biberkopf fühlt sich überfordert und verwirrt. Für ihn gerät eine geordnet geglaubte Welt aus den Fugen.

Furcht überfällt ihn, die körperliche Reaktionen auslöst: „In ihm schrie es entsetzt: Achtung, Achtung, es geht los. Seine Nasenspitze vereiste, über seine Backe schwirrte es." (Z. 15–18).

3. Steigerung der Angst; Abwehrversuche

Für Biberkopf kennt diese Welt kein Einhalten. Alles erscheint in unaufhörlichem Fluss. Für eine nähere Betrachtung bleibt keine Zeit. Die Flut der Gegenstände und äußeren Eindrücke kommt in einer asyndetischen Akkumulation zum Ausdruck: „Schuhgeschäfte, Hutgeschäfte, Glühlampen, Destillen" (Z. 30–32). Diese Wirklichkeit steht in deutlichem Gegensatz zum überschaubaren, begreifbaren Gefängnisleben. Zunächst versucht sich Biberkopf zu disziplinieren: „Haltung, ausgehungertes Schwein, reiß dich zusammen, kriegst meine Faust zu riechen." (Z. 24–26) Dann will er die Bedrohung, die vom Neuen und Ungewohnten ausgeht, durch Erklärungen und Assoziationen an Bekanntes in den Griff bekommen: „Die Menschen müssen doch Schuhe haben [...] wir hatten ja auch [...] wollen das mal festhalten [...]" (Z. 32–35) Schließlich spricht er sich verzweifelt Mut zu und erinnert sich an seine physische Kraft: „Hundert blanke Scheiben, laß die doch blitzern, die werden dir doch nicht bange machen, kannst sie ja kaputt schlagen [...]" (Z. 35–38).

In dieser Welt findet man keinen festen Grund: „Man riß das Pflaster am Rosenthaler Platz auf […]“ (Z. 40 f.). Das Amorphe der Stadt kommt in der Verwendung des unbestimmten Pronomens „Man“ zum Ausdruck, hinter dem sich auch Biberkopf sogleich zu verbergen sucht: „Man mischt sich unter die andern, da vergeht alles […]“ (Z. 42 f.; vgl. auch Z. 102–105). Zusätzlich redet er sich in der 2. Person an: „reiß dich zusammen […] die werden dir doch nicht bange machen […] dann merkst du nichts, Kerl“ (Z. 25 f., 36 f., 43 f.). Indem er diesem „Du“ gleichsam seine Probleme aufbürdet, versucht er sich selbst von ihnen zu distanzieren. Doch diese Art von Befreiung misslingt. Er kann nichts von sich schieben, er muss sein Schicksal annehmen. Dafür steht die Verwendung der 1. Person: „[I]ch kriege es nicht weg, wo soll ich hin? […] Das weiß ich, seufzte er in sich, daß ich hier rin muß […] Ich geh auch rin, aber ich möchte nicht, mein Gott, ich kann nicht.“ (Z. 65 f., 72 f., 77 f.)

4. Wirklichkeitsveränderung

Biberkopfs Wahrnehmungsfähigkeit wurde bereits beim Blick aus der fahrenden Straßenbahn überfordert. Fensterscheiben irritieren ihn mit ihren blitzenden Spiegelungen. Als er in Schaufenster blickt, hat er Schwierigkeiten, zwischen Außen- und Innenwelt zu unterscheiden. Schaufensterpuppen erscheinen lebendig (Z. 44–46), verzweifelt ruft er sich zur Vernunft. Er sieht durch ein Kneipenfenster und erfasst Figuren mit mechanischen Bewegungen (Z. 56–64). Unterschiedliche Realitätsbereiche fließen zusammen, Schaufensterpuppen und reale Personen in Restaurants können in diesem atemlosen Treiben nicht mehr exakt auseinandergehalten werden. Auch Feststehendes beginnt sich aufzulösen: „Die Wagen tobten und klingelten weiter, es rann Häuserfront neben Häuserfront ohne Aufhören hin. Und Dächer waren auf den Häusern, die schwebten auf den Häusern, seine Augen irrten nach oben: wenn die Dächer nur nicht abrutschten, […]“ (Z. 92–98).

5. Fluchtbedürfnisse; Eingeständnis der Not

Die bewegliche, sich ständig verändernde Außenwelt erweist sich als zu starker Gegner für Biberkopf. Wie ein Flüchtender sucht er Schutz im Dunkeln einer schmalen

Straße. Die dunkle Atmosphäre erinnert ihn an das Gefängnis, dessen Ordnung er sogleich gegen das städtische Chaos stellt. Er zählt die Regeln des Gefängnislebens auf, listet sie in einer beruhigenden Litanei auf. Es gibt nur Hinweise auf mechanische Tätigkeiten. Beunruhigende Wahrnehmungen und Ansätze existenzieller Fragen („Wo soll ick armer Deibel hin", Z. 99 f.) werden aus dem Bewusstsein verdrängt. Stattdessen wird erneut die Gefängnissatzung zitiert. Ein Hauseingang lässt Biberkopf schließlich zu Atem kommen.

Franz Kafka: Gibs auf!

Aufgabe 55 Die Parabel *Gibs auf!* entstammt Franz Kafkas Nachlass. Sie wurde Ende 1922 verfasst und 1936 von Max Brod veröffentlicht, der ihr auch den Titel gab. Ein Ich-Erzähler berichtet, wie er sich, durch Zeitnot verunsichert, an einen Polizisten wendet, der ihm jedoch keine Hilfe bietet.

Entstehung und Veröffentlichung des Textes; kurze Schilderung des Inhalts

Aufgabe 56

- Umfang und Form
  Parabel: kurzer, verdichteter, meist epischer Text, Reduktion auf Wesentliches; offene Form
  Text: kurzer, komprimierter epischer Text; unvermittelter Beginn, offener Schluss; Fragment
- Aufbau
  Parabel: traditionell meist dreigliedrig (Vergleich – konkrete Geschichte – Deutung) oder zweigliedrig (Vergleich – konkrete Geschichte); modern oft eingliedrig (Bild- und Sachebene sind miteinander verwoben)
  Text: eingliedrig; Bild- und Sachebene verschmelzen (vgl. die Doppelbedeutung von „Weg")
- Inhalt
  Parabel: Verweischarakter: Ein reales Geschehen deutet auf eine andere Wirklichkeitsebene, erhellt eine Wahrheit oder spiegelt, mitunter verschlüsselt und mehrdeutig, eine existenzielle Thematik.
  Text: reale Ausgangssituation; Wirklichkeitsausschnitt; Verfremdung der Situation durch das Verhalten des Polizisten; „Weg" besitzt Verweischarakter; Fragment

- Zeit- und Raumgestaltung
  Parabel: Alle konkreten Angaben besitzen universellen Charakter; das Ereignis kann immer und überall stattfinden.
  Text: keine konkreten Angaben zu Ort und Zeit; auf alle Orte und Zeiten übertragbar
- Figurendarstellung
  Parabel: Die Figuren werden typisiert, ohne individuelle Details vorgestellt.
  Text: Ich-Erzähler, jedoch kein Ich mit individuellen Konturen; namenlos; ortsunkundig, in Eile; sonst keine konkreten Angaben; Polizist: rätselhaftes, schwer zu deutendes Verhalten (Lächeln); eine höhere Instanz? Abweisend gegenüber Kommunikationsversuchen
- Leserbezug
  Parabel: Parabel als Lehrdichtung mit Gleichnischarakter; der Leser ist ins Geschehen integriert, das er deuten muss; typisierte Figuren als Identifikationsfiguren
  Text: Im Ich-Erzähler kann sich der Leser erkennen, in dessen Schwierigkeiten eigene existenzielle Probleme entdecken; Übertragung und Rückführung der im Text gewonnenen Erkenntnis in die reale Welt des Lesers

Aufgabe 57 Der kurze epische Text weist eine weitgehend offene Form auf. Er setzt unvermittelt ein, der Schluss bricht ebenso ab. Damit bleibt der Inhalt Fragment, er kann vom Leser beliebig ergänzt werden. Im Gegensatz zu traditionellen Parabelformen, die meist eine drei- oder zweigliedrige Struktur besitzen, erfolgt hier der Erzählverlauf eingliedrig, das heißt Bild und Sachebene sind nicht klar voneinander getrennt. Dies zeigt die Doppelbedeutung des Wortes „Weg" als Straße und Lebensweg. Der Inhalt, der sich, wie bei Parabeln üblich, auf *ein* Geschehen konzentriert, ist zunächst durchaus realistisch, ein Wirklichkeitsausschnitt aus dem Leben: Jemand, der sich an einem Ort nicht gut auskennt, fragt einen Polizisten nach dem rechten Weg. Erst dessen Verhalten und Antwort verfremden die Situation. Am Begriff „Weg" wird deutlich, dass das Dargestellte Verweischarakter hat. Etwas Naheliegendes, Bildhaftes, deutet auf etwas Abstraktes, erst zu Erschließendes.

Umfang, Form, Aufbau, Inhalt

Zeit und Ort

Zeit und Ort bleiben im Ungewissen. Es ist lediglich die Rede von einem frühen Morgen und einem Ort, der einen Bahnhof besitzt. Mehr erfährt der Leser nicht. Das entspricht einem grundlegenden Merkmal der Parabel: Ihr Inhalt kann sich überall und zu jeder Zeit zutragen.

Figurenkonzeption

Die Parabelfiguren besitzen keinen individuellen Charakter, sondern sind typisiert. Im vorliegenden Text tritt zwar ein Ich-Erzähler auf, doch dieser gibt kaum etwas von sich preis. Man erfährt lediglich, dass er sich in Eile auf dem Weg zum Bahnhof befindet und sich in dem Ort „noch nicht sehr gut" auskennt (Z. 9), also kein Einheimischer ist. Auch wird weder gesagt, weshalb er zum Bahnhof geht, noch welches Ziel er hat. Er bleibt namenlos. So entzieht sich das Ich einer näheren Bestimmung, es kann für alle Menschen stehen.

Rätselhaft bleiben Vorhandensein und Verhalten des „Schutzmann[es]" (Z. 10). Der Leser fragt sich, was er „sehr früh am Morgen" (Z. 1) bei offenbar von Menschen und Fahrzeugen leeren Straßen überhaupt soll. Sein Lächeln scheint zunächst Entgegenkommen und Hilfsbereitschaft zu signalisieren, erweist sich aber dann durch Gegenfrage und Aufforderung als befremdlich, wenn nicht höhnisch. Der Ordnungshüter deutet vermutlich auf eine höhere Instanz, die sich der erwarteten Aufgabe entzieht und mit der eine Kommunikation misslingt.

Leserbezug

Die Parabel als eine didaktische Dichtung mit Gleichnischarakter bezieht den Leser mit ein. Er muss die verrätselte Beziehung zwischen Bildebene und Sachebene entschlüsseln. Im vorliegenden Fall erkennt er in der Doppeldeutigkeit des Weges (Weg zum Bahnhof – Lebensweg) nicht nur die Orientierungsschwierigkeiten des Ich-Erzählers, sondern auch eigene existenzielle Probleme. Gerade die Typisierung, die Unbestimmtheit der Orts- und Zeitangaben sowie die Handlungsreduktion ermöglichen eine Identifikation. Allerdings lässt sich die Aussage nur durch eine gedankliche Leistung, die Fähigkeit zum Analogieschluss, enthüllen.

Aufgabe 58

1. Bereich

Auffällige Textstellen: „Turmuhr“ (Z. 3), „meiner Uhr“ (Z. 3), „daß [es] schon viel später war als ich geglaubt hatte“ (Z. 4 f.), „ich mußte mich sehr beeilen“ (Z. 5 f.)

Thematischer Schwerpunkt: Konfrontation mit der eigenen Endlichkeit: die Zeitthematik.

Deutungsansatz:

- Verwirrung des Ich-Erzählers durch die Diskrepanz unterschiedlicher Zeitsysteme (objektiv: „Turmuhr“ – subjektiv: „meiner Uhr“)
- Trennungs- und Schuldgefühl
- der Turm (Kirchturm) als ein auf die Ewigkeit weisendes Symbol des christlichen Weltbilds
- die Turmuhr als Zeit- und Endlichkeitssymbol

Bezugspunkte:

- Auflösung fester Werte in der Neuzeit
- materialistische Ausrichtung des Menschen seit der Renaissance
- Religionskritik seit dem 19. Jahrhundert
- Relativität der Zeit
- Zeit und Angst: Verlust der Transzendenz; Endgültigkeit des Todes

2. Bereich

Auffällige Textstellen: „die Straßen rein und leer“ (Z. 1 f.), „Bahnhof“ (Z. 2), „Turmuhr“ (Z. 3), „ich kannte mich in dieser Stadt noch nicht sehr gut aus“ (Z. 8 f.)

Thematischer Schwerpunkt: Orientierungsschwierigkeiten in einer fremdartigen, absurden Welt: das Raummotiv

Deutungsansatz:

- die Stadt als Symbol einer modernen menschenleeren und damit absurden Welt
- der Mensch als Fremder mit Orientierungsschwierigkeiten; Absicht, den Ort zu verlassen
- der Turm als Mittelpunkt einer vergangenen Wirklichkeit

Bezugspunkte:

- das Raum- und Stadtmotiv in der Literatur
- Veränderung der Raumdarstellung zur Moderne hin
- positive und negative Stadt- und Zivilisationsbilder
- labyrinthische Räume bei Kafka

3. Bereich
Auffällige Textstellen: „Schutzmann“, „ich lief zu ihm [...] allein sein wollen“ (Z. 10–18)
Thematischer Schwerpunkt: der Mensch und die höhere Instanz: die religiöse Thematik
Deutungsansatz:
- der Schutzmann als Machtträger, der dem Menschen die erhoffte Hilfe versagt
- Frage nach der Berechtigung seiner Existenz
- das gestörte Verhältnis zwischen Mensch und Gott

Bezugspunkte:
- der Verlust des maßgebenden Gottesbildes in der Kultur
- Infragestellen absoluter Werte in der Moderne

4. Bereich
Auffällige Textstellen: „Weg“ (Z. 7, 12, 13: dreimalige Nennung)
Thematischer Schwerpunkt: das Motiv des Weges: die existenzielle Thematik
Deutungsansatz:
- die doppelte Bedeutung von „Weg“
- der auf sich selbst gestellte Mensch in auswegloser Situation

Bezugspunkte:
- Lebensweg und Entscheidungsfreiheit (Vorstellungen der Klassik und des Naturalismus)
- Lebensweg und Ausweglosigkeit bei Kafka (Hinweis auf den passiven Helden)

Aufgabe 59

1. Konfrontation mit der eigenen Endlichkeit: die Zeitthematik
Der Ich-Erzähler befindet sich auf dem Weg zum Bahnhof. Er vergleicht seine Uhr mit einer Turmuhr und stellt fest, dass seine Uhr nachgeht. Dieses banale Geschehen gewinnt durch das seltsame Verhalten des Erzählers an Gewicht, denn dieser gerät in „Schrecken“ (Z. 6) und verliert die Orientierung.

Verunsicherung durch unterschiedliche Zeitangaben

Die beiden Uhren deuten auf zwei unterschiedliche Zeitsysteme: die subjektive Zeit des Mannes und eine andere Zeit, die durch die Höhe und Sichtbarkeit der Turmuhr einen objektiveren Anspruch ausübt. Dies empfindet auch der Ich-Erzähler. Ohne Weiteres akzeptiert er die Zeit der Turmuhr als korrekt. Die Diskrepanz beider Zeitsysteme erschreckt ihn jedoch und macht ihn konfus. Es geht um die Erkenntnis, dass seine persönlichen Zeit- und damit Ordnungskriterien nicht mehr einer allgemein gültigen und höheren Ordnung entsprechen. Subjektives und Objektives sind voneinander getrennt. In dem Augenblick, als diese Trennung dem Menschen bewusst wird, sieht er sich von einer übergeordneten leitenden Instanz abgeschnitten. Er gerät in Panik. Hinter der aufkommenden Furcht steckt wohl die Vorstellung, (Lebens-)Zeit vertan und so notwendige Pflichten nicht erfüllt zu haben: „sah ich, daß [es] schon viel später war als ich geglaubt hatte" (Z. 4 f.). Hinter seinem Laufen und seiner Atemlosigkeit lassen sich durchaus existenzielle Schuldgefühle vermuten.

subjektive und objektive Zeit als unterschiedliche Ordnungssysteme

Bruch zwischen individueller und höherer Ordnung

Verhaltensunsicherheit und Schuldgefühle

Zeit und Vergänglichkeit haben den Menschen seit jeher beschäftigt. Besonders intensiv erfahren wurde diese Thematik jedoch in drei Epochen: in der Renaissance, der Mitte des 19. Jahrhunderts und an der Wende zum 20. Jahrhundert. In der Umbruchsepoche zwischen Mittelalter und Neuzeit löste sich das feste, religiös begründete Weltbild auf und ein Prozess individueller Bewusstwerdung und materialistischer Orientierung (Frühkapitalismus) setzte ein. Es ist nicht verwunderlich, dass gerade in der Renaissance ein großes Interesse an Uhren (Konstruktion der ersten Taschenuhren) erwachte. In der Mitte des 19. Jahrhunderts begann mit der Religionskritik Feuerbachs und dem Postulat Nietzsches vom Tod Gottes die Verdrängung des Todes aus dem Bewusstsein. Gleichzeitig wuchs das Verlangen nach Jugend und Gesundheit. Die Erfahrung der Zeit im unausweichlichen Älterwerden und Sterben entwickelte sich zunehmend zu einem psychischen, fast nicht lösbaren Problem. Hinzu kamen die Erkenntnisse Einsteins von der Relativität der Zeit und des Raumes sowie die Suche nach einem Gottesersatz in einer materialistischen Welt. Auch die Vorstellung, vorgesehene Aufgaben nicht in einer bestimmten Zeit bearbeitet und somit unwiederbringliche Zeit verloren zu haben, zu spät zu

Veränderung im Zeitbewusstsein der Epochen

kommen und so Ziele zu verfehlen, belastet das auf Leistung ausgerichtete Bewusstsein des modernen Menschen. Entsprechend geht es dem Mann in der Parabel. Verwunderlich bleibt freilich, weshalb er nicht die Zeitangabe der Turmuhr infrage stellt und seiner Uhr glaubt. Interessanterweise wird nicht von der Uhr eines Kirchturms gesprochen, was aber der Leser assoziiert. Das bedeutet: Auch wenn das christliche Weltbild in der Moderne keine Bedeutung zu haben scheint, wirkt es im Menschen offenbar als unbewusste Prägung weiter und beeinflusst sein Verhalten. Während ein Kirchturm himmelwärts und damit in die Ewigkeit weisen soll, erinnert eine an ihm angebrachte Uhr den Menschen an seine knappe irdische Zeitspanne, die, so der Text, stets kürzer als vermutet ist.

Turmsymbolik

2. Orientierungsschwierigkeiten in einer fremdartigen, absurden Welt: das Raummotiv

Orientierungsschwierigkeiten

Die Unsicherheit des Mannes aufgrund der unterschiedlichen Zeitangaben beeinträchtigt seine Raumorientierung. Er verfügt zwar nach eigener Aussage über eine gewisse Ortskenntnis, doch erweist sich diese als nicht gefestigt, denn bereits kleine, belanglose Ereignisse können ihn verwirren.

Raum- und Stadtmotivik in der Literatur

Die Raum- und Stadtmotivik zeigt sich in der Literatur in einem sehr breiten und oft gegensätzlichen Bewertungsspektrum. Parallel zum Zeitbewusstsein gewinnt der Raum in der Malerei der Renaissance an perspektivischer Tiefe. Die Romantik erschließt Räume des Unbewussten. Seit der Wende zum zwanzigsten Jahrhundert vollzieht sich das Geschehen verstärkt in psychischen Bereichen. Dämonisches wird erkennbar in den Werken von Georg Heym *(Der Gott der Stadt)* und Bertolt Brecht *(Mahagonny)*.
Positiv versinnbildlicht die Stadt friedliches Gemeinschaftsleben und kulturelle Leistung, negativ erscheint sie als Moloch, der seine Bewohner verschlingt. Einerseits bietet sie Schutz und Möglichkeit zum kommunikativen Austausch, andererseits zeigt sie sich schmutzig, als ein Ort der Einsamkeit, des Verfalls und der Kriminalität. Die negative Komponente tritt seit Rousseaus Zivilisationskri-

tik immer stärker hervor. Bei Thomas Mann spiegelt die Stadt die bürgerliche Welt *(Buddenbrooks)*, aber auch die Verbindung von Schönheit und Dekadenz *(Der Tod in Venedig)*. Döblins *Berlin Alexanderplatz* liefert eine Collage des modernen pulsierenden Lebens in all seinen Schattierungen. Dunkel und labyrinthisch sind die Räume bei Kafka.

unterschiedliche Weltbilder

In der vorliegenden Parabel steht der Ort für eine moderne menschenleere Welt und mit ihr für ein neues Weltbild. In beiden findet sich der Ich-Erzähler noch nicht völlig zurecht: „ich kannte mich in dieser Stadt noch nicht sehr gut aus" (Z. 8 f.). Es ist auffällig, dass keine markanten, zur Orientierung wichtigen Gebäude genannt werden. Der Leser erfährt, dass die Stadt einen Bahnhof besitzt. Vom Turm ist beiläufig die Rede, und man darf annehmen, dass dieser aus vergangenen Zeiten stammt. Noch scheint von ihm eine zumindest zeit-weisende und mahnende Kraft auszugehen, sonst erhält man keine näheren Informationen. Hier wirkt er wie der trutzige Überrest einer vergangenen Wirklichkeit, deren Mittelpunkt er einst war und deren Beziehung zu höheren Mächten er symbolisierte. Diese überschaubare, auf ein klares Zentrum hin konzipierte Welt gehört der Vergangenheit an.

Heimatlosigkeit

Man darf annehmen, dass es sich beim Ich-Erzähler um einen Fremden handelt, der an diesem Ort nicht zu Hause ist. Dass er auf dem Weg zum Bahnhof ist, ferner sein Entsetzen und seine Atemlosigkeit vermitteln den Eindruck des Unbehausten, des ruhelosen Wanderers. Dieser hat nichts mit dem romantischen Wanderer zu tun, dem in schwierigen Situationen höhere Mächte hilfreich zur Seite stehen.

3. Der Mensch und die höhere Instanz: die religiöse Thematik

der Schutzmann als höhere Instanz

Sein Beruf weist dem Schutzmann eine besondere Autorität zu, denn er sorgt für Sicherheit („Schutz-Mann"), fungiert als Ordnungs-Hüter und verfügt somit über das nötige Wissen, um in Problemsituationen helfend eingreifen zu können. Deshalb wendet sich der verunsicherte

Protagonist der Parabel vertrauensvoll an ihn. Er hofft, sein Ziel durch dessen Auskunft noch rechtzeitig zu erreichen. Der Schutzmann ist ihm eine souveräne Instanz, die sich im Ort auskennt, den rechten Weg weisen und mögliche Verirrungen korrigieren kann. So erscheint dem Ich-Erzähler die Begegnung mit dem Schutzmann zunächst als eine glückliche Fügung („glücklicherweise", Z. 9). Diese Stelle erinnert entfernt an die Situation eines Märchenhelden, der in einer schwierigen Lage auf einen (von der Märchenforschung so bezeichneten) „Helfer" trifft, welcher oftmals eine höhere Macht repräsentiert. Doch in Kafkas Parabel verweigert der Schutzmann seine Unterstützung. Statt einer Auskunft formuliert er eine Gegenfrage. Noch ist das Vertrauen des Mannes nicht gebrochen. Er lässt sich vom Lächeln des Schutzmannes täuschen. Naiv antwortet er auf dessen Frage, obwohl diese bereits durch ihre Satzstellung ein hochmütiges und abweisendes Verhalten offenbart (vgl. die Betonung des „mir"). Die Härte, mit der der Schutzmann schließlich reagiert, lässt freilich keinen Zweifel aufkommen: Die über Wissen verfügende höhere Macht verschließt sich dem flehenden und suchenden Menschen.

die Hoffnung des Menschen

In der menschen- und verkehrsleeren Zeit des frühen Morgens wirkt der Schutzmann so verloren, dass man sein Vorhandensein fast hinterfragen möchte. Er scheint nicht in diese Zeit zu passen. Vielleicht empfindet er dies auch so. Dann ließe sich seine Gegenfrage zunächst als Erstaunen verstehen: „Weshalb wendet man sich an mich, wenn mein Aufenthalt zu dieser Zeit und an diesem Ort überflüssig ist?" Berücksichtigt man die folgende Geste des Schutzmanns, verschärft sich die Wiederholung „Gibs auf, gibs auf" (Z. 15) zu einer fordernden, keinen Widerspruch duldenden und auf Endgültigkeit zielenden Drohung. Die Heftigkeit dieses abweisenden Verhaltens lässt an die rächende Reaktion einer gekränkten Macht denken, von der man sich abgewendet hat und die dadurch ihre Existenzberechtigung gefährdet sieht. Hintergründig mag dies auf ein gebrochenes Verhältnis zwischen Mensch und Gott hindeuten, aus dem sich, nachdem es die Menschen be-

die Verweigerung der Hilfe

reits getan haben, auch die höhere Instanz mit einer großen Geste herausnimmt. Kafka zeigt in seiner Parabel die schwierige Situation des modernen Menschen, der von der vergangenen Welt noch nicht gelöst und in der neuen noch nicht zu Hause ist. In seiner Not ruft er nach dem alten Leitbild, doch dieses lässt ihn in seiner Ohnmacht allein.

die Situation der Moderne

Immer wieder, besonders mit dem Beginn des 20. Jahrhunderts, hat der Mensch die Frage nach der Existenz Gottes gestellt und diese mit der Frage nach dem Sinn seines eigenen Lebens verbunden. Nietzsche hat in *Der tolle Mensch* auf die Schwierigkeiten hingewiesen, in die eine Welt ohne Gott gerät. Orientierungslos treibe die Erde durch dunkle Unendlichkeit, in der es keinen Bezugspunkt mehr gebe. Mit dem Verlust des Gottesbildes löst sich auch die Vorstellung von einer sicher auf absoluten Werten ruhenden Welt auf. Es gibt keine eindeutigen Richtungen mehr, nur eine Vielfalt von Wirklichkeitsebenen und Möglichkeiten.

Kafka sah das Schicksal des Menschen im Bild von Eisenbahnreisenden, die in einem finsteren Tunnel verunglückt sind. Sie sehen das Licht des Anfangs nicht mehr und das des Endes nur ganz klein. Es entzieht sich immer wieder und muss immer wieder gesucht werden. Die Fragen, Schwierigkeiten und Probleme des Menschen bleiben unbeantwortet, ungelöst und ihm überlassen. Er scheint gleichsam in eine Welt geworfen, in der er nur Einsamkeit, Angst und Schuldgefühlen begegnet. Sein Schicksal erfüllt sich in seiner begrenzten Zeitlichkeit in einem absurd anmutenden Raum.

4. Das Motiv des Weges: die existenzielle Thematik

die doppelte Bedeutung von „Weg"

Die dreimalige Wiederholung des Wortes „Weg" (Z. 7, 12, 13) unterstreicht dessen Bedeutung. Am Anfang eindeutig auf lokale Straßenverhältnisse bezogen, ändert sich der Inhalt des Wortes durch die Aussage des Schutzmannes. Erneut verfremdet er die Situation und springt, indem er dem Wort einen tieferen Stellenwert gibt, in einen anderen Wirklichkeitsbereich. „Weg" wird als „Lebensweg" verstanden. Damit rückt der Fragende, der real nur um eine Wegauskunft zum Bahnhof gebeten hat, in die Lage eines Menschen, der, in seiner Lebensplanung und -orientierung verunsichert, sich wie ein religiöser Mensch an eine höhere Macht wendet. Doch diese verstellt ihm geradezu den Weg, erlöst ihn nicht. In der doppelten Aufforderung des Schutzmanns „Gibs auf" liegt ein drängender Charakter. Dabei bleibt unklar, was mit „[e]s" gemeint ist. Jedenfalls bezieht sich das Pronomen nicht direkt auf „Weg". Es könnte aber durchaus auf das Suchen nach einem Lebensziel oder -sinn weisen.

der auf sich selbst verwiesene Mensch

Hier verwehrt die höhere Instanz eine Auskunft im Sinne einer Lebenshilfe. Der Fragende bleibt allein und einsam, vielleicht verzweifelt er daran. Darüber erfährt man nichts.

Aspekte des Weg-Motivs in der Literatur

In der Literatur steht das Wegmotiv häufig für den Lebensweg eines Helden. Dieser ist in seiner Entwicklung Versuchungen ausgesetzt, die sein Ziel gefährden, er muss Prüfungen bestehen, Entscheidungen treffen, Chancen und Grenzen abschätzen, Fehler erkennen und korrigieren. Manchmal wird ihm von außen geholfen, mitunter muss er Probleme selbst lösen. Eine entscheidende Rolle spielt dabei der ihm zugewiesene Freiheitsraum.

die Ausweglosigkeit des Ich-Erzählers

Nur wenn der Mensch sich frei entscheiden und seinen Lebensweg selbst gestalten kann, ergibt sich ein Sinn. Nach der optimistischen Vorstellung der Aufklärung bot die Vernunft dem Menschen diese Möglichkeit. Auch nach der idealistischen Sicht der Klassik konnte sich der autonome Held auf seinem Lebensweg zu einer gebildeten und gesellschaftsfähigen Persönlichkeit formen. Doch bereits im Sturm und Drang, dann verstärkt im 19. Jahrhundert, beschäftigt sich die Literatur mit Figuren, deren Entscheidungsraum eingeschränkt ist und die als Opfer ihrer Lebensverhältnisse auftreten (vgl. Georg Büchner, *Woyzeck*; Theodor Fontane, *Effi Briest* oder *Stine*). Die Vertreter des Naturalismus glaubten an die weitgehende Determiniertheit des Menschen, seine Abhängigkeit von Anlage und Milieu. Eine freie, selbstverantwortete Entwicklung ist hier nicht möglich (vgl. Gerhart Hauptmann, *Vor Sonnenaufgang*).

Kafkas Protagonisten sind passive Helden. Mit ihnen geschieht etwas, sie sind fremdbestimmt, besitzen also keine Entscheidungsfreiheit, werden aber dennoch verurteilt; sie erleiden ein Schicksal, ohne dass man Ursachen und Lösungen nennen könnte. Der Ich-Erzähler in der vorliegenden Parabel ist in einer spannungsvollen Situation gefangen, die sich mit „nicht mehr, aber noch nicht" beschreiben lässt. Bei ihr handelt es sich um eine Grundsituation des modernen Menschen, die sich nicht auflösen lässt, sondern ertragen werden muss. Es ist eine ausweglose Situation.

die Rätselhaftigkeit der Parabel

Aufgabe 60

Die Reaktion des Schutzmanns lässt eine weitere Deutung zu. Man kann sie als die schwer ertragbare Botschaft auffassen, dass sich existenzielle Fragen letztlich den Möglichkeiten einer sprachlichen Aussage entziehen und im Unsagbaren verbleiben. Jeder sprachliche Zugriff würde, weil begrenzt, deren Wirklichkeit verändern. Schließlich könnte das Verhalten des Schutzmannes auch als Hinweis darauf betrachtet werden, dass höhere Mächte dem Menschen weder zu einer Rückkehr, noch zu einer Flucht (darauf deutet das Motiv des Bahnhofs) verhelfen. Er bleibt auf sich selbst geworfen und muss selbst das Geheimnis seiner Existenz entschlüsseln.

weiterer Deutungsaspekt: das Unsagbare der existenziellen Dimension

Der Schluss bleibt offen und Fragment, der Leser erfährt, nachdem sich der Schutzmann abgewendet hat, nichts über das weitere Schicksal des Ich-Erzählers. Hier wird die Rätselhaftigkeit der modernen Parabel besonders erkennbar.

die Offenheit des Schlusses

Aufgabe 61

A Überblicksinformation

B Gattungsnachweis und Interpretation

- I. Gattungsnachweis
  1. Umfang und Form
  2. Aufbau
  3. Inhalt

   4. Zeit und Raum
   5. Figuren
   6. Leserbezug
  II. Interpretation
   1. Konfrontation mit der eigenen Endlichkeit: die Zeitthematik
   2. Orientierungsschwierigkeiten in einer fremdartigen, absurden Welt: das Raummotiv
   3. die höhere Instanz: die religiöse Thematik
   4. das Motiv des Weges: die existenzielle Thematik

C Die ausweglose Situation des Ich-Erzählers

Theodor Fontane: Effi Briest

Aufgabe 62

In seinem Ehebruchsroman *Effi Briest* (1895) beschreibt Theodor Fontane (1819–1898) das Schicksal einer jungen Frau, die sich aufgrund menschlicher Unzulänglichkeiten und enger sozialer Konventionen in Schuld verstrickt. Im 33. Kapitel wird dargestellt, wie die unmenschliche pädagogische Einflussnahme von Effis Ehemann, der sich von ihr getrennt hat, das Verhalten ihres gemeinsamen Kindes so beeinflusst, dass jedes mütterliche Bemühen um Kommunikation und persönliche Nähe scheitern muss. Der Verfasser nimmt den Erzähler weitgehend zurück und lässt die Figuren selbst zu Wort kommen. Dabei gerät die realistische Darstellung gesellschaftlicher Verhältnisse zur detaillierten Seelenanalyse.

Textart, Titel, Erscheinungsjahr, Autor, Inhalt des Romans, Inhalt des 33. Kapitels

Besonderheiten

Aufgabe 63

Einleitender Teil (Z. 1–38): *expositorischer Charakter;* Vorbereitung des Gesprächs zwischen Mutter und Tochter

- Z. 1–16: Nachricht der Frau des Ministers; die Bedenken Innstettens als *erregendes Moment*
- Z. 17–38: Effis innere Anspannung

Mittelteil (Z. 39–155): Dialog zwischen Mutter und Tochter: *steigende Spannung* bis zum *Höhepunkt*

- Z. 39–51: Einleitung: Annies Ankunft

- Z. 52–155: das Gespräch, strukturiert nach Effis Ansätzen, die Zurückhaltung ihrer Tochter zu durchbrechen (Hinweis auf ein zurückliegendes Erlebnis; Schule, Johanna, Rollo, Steigerung des Wunsches nach einem Wiedersehen; Höhe- und Wendepunkt im Abschiedsteil)

Abschließender Teil (Z. 156–214): Effis Reaktionen; Verlagerung des Konflikts ins Innere
- Z. 156–175: Effis physische Reaktion
- Z. 175–211: Effis *Affektmonolog*; Abrechnung mit Innstetten; letzte Steigerung und *dramatische Lösung des Konflikts* im Sinne einer *Katastrophe*
- Z. 212–214: Feststellung von Effis Zusammenbruch

Aufgabe 64

einleitender Teil

Der einleitende Teil (Z. 1–38), mit dem der Erzähler das Gespräch zwischen Mutter und Tochter vorbereitet, besteht aus *zwei Abschnitten*. Der erste (Z. 1–16) enthält neben der positiven Nachricht der Frau des Ministers den ernst zu nehmenden Hinweis auf die Bedenken Innstettens gegenüber dem erwünschten Zusammentreffen. Im Folgenden (Z. 17–38) erfährt der Leser von Effis Nervosität. Unruhig bewegt sie sich durch die Wohnung. Sie kommt auf verschiedene Themen zu sprechen, vermeidet es aber, ihre Tochter zu erwähnen. Sie scheint zu ahnen, dass Innstettens ablehnende Haltung ihre Begegnung mit Annie belasten könnte.

Der erste Teil trägt *expositorische Züge*. Ebenso wird erkennbar, dass der knappen Bemerkung der Ministersgattin der Charakter eines *erregenden Moments* zukommt. Es steigert die mit der Erwartung naturgemäß verbundene Unruhe Effis zu einer von Furcht geprägten psychischen Anspannung.

Dialog

Der Dialog ist der beherrschende Teil (Z. 55–154) des Kapitels. Er besitzt eine eigene *kurze Einleitung* (Z. 39 bis 54), in der der Erzähler über Annies Ankunft und den schweigenden Empfang durch Roswitha berichtet. Der Inhalt des eigentlichen Gesprächs gliedert sich nach den von Effi angesprochenen Themenbereichen. Die Mutter *begrüßt ihre Tochter,* fordert sie zum Erzählen auf und berichtet von ihrem *Erlebnis,* sie gesehen zu haben (Z. 55

bis 68). Dann spricht sie von der *Schule* (Z. 70–104), fragt nach *Johanna* (Z. 105–125) und *Rollo* (Z. 125–131) und äußert den *Wunsch nach einem Wiedersehen* (Z. 125–131). Der Dialog, der fast *monologische Züge* trägt, zeigt *steigende Spannung* bis zu seinem *Höhepunkt,* als Effi Annie in nur mühsam zurückgehaltener Erregung verabschiedet (Z. 143–154).

abschließender Teil

Auch der dritte Hauptabschnitt (Z. 156–214) ist strukturiert. Zunächst erfährt der Leser, wie sich Effis aufgestaute seelische Spannung in *physischen Reaktionen* entlädt (Z. 156–175). Dann folgt ein *Monolog* Effis, in dem sie mit Innstetten abrechnet (Z. 175–211). In einem letzten Satz hält der Erzähler lapidar Effis physischen und psychischen *Zusammenbruch* fest (Z. 212–214).

Im abschließenden Teil *verlagert sich der Konflikt ins Innere.* Der *Affektmonolog* Effis, der dialogische Züge trägt (was durch die Anreden deutlich wird), bedeutet eine *letzte Steigerung.* Es kommt zu einer *dramatischen Lösung des Konflikts* im Sinne einer *Katastrophe.*

Komposition: Nähe zum Drama

Ein zusammenfassender Überblick über die Komposition des Kapitels bestätigt die Nähe zum Drama. So hat der erste Teil *expositorische Züge*; er bereitet den Dialog vor und enthält ein *erregendes Moment.* Der *Dialog* selbst besitzt einen *Krisen- und Wendepunkt*, zu dem eine *wachsende Spannung* hinführt. Im Schlussteil findet der dramatische Konflikt, den Effi innerlich mit Innstetten austrägt, seine Lösung in Form einer *Katastrophe.*

Aufgabe 65

- *Erzählform:* Er-Form
- *Darbietungsformen:* Erzählerbericht, aber Dominieren der Figurenrede (Dialog, Monolog): Zurücknahme des Erzählers
- *Perspektive:*
  - *Standort:* Effis Wohnung; Nähe des Erzählers
  - *Einstellung:* Bemühen um Distanz
- *Erzählverhalten:* neutral in direkter Rede (Brief, Dialog, Monolog), auktorial in zurückhaltenden Kommentierungen (Adverbialsätze, Vergleiche, Konjunktiv II, ambivalente Erklärungen)

- *Zeitgestaltung:* Zeitraffung beim Warten auf Annie; im Dialog entspricht die Erzählzeit etwa der erzählten Zeit.
- *Erzählerposition:* Zurücktreten des Erzählers hinter die Figuren; eher geschwächte, dem modernen Erzähler angemessene Position

Aufgabe 66

Erzählform Der Text ist in der Er-Form verfasst.

Darbietungsformen Als Darbietungsformen wählt der Erzähler Bericht und Figurenrede. Dabei gibt er vor allem seinen Figuren Gelegenheit, sich in direkter Rede zu artikulieren, so im Dialog Effis mit Annie, in Effis Monolog und in der schriftlichen Nachricht der Frau des Ministers. Auch an der indirekten Rede im zweiten Abschnitt des ersten Teils kann man eine Zurücknahme des Erzählers erkennen.

Perspektive Das Geschehen spielt sich in der kleinen, überschaubaren Wohnung Effis ab. Hier nimmt auch der Erzähler seinen *Standort* Standort ein. Obwohl er also aus unmittelbarer Nähe die Ereignisse beobachtet, versteht er es doch, in den Schatten zu treten. Auf engem Raum bemüht er sich um eine distanzierte und damit sachlich-realistische Haltung, die freilich wiederholt von Kommentierungen durchbrochen wird. An manchen Stellen bleibt die Sichtweise unklar, beispielsweise wenn Roswitha durch das Guckloch schaut. Die Wahrnehmung „Richtig, es war Annie“ (Z. 41 f.) kann sowohl von Roswitha, als auch vom Erzähler stammen.

Einstellung *Erzählverhalten* Während des Dialogs verhält sich der Erzähler neutral. Es gibt keine zusätzliche Bemerkung. Rede und Gegenrede werden von ihm weder angekündigt noch abgeschlossen. Der Leser hat den Eindruck, dass ein Erzähler überhaupt nicht vorhanden ist. Auch Effis Monolog wird unverändert wiedergegeben. Doch die wachsende seelische Anspannung Effis lässt den Erzähler nicht unbeteiligt. Bereits gegen Ende des Dialogs zwischen Mutter und Tochter wagt er es, sich dem Inneren der Figur zu nähern und ihre Gefühle und Absichten mitzuteilen: „war das Maß voll“, (Z. 144); „in der Not ihres Herzens“ (Z. 163 f.). Bei seinen Kommentierungen sucht der auktoriale Erzähler nach Ursachen und erfasst diese in kausalen Adverbialsätzen, als würde er sich seiner Figur gegenüber für ein bestimmtes

Verhalten rechtfertigen müssen: „weil sie die Furcht nicht aufkommen lassen wollte“ (Z. 35 f.); „weil sie zu ersticken drohte“ (Z. 158); „weil sie was haben mußte“ (Z. 169 f.). Auch in anderen Fällen äußert sich der Erzähler nur zurückhaltend, scheut direkte Benennungen und dämpft seine Erläuterungen durch Vergleiche: „wie wenn ein Kranker im Hause wäre“ (Z. 44 f.); „ein Blick, in dem es wie Empörung aufflammte“ (Z. 145 f.). Dabei schiebt der Konjunktiv II die Aussage zusätzlich in den Bereich des Möglichen. Wiederholt bietet er ambivalente Erklärungen an: „die trotz der Zeilen der Ministerin, oder vielleicht auch um dieser Zeilen willen“ (Z. 36–38), „halb verlegen, aber halb auch mit Vorbedacht“ (Z. 56 f.). Diese Aussagen besitzen einen schwebenden Charakter, der die Spannung des Lesers erhöht. Hinter diesem Erzählerverhalten mag das Bemühen stehen, den feinen seelischen Nuancen in einer extremen Situation gerecht zu werden. Der Erzähler versucht, sie realistisch wiederzugeben. Wo Effis Qual ein Höchstmaß erreicht, kann er sein Mitgefühl nicht verbergen. Insgesamt lassen seine zurückhaltenden Stellungnahmen und sein Zurücktreten hinter die Figuren ein Verhalten erkennen, das nicht mehr der souveränen Position des traditionellen Erzählers entspricht.

Zeitgestaltung

In den Passagen, in denen der Erzähler das Warten Effis auf ihre Tochter beschreibt, liegt Zeitraffung vor. Während der wörtlichen Rede entspricht die Erzählzeit weitgehend der erzählten Zeit (Zeitdeckung).

Erzählerposition

In modernen Texten zeigt sich eine geschwächte Erzählerposition. Der Erzähler tritt hinter die Figuren zurück. Anzeichen dieser Erzählhaltung finden sich bereits im Realismus. Der vorliegende Auszug scheint dies zu bestätigen.

Aufgabe 67

- *Ort, Zeit:* Effis Wohnung; Mittagszeit
- *Ereignis, Situation:* von Effi sehnsüchtig erwartetes Wiedersehen nach drei Jahren; spannungsgeladene Situation durch ungleiche Dialogpartner
- *Partnerbeziehung, Rollenverständnis:*
  - Mutter-Tochter-Beziehung

  - Effi als auf ihre Chance hoffende und zugleich befangene Mutter
  - Annie als eingeschüchterte Tochter, die der Situation nicht gewachsen ist
- *Partnerprojektion, Gesprächsbereitschaft, Verhaltensweisen, Erwartungen:*
  - Effi und Annie: mangelnde Übereinstimmung zwischen Realität und Partnerprojektion
  - Effi: durch Emotionen und überzogene Erwartungen verfremdetes Tochterbild; kommunikationswillig; angespannt wegen eines möglichen Misserfolgs; Wunsch, ihr Kind zurückzugewinnen
  - Annie: durch väterlichen Einfluss verfremdetes Mutterbild; kommunikationsunwillig; keine Gefühlsregung zeigend; Wunsch, dass die als unangenehm empfundene Situation rasch enden möge
- *Ergebnis:* überwiegend hemmende, die bevorstehende Kommunikation belastende Faktoren

Aufgabe 68

Vorahnungen

Effi hat ihre Tochter seit drei Jahren nicht mehr gesehen. Voller Sehnsucht und innerlich aufgewühlt erwartet sie nach der erfolgreichen Vermittlung durch die Frau des Ministers ihr Kind. Allerdings sorgt sie sich wegen Innstetten. Mit seinen Möglichkeiten könnte er das Zusammentreffen und damit ihre Zukunftsträume misslingen lassen. Unterschwellig spiegeln sich ihre Befürchtungen in den Gesprächsthemen mit Roswitha. Ihr fällt auf, dass Efeu, eigentlich ein Friedhofsgewächs, den Lichteinfall in die nahe Kirche behindert und einen Ausblick erschwert, und sie spricht von brennbaren Materialien, deren unsachgemäße Handhabung durch andere ihr Leben gefährde (Z. 24 bis 30). So geht sie eher angespannt denn freudig erregt in das Gespräch, als ahnte sie etwas von seinem unglücklichen Verlauf, von der Vergeblichkeit ihrer Hoffnungen und dem ihr bevorstehenden seelischen Zusammenbruch.

Spannungen

Am Mittag betritt Annie die kleine Wohnung ihrer Mutter. Sofort wird Spannung spürbar: Effi steht der Tür gegenüber, den ganzen Raum des Zimmers zwischen sich und dem Eingang, mit dem Rücken an einer verspiegelten Säule, als suchte sie deren Stärke und die eigene gespiegelte Verdoppelung (Z. 52 – 54). Die Tochter tritt ein, bleibt zögernd stehen, schließt aber die Tür nicht, als hielte sie sich für den Notfall eine Fluchtmöglichkeit offen (Z. 55 bis 57). Die Dramatik dieses ganz kurzen Augenblicks liegt in der Konfrontation der beiden Figuren. Sie sind zwar verwandtschaftlich verbunden, aber durch Gegensätze in Rollenverständnis, Gesprächsbereitschaft und Absichten sowie durch falsche Partnerprojektionen getrennt. Effi ist die auf ihre Chance hoffende und zugleich befangene Mutter, deren überzogene Gefühle und Erwartungen das Tochterbild verfremden. Annie, von väterlichen Verhaltensregeln gehemmt, in ihrer Muttervorstellung verbogen, beobachtet voller Unbehagen das Kommende. Unter diesen Voraussetzungen wird sie keine Gesprächsbereitschaft zeigen, während Effi, beflügelt von dem Wunsch, ihre Tochter zurückzugewinnen, die Dialogführung übernehmen dürfte. In diesem ersten Moment der Begegnung wird sie, durch die Bemerkung der Frau des Ministers verunsichert und gewarnt, abschätzen, welche Gefühle Annie ihr, die sie lange nicht mehr gesehen hat, entgegenbringt und wie stark sie zwischenzeitlich durch die Erziehungsmethoden ihres Vaters geprägt worden ist.

Unterschiede

Der Leser fühlt sich auf die Folter gespannt. Einerseits hofft er auf einen glücklichen Verlauf des Gesprächs zwischen Mutter und Tochter. Andererseits befürchtet er jedoch, dass das Wiedersehen durch Vorurteile, Missverständnisse und seelische Verwundungen eine unglückliche Wendung nehmen könnte.

Aufgabe 69

- *Gesprächsführung:* einseitig
  - Effi: zunächst überschwänglich agierend, drängend, werbend; dominant, mitunter ins Wort fallend, am Ende erlahmend; emotional
  - Annie: scheu in ungewohnter Umgebung; passiv reagierend; in schwächerer Position in die Floskel flüchtend; emotional verschlossen
- *Strategie:*
  - Effi: von Emotionen bestimmt (wiederholte Bitten, Zureden, beharrliches Werben); spontaner, spannungsmindernder Einsatz von Gesten; Wecken von Neugier; Suche nach Gemeinsamkeiten; mit Zukunftsentwürfen lockend
  - Annie: Abwehrstrategie; Einsatz angelernter Verhaltensweisen

- *Behandlung der Gesprächsthemen:*
  - Effi: sprunghaft wechselnd; Themenbereiche von geringem Eigengewicht, austauschbar (Ereignis – Schule – Johanna – Rollo – Zukunftsentwürfe)
  - Annie: im Wesentlichen desinteressiert
- *Verhalten:*
  - Effi: zunächst erwartungsvoll, dann resignierend bei gleichzeitig wachsender innerer Anspannung
  - Annie: zunächst reserviert, dann abweisend
- *Fazit, Wirkung der Rollenverständnisse, Prägungen und Projektionen:* Effis und Annies Verhaltensweisen als Kommunikationshindernisse

Aufgabe 70

Effis Einsatz

Indem Effi aufspringt und auf ihre Tochter zuläuft, nimmt sie zunächst der Situation die Schärfe. So verdrängt sie, was sie eben noch geängstigt hat. Possessivpronomen („mein süßes Kind", Z. 60), Aufforderung („Komm, erzähle mir", Z. 61) und Geste („nahm sie Annie bei der Hand", Z. 62) betonen nachdrücklich ihre Absicht, ihr mütterliches Recht durchzusetzen. Annie, verschüchtert und überfordert, greift nach der Tischdecke wie nach einem Halt (Z. 64–67).

Dann beginnt die Mutter mit dem Versuch einer Strategie, die im Ansatz schon zu scheitern droht: Sie besitzt kein klares Konzept. In ihren wiederholten Bitten, ihrem Zureden und Werben liegt ausschließlich der stark von Emotionen geprägte mütterliche Anspruch auf ihre Tochter. Ihr einziges Argument ist das liebende Herz, nicht die klug bedachte, geschickte Rede, die das Gemüt des Kindes erreicht.

Wecken von Neugier

Zunächst versucht sie Annies Neugier zu wecken: „Weißt du wohl, Annie, daß ich dich einmal gesehen habe." (Z. 67 f.). Sie erwartet, dass die Tochter den Hinweis auf dieses *zurückliegende Ereignis* aufgreift und nachfragt. Doch die erhoffte Reaktion bleibt aus. Knapp und trocken erfolgt die Antwort, die keine Gesprächsbereitschaft erkennen lässt. Kaum begonnen, befindet sich der Dialog an einem kritischen Punkt, der die Mutter zur Handlung zwingt, will sie sich nicht einer lähmenden Spannung ausliefern. So setzt sie erneut mit der gleichen Bitte an: „Und nun erzähle mir recht viel." (Z. 70, vgl. Z. 61) Danach erwartet der Leser einen Wechsel in der Gesprächsführung, doch Effi redet in einer längeren Replik weiter, teils aus dem Überschwang ihres mütterlichen Gefühls, teils aus Furcht vor einem Stocken und Versiegen des Gesprächs.

Suche nach Gemeinsamkeiten

Sie sucht nach Gemeinsamkeiten, um die Zurückhaltung ihrer Tochter aufzuweichen, den gefühlten Abstand zu reduzieren: „Das hast du von deiner Mama, die war auch so" (Z. 74 f.; vgl. die Bekräftigung durch die Wiederholung: „ich war auch so", Z. 82). Kaum ist das Thema „Schule" als Frage artikuliert, erfolgt nicht die Antwort der Tochter, sondern Effis Projektion von Annies schulischen Qualitäten („Ich denke mir [...]", Z. 76; „du siehst mir so aus, als [...]", Z. 77). Gleich darauf teilt sie ihre Vorliebe für Mythologie mit. Dies mag eine Vorliebe für rational nicht fassbare Bereiche andeuten und die Neigung zur Verdrängung unliebsamer Realität bestätigen.

Effis Projektion

Effis Sprunghaftigkeit

Auffällig ist Effis Sprunghaftigkeit, mit der sie die Themen wechselt. Verliert sie das Interesse für ein Thema, beendet sie es wiederholt mit einer Floskel („Ja, das ist sehr schön", Z. 92; „das ist schön", Z. 105). So geht sie übergangslos vom *Schulfach* zum *Lehrer* über, von der *Schule* zu *Johanna,* als wären die Gesprächsgegenstände wie bei einer belanglosen Konversation austauschbar und von geringem Gewicht. Annie, die sich offenbar zunehmend unwohl fühlt, ergreift die Gelegenheit, die ihr die Erkundigung ihrer Mutter nach dem Kindermädchen bietet: Sie wolle Johanna nicht länger warten lassen. Diese Äußerung scheint Effis Stimmung zu ändern. Sie weiß, dass sie die eigentlich Drängende war, die das Gespräch nicht zum Stillstand kommen ließ und vorwärts trieb, um ihre Tochter für sich zu gewinnen. Bezeichnend sind ihre pausenreduzierenden Satzeinleitungen mit der Konjunktion „Und": „Und nun erzähle mir recht viel" (Z. 70), „Und in der Schule?" (Z. 75 f.), „Und der ist fort?" (Z. 97), „Und was macht Johanna?" (Z. 105 f.), „Und warum hast du [...]" (Z. 109), „Und da sollst du [...]" (Z. 113).

Annies Fluchtversuch

Effis Drängen

Nun scheint ihr Einsatz vor Annies Passivität zu erlahmen. Eine Pause entsteht, bevor sie zu *Rollo* überleitet: „Man muß es nur richtig einteilen ... Und nun sage mir noch, was macht Rollo?" (Z. 124–126). Gleich darauf unterbricht sie sich selbst, bevor sie sich einen neuen innerlichen Anstoß gibt und der auffordernden Bitte zur Bestärkung den Namen der Tochter hinzufügt: „So war es schon, als du noch ganz klein warst ... Und nun sage mir, Annie –" (Z. 130–132).

Effis erneuter Vorstoß

Die Anweisungen des Vaters, die fremde Umgebung und wohl auch eine gewisse Furcht vor der (auf)fordernden Mutter – das alles ist zu viel für Annie. Im Folgenden werden Effis Motiv und ihre Illusion ein letztes Mal deutlich. Wieder versucht sie Annies Herz für sich zu gewinnen, indem sie, betonend in einer Parenthese und verdichtend im Pronomen („wir"), auf Situation und Beziehung verweist und anschließend, einen positiven Bescheid erhoffend, Annies Tochterrolle anspricht („wirst du mich öfter besuchen?", Z. 133 f.) und mit *Zukunftsentwürfen* lockt (gemeinsame Spaziergänge, Eisessen). Und wieder irritieren Effis gutgemeinte Vorstöße die Tochter, verstärken die Abwehrreaktionen und zementieren den für die Mutter so misslichen Zustand, statt ihn zu verändern oder aufzulösen. Annie verweigert jegliches emotionale Entgegenkommen und entzieht sich der Situation, indem sie mit stereotyp wiederholter Floskel auf die mütterlichen Angebote reagiert: „O gewiß, wenn ich darf" (Z. 135, 138, 142). Die Mutter muss einsehen, dass ihre Hoffnungen Illusionen waren, dass ihre emotionale Hinwendung das seelenlose Musterverhalten der Tochter nicht ändern, die anerzogenen Barrieren nicht durchbrechen konnte. In ihre Isolation zurückgeworfen, unterdrückt sie nur mit Mühe einen Ausbruch ihrer Gefühle.

Annies Abwehrreaktionen

Hinweis auf Annies Tochterrolle

Annies Verweigerung

Effis Isolation

Aufgabe 71 *Unmittelbare Folgen:*
physische Erregung und tiefe seelische Erschütterung (Affektmonolog)

Persönliche Konsequenzen:
- Absicht: mit sich ins Reine zu kommen: Schuldbekenntnis und Bitte um Vergebung
- Abrechnung mit Innstetten
- Entsagung

Aufgabe 72 In heftiger körperlicher und seelischer Erregtheit beklagt Effi ihre Situation, ringt um eine Erklärung. In ihrem Affektmonolog verändert sich fortwährend ihre Stimme. Sie stockt (vgl. die Punkte in Z. 177, 181 und 197 sowie den Gedankenstrich in Z. 197), beschleunigt sich (vgl. die Verwendung von Konjunktionen, siehe unten) und variiert in ihrer Betonung (vgl. die Betonungen durch Kursivdruck, Ausrufe und Apostrophe, Z. 179, 181, 183 f., 187, 189, 193; 194–196; 175 f.). Am Naheliegendsten scheint ihr die Idee von Schuld und Strafe zu sein. Mit ihrer verbleibenden psychischen Kraft konzentriert sie sich auf sich selbst, will mit sich ins Reine kommen, indem sie sich zu ihrer individuellen Selbstverantwortung bekennt. Correctio, Antithese, Epipher, Anaphorik (mit der ersten Person des Personalpronomens beginnende Satzanfänge) und Polyptoton belegen diese Absicht eindringlich: „ich war ein Kind […] Aber nein, nein, ich war kein Kind, ich war alt genug, um zu wissen, was ich tat. Ich *hab* es auch gewußt, und ich will meine Schuld nicht kleiner machen" (Z. 177–181). Vor Bibel und Gesangbuch verweigert sie sich Ausflüchten, fleht sie Gott um Vergebung an und bekennt sich zu ihrer Schuld. Doch gleichzeitig ist sie davon überzeugt, dass ihr Leid ein Ausmaß erreicht hat, das nicht mehr durch die Idee göttlicher Gerechtigkeit gedeckt ist. Und in einem leidenschaftlichen Zornausbruch beginnt sie ihre Abrechnung mit Innstetten, der ihr nicht nur das Kind entfremdet hat, sondern damit auch ihre eigene Vernichtung bewirkt. Wieder deutet die betonte Stellung des Personalpronomens ein mit extremer emotionaler Gewalt aus dem Inneren hervorbrechendes unerhörtes Aufbegehren an, das man in dieser Situation nur als hemmungslose Reaktion auf eine tiefe seelische Verletzung erklären kann:

körperliche und seelische Erregtheit

Affektmonolog

Schuldbekenntnis und Bitte um Vergebung

Abrechnung mit Innstetten

„ich will euch nicht mehr, ich haß euch, auch mein eigen Kind“ (Z. 194 f.). Sie entlarvt Innstettens Charakter und wirft dem Urheber ihrer Qual in einer sich steigernden und erschöpfenden Atemlosigkeit Brutalität, Pedanterie, Strebertum, Ehrsucht, Mord, Feigheit und Manipulation des Kindes vor, wie sie in der vielfach wiederholten Konjunktion „und“ zum Ausdruck kommt (vgl. Z. 197–207). Sein kalter und berechnender Egoismus, der sich hinter Heuchelei verberge, widert sie mehr an als ihr Ehebruch. Außer sich sagt sie sich endgültig von ihrem ehemaligen Mann und der gemeinsamen Tochter los: „Weg mit euch.“ (Z. 209), kennt aber zugleich die Auswirkung dieser Haltung auf ihr Leben. Ihr letzter Satz ist kein Bekenntnis zur Zukunft. Sie ist gebrochen, und der Nebensatz zeigt, wie sie sich widerspruchslos in ihr Schicksal fügt: „Ich muß leben, aber ewig wird es ja wohl nicht dauern.“ (Z. 209 bis 211)

innere Trennung von der Familie

Es fällt auf, dass Effis Stimme sich gegen Ende ihres seelischen Ausbruchs beruhigt und sie selbst mit zunehmender innerer Gefasstheit agiert. Das ist nur möglich, weil sie sich in einem rigorosen Akt nicht nur von ihrer Familie losgesagt, sondern auch von ihren Wünschen und Hoffnungen getrennt hat. Sie weiß, dass sie keine Zukunft mehr besitzt. Mit der willigen Annahme dieser Lage stellt sie tragische Größe unter Beweis.

Resignation

Aufgabe 73 Gespräche leben von Gegensätzen. Sie treiben die Auseinandersetzung voran. Doch bedarf es zumindest einiger notwendiger Übereinstimmungen. Die wichtigste ist die gemeinsame Gesprächsbereitschaft. Während diese bei Annie nicht erkennbar ist, spricht Effi dagegen zu viel. So kann ein ausgewogener Dialog mit einem befriedigenden Meinungsaustausch nicht geraten.

ungleich verteilte Gesprächsbereitschaft

Das Gelingen eines Gesprächs hängt zum großen Teil von bereits bestehenden Einstellungen, Rollenverständnissen und Verhaltensweisen der Teilnehmer ab. Im vorliegenden Fall wird die Gesprächssituation durch Effis erhöhte Erwartungen und Annies vom Vater oktroyierter Rolle be-

ungleiche Erwartungshaltungen

lastet. Der Gesprächsverlauf macht dramatisch deutlich, wie Effis verzweifeltes Bemühen, Annies Zurückhaltung zu durchbrechen, das Gegenteil bewirkt und die Tochter zunehmend in ihr andressiertes Verhalten treibt.

Misslingen des Gesprächs

Durch das Gespräch wird das Gegenteil von dem erreicht, was sich Effi gewünscht hat. Stärker als bisher muss sie sich mit ihrer Einsamkeit auseinandersetzen.

Aufgabe 74

Kindererziehung als Spiegel konventioneller Moral

Im Mittelpunkt des Textes steht das Gespräch zwischen Effi und ihrer Tochter. Beide werden von unterschiedlichen Einstellungen bestimmt. Mütterliche Erwartungen und anerzogene Abwehrmechanismen, hinter denen sich enge gesellschaftliche Moralvorstellungen verbergen, treffen aufeinander.

der Erzähler als aufmerksamer Protokollant seelischer Vorgänge

Den Erzähler interessiert vor allem, wie sich Effi in der spannungsvollen Situation zurechtfindet. Obwohl mitten im Geschehen, hütet er sich, eigene Vorstellungen von Schuld und Unschuld einzubringen und Urteile zu fällen. Er fungiert als distanzierter Beobachter, der hauptsächlich die Figuren zu Wort kommen lässt. Dabei legt er besonderen Wert auf eine detaillierte Darstellung seelischer Vorgänge, wie sie in sprachlicher und gestischer Spiegelung nuancenreich zum Ausdruck kommen.

Zugehörigkeit des Romans zur literarischen Epoche des Realismus

Diese Kennzeichen ordnen den Text dem Realismus zu, in dem oft Menschen gezeigt werden, die in Spannung zu ihrer Umwelt stehen und am Ende ihren Wünschen entsagen müssen. Der realistische Erzähler hält sich mit Kommentaren zurück, erfasst die Ereignisse illusionslos, verfügt aber über ein hohes Maß an Sensibilität für feinste psychische Regungen und verwendet einen sachlich-präzisen Stil.

Johann Wolfgang von Goethe: Die Leiden des jungen Werther

Aufgabe 75

Text 1

Inhalt

- Werther fühlt sich in der frühlingshaften Natur sehr glücklich.
- Er glaubt die Einheit von Mensch, Natur und Gott zu spüren.
- Doch seine schöpferischen Kräfte reichen nicht aus, die Intensität des Erlebten darzustellen. Dessen „Gewalt“ scheint ihn zu verzehren.

Sprache

- Metaphorik, Wenn-dann-Konstruktionen, Übergang von einzeln benannten Objekten zur Vielfalt, vom Konkreten zum Unbestimmten, Diminutiva: Hinweise auf *Naturfülle; Naturnähe*
- Angaben zur Zeitlosigkeit und Unendlichkeit, Verben der Bewegungsarmut, Formen der Wiederholung, rhythmisierte Syntax: *Gefühl von Gottes Gegenwart*
- Personifikation, Vergleich, Possessivpronomen, Allusionen: *Ich-Bezogenheit; Tendenz zur Vereinnahmung der Natur; Selbstüberschätzung*
- W- und S-Lautung, Antithetik, Konditionalsätze, Selbstanrede in der 2. Person: *Spannung zwischen Hingabe und Hybris; Nichteinlösbarkeit von Werthers Sehnsucht*

Text 2

Inhalt

- Werther reflektiert über gegensätzliche Verhaltensweisen: die Bereitschaft aufzubrechen, Neues zu erkunden einerseits und die Beschränkung auf alltägliche Gewohnheiten andererseits.
- Er beschreibt anschließend seinen unerfüllbaren Wunsch, in der Natur aufzugehen.
- Entsprechend gehe es den Menschen mit ihrer erträumten Zukunft. Wird sie Realität, erweist sich ihre Unvollkommenheit.
- Am Ende verlangt jeder Abenteurer nach heimatlicher Geborgenheit.

Sprache

- Antithetische Metaphern, Dreierfiguren, Parallelismus, Gegensatzpaare verweisen auf: *gegensätzliches Verhalten*

- Ausrufe, Anaphorik, Parallelismen, Konjunktivformen, Anrede: *Realität und Traumwelt*
- Vergleich, Wiederholung: *Werther als Illusionist*
- Alliteration, Akkumulation: *Ernüchterung*

Text 3

Inhalt
- Werthers Haltung gegenüber der Natur hat sich verändert. Das einst positive Erlebnis ist einem Gefühl der Bedrückung gewichen.
- Er erkennt, dass nichts von Dauer ist.
- Der Mensch leidet nicht nur ständig unter der ihm auferlegten Zeitlichkeit, er selbst vernichtet fortwährend Lebendiges.
- Die Natur wird als ein Scheusal gesehen, das alles Geschaffene wieder vernichtet.

Sprache
- Rhetorische Frage, Metaphorik, Anaphorik, Parallelismus, Antithese deuten auf: *schmerzvolle Erfahrung*
- Vergleich, Metaphorik, rhetorische Fragen: *Erkenntnis der Vergänglichkeit des Lebens*
- Wiederholung, Antithese, Correctio, Metaphorik, Parallelismus: *Natur als Erzeuger und Vernichter*

Aufgabe 76 **Text 1**

Inhalt

Der Inhalt des Briefes vom 10. Mai drückt Werthers Freude über die erlebte Natur im Frühling aus. Er spricht von der „Heiterkeit“ (Z. 1), die ihn ergriffen habe und glücklich mache. Allein in ländlicher Umgebung glaubt er die Einheit von Mensch, Natur und Gott zu spüren. Seine schöpferischen Kräfte reichen jedoch nicht aus, die Intensität des Erlebten darzustellen, dessen „Gewalt“ (Z. 41) ihn gleichsam zu verzehren scheint.

Interpretation

Zunächst spricht Werther metaphorisch von der heiteren Gestimmtheit, die das Erlebnis der Frühlingsmorgen in ihm bewirke. Es ist, als wäre er von einer unbekannten Spannung und Last befreit. *Naturfülle, Naturnähe* Die Fülle der Natur, die ihm dieses beglückende Gefühl schenkt, versucht er mit dem langen Atem eines *dreifachen „Wenn“-Ansatzes* zu erfas-

Gefühl von Gottes Gegenwart

sen (Z. 13–33). Dabei gleitet sein Blick von oben nach unten, von der „hohe[n] Sonne“ (Z. 14) zur „kleinen Welt“ (Z. 22), die durch die *Verwendung von Diminutivformen* („Würmchen [...] Mückchen“, Z. 24) noch winziger wirkt. Werther vollzieht eine intensive Annäherung an die Natur („näher an der Erde“, Z. 19 f.; vgl. unten: Ich-Bezogenheit). Gleichzeitig bewegt sich die Wahrnehmung von einzelnen, klar bestimmbaren Objekten zu einer Vielzahl von Gegenständen: „das liebe Tal“ (Z. 13); „die hohe Sonne“ (Z. 14); „meines Waldes“ (Z. 16); „einzelne Strahlen“ (Z. 16 f.); „im hohen Grase“ (Z. 18); „tausend mannigfaltige Gräschen“ (Z. 20); „die unzähligen unergründlichen Gestalten der Würmchen“ (Z. 11 f.). So entgleitet die Welt der konkreten Realität in die Bereiche des Unbestimmbaren („unergründlichen“, Z. 23) und kann sich damit dem Religiösen und Absoluten öffnen. Im Gefühl von Gottes Gegenwart erschließt sich Werther eine neue Wirklichkeit, die allumfassend ist („die Welt um mich her und der Himmel“, Z. 31 f.), jenseits von Zeit („Gegenwart des Allmächtigen“, Z. 26; „in ewiger Wonne schwebend“, Z. 28 f.; das *Partizip* wirkt in besonderer Weise zeitenthoben) und Raum („unendlichen Gottes“, Z. 39). *Wendungen und Verben der Bewegungsarmut* sollen Werthers Stimmung beschreiben: „von ruhigem Dasein versunken“, (Z. 8 f.); „ruht“ (Z. 16); „liege“ (Z. 19); „in meiner Seele ruhn“ (Z. 32). Eine ähnliche Aufgabe erfüllen *Formen der Wiederholung,* teils als *Anaphern,* teils als *Alliterationen* („so glücklich, [...] so ganz [...]“, Z. 7 f.; „was so voll, so warm“, Z. 36; „[ ] fühle, und fühle [...]“, Z. 25, „der uns [...] der uns“, Z. 26 und 28; „um [...] um“, Z. 30 f.), *„Wenn [...] dann“-Konstruktionen,* die *rhythmisierte Syntax* mit der *Hervorhebung des W-Lauts* (besonders: „das Wehen des Allliebenden, der uns in ewiger Wonne schwebend trägt und erhält“, Z. 27–29) und der *Chiasmus* („der Spiegel deiner Seele, wie deine Seele ist der Spiegel“, Z. 37 f.), der die Austauschbarkeit des Anfangs und Endes andeutet und das biblische Alpha und Omega assoziieren lässt.

Mithilfe von *Wiederholungen* drückt Werther aber auch sein überschwängliches Gefühl aus, das er in der Begegnung mit der Natur erfährt. Die Fülle des Erlebten scheint allerdings seine Wahrnehmungsfähigkeit zu beeinflussen, die von einer ich-bezogenen subjektiven Sicht dominiert wird. So glaubt er, dass die Natur für ihn „geschaffen" sei (Z. 6). Bezeichnend sind die *Personifikation* des Tales („das liebe Tal", Z. 13; siehe auch den Vergleich „wie die Gestalt einer Geliebten", Z. 32 f.) und das zahlreich verwendete *besitzanzeigende Pronomen,* das nicht nur seine starke Selbstbezogenheit belegt („meine ganze Seele", Z. 1 f.; „meine Kunst", Z. 9; „meinem Herzen", Z. 25; „meine Augen", Z. 30; „meiner Seele", Z. 32), sondern auch Ausdruck einer Vereinnahmung ist („meines Waldes", Z. 16; „näher an der Erde", Z. 19 f.; „näher an meinem Herzen", Z. 25; „die Welt um mich her und der Himmel ganz in meiner Seele ruhn", Z. 31 f.). Die gesuchte Nähe und Identität mit der Natur steigern sich in eine religiöse Dimension. Werther *spielt* auf die Ebenbildlichkeit des Menschen mit Gott *an* („der uns nach seinem Bilde schuf", Z. 26 f.) und gerät in seinem entgrenzenden Gefühl in die Versuchung, sich zu überschätzen. In einer *weiteren Allusion* verwendet er das Wort des biblischen Schöpfungsaktes „einhauchen" (Z. 36) und möchte seine schriftliche Darstellung des Erlebten so von sich beseelt sehen, wie sein Inneres die Unendlichkeit Gottes spiegele. Dies misslingt. Zum Schluss stellt sich das Ich *anaphorisch betonend* an den Satzbeginn (Z. 40) und erklärt die Vergeblichkeit seines Bemühens, über etwas Absolutes zu verfügen.

Ich-Bezogenheit

Vereinnahmung

Selbstüberschätzung

So zeigt der Brief nicht nur den Wunsch Werthers, in einer vergöttlichten Natur zu versinken und aufzugehen, sondern auch den Versuch, die Natur dem eigenen Ich verfügbar zu machen. Der Text lebt aus dieser Spannung zwischen Hingabe und hybridem Begehren. Dem *weichen W-Laut,* Zeichen der Selbstlosigkeit und des Aufgehens in einem größeren Ganzen, steht die Versuchung des sich eine Erhöhung wünschenden Ichs gegenüber, die sich in dem *gezischten S-Laut* sammelt („Bester, so ganz", Z. 8), wobei sich die Spannung im Zusammenrücken beider Laute verschärft: „das Wehen des" (Z. 27), „wenn's" (Z. 30), „was so voll, so warm" (Z. 36), „das wieder" (Z. 34 f.),

Spannung zwischen Hingabe und Hybris

„dass es würde“ (Z. 37). Die populäre Assoziation von Laut und Form des *S* mit einer Schlange rechtfertigt hier auch den biblischen Bezug zu den Ursachen für die Austreibung aus dem Paradies.

Der Eingangsbegriff „Heiterkeit“ verweist auf Zufriedenheit, Ruhe, Öffnung und Bejahen des Gegebenen, dessen Fülle beglückt. Die Zeit des heiteren Menschen ist die Gegenwart, der zeitlose Augenblick. Im Betrachten der Natur scheinen sich Werther diese Eigenschaften zu erschließen. Doch das überschäumende Gefühl, das Natürliches ins Religiöse verklärt, verleitet das Ich, sich selbst zu erhöhen und damit eine Distanz dort zu schaffen, wo deren Verminderung angestrebt wurde. Die Gegensätze (Oben – Unten, Großes – Kleines, vgl. auch die hyperbolisch gesteigerte und zusätzlich durch eine Parenthese betonte *Antithetik:* „Ich könnte jetzt nicht zeichnen, nicht einen Strich, und bin nie ein größerer Maler gewesen“, Z. 10 f.) lassen unterschwellige Spannungen erkennen. Die extreme Hingabe und Selbsterhöhung können nicht zusammengehen. Werther spürt dies. Seine auffälligen *Konditionalsätze* („Wenn […]“) nennen zwar in großen Bildern die Bedingungen, doch enthält der letztlich übergeordnete Satz („dann sehne ich mich oft und denke“, Z. 33 f.) nicht die erwartete, abschließende und eindeutige Lösung, sondern mündet in einen *anaphorisch betonten Konjunktiv II,* der die Irrealität des Wunsches offenbart: „ach könntest du das wieder ausdrücken, könntest du […] (Z. 34 f.). Die *Selbstanrede in der 2. Person* ist ein zusätzliches Indiz für Wirklichkeitsferne und Nichteinlösbarkeit von Werthers Sehnsucht.

Verführung

Text 2

Inhalt

Werther reflektiert über zwei gegensätzliche menschliche Verhaltensweisen: die Lust aufzubrechen, um Neues zu erkunden, und die freiwillige Beschränkung auf Gewohntes. Anschließend beschreibt er seinen unerfüllbaren Wunsch, ganz in der Natur aufzugehen. Entsprechend erweisen sich schöne Zukunftsträume als Illusion. So sehnt sich der unruhige Wanderer schließlich in seiner Erfolglosigkeit wieder nach der einst verlassenen örtlichen und gesellschaftlichen Geborgenheit.

Interpretation

Der Briefauszug beginnt mit einer *Anrede.* Werther erwähnt seinem Freund Wilhelm gegenüber zwei gegensätzliche Lebensweisen, die er in den *antithetischen Metaphern* „herumzuschweifen" und „in dem Gleise der Gewohnheit so hinzufahren" (Z. 5, 7 f.) pointiert vorstellt. Beide werden in *parallel gesetzten Dreierfiguren* verdeutlicht (Z. 4–10), was auf ihre Gleichwertigkeit hinweist. Während das Substantiv „Gleis" auf Festgelegtes, Geordnetes, Diszipliniertes, aber auch Gefesseltes und somit auf Ich-Einschränkung verweist, trägt das Verb „herumschweifen" den Charakter von Offenheit, Ungebundenheit, aber auch von Richtungslosigkeit und ausgeprägtem Ich-Bezug. Werther selbst ist den bürgerlichen Verhältnissen entflohen, deren Normen seine Selbstverwirklichung zu behindern schienen. Er hat Grenzen überschritten und sucht in einer neuen Umgebung seinem Leben Sinn zu geben. In der Begegnung mit der Natur soll sich sein Gefühl entfalten. Zunächst scheinen beide Extreme in Einklang gebracht. Das nach außen Drängende und das sich Bescheidende spiegeln sich in etlichen *Antithesen.* Sie erfassen grundlegende, meist Raum und Zeit betreffende Gegensatzpaare: Weite und Enge („die weite Gegend" – „vertraulichen Täler", Z. 16 f. und 18 f.), Höhe und Tiefe („Hügel" – „Tal", Z. 12), das Kleine und Große („Wäldchen" [Diminutiv] – „die Spitze des Berges", Z. 14 und 15 f.), Voraus und Zurück („eilte hin, und kehrte zurück", Z. 20 f.), „Dort" und „Hier" (Z. 30; vgl. „hierherkam" – „Dort", Z. 11 und 13), Vorher und Nachher („vor wie nach", Z. 31), Souveränität, Freiheit und Aufgabe, Hingabe („überschauen" – „verlieren", Z. 17 und 19 f.).

gegensätzliche Lebensweisen

Extreme

Werther beschreibt seinem Freund beeindruckende Einzelheiten der Gegend: „Dort das Wäldchen!" – „Dort die Spitze des Berges!"(Z. 13 f. und 15 f.). Diese Aussagen gewinnen durch eine Reihe sprachlicher Mittel an kraftvollem Ausdruck *(Ausruf, Anapher, Parallelismus).* Das *Lokaladverb* „Dort" vermittelt das Bewusstsein von Distanz, wie sie in der *Antithese* von Hier und Dort zum Ausdruck kommt. Werther befindet sich auf der Realitätsebene des Jetzt und Hier, während seine Sehnsucht dem Dann und Dort gilt. So reihen sich den Bildern der Ferne jeweils nach einer kurzen Pause *(Gedankenstriche)* zwei mit den gleichen rhetorischen Figuren ausgestattete Wünsche an: „Ach könntest du dich in seine Schatten mischen!" (Z. 14 f.) – „Ach könntest du von da die weite Gegend überschauen!" (Z. 16 f.). Beide Wünsche werden von der sehnsuchtsvollschweren und *melancholischen Interjektion* „Ach" eingeleitet, die die Irrealität des Begehrens, wie sie der *Konjunktiv II* verdeutlicht, bereits vorwegnimmt. Wieder folgen nach einer Pause ein weiteres Naturbild, diesmal ohne das einleitende Adverb („Die ineinander geketteten Hügel und vertraulichen Täler!", Z. 17–19), und ein Wunsch, der sich formal zwar den beiden anderen Wünschen anschließt, aber ein anderes Subjekt besitzt. Das Ich ist an die Stelle des Du getreten und scheint auf dieses durch den *Parallelismus* zurückzuwirken, sodass man meinen könnte, Werther habe trotz der oben verwendeten *namentlichen Anrede* (Z. 2) hier die zweite Form des Personalpronomens nur in einer abgeschwächten, kollektiven Bedeutung gebraucht (anstelle von „man"), die den Sprecher einschließt – und damit einem kaschierten Selbstgespräch eines Ich ähnelt, das seine Empfindungen und Einsichten als umfassend und allgemeingültig betrachtet.

Realität und Traum

Werthers Schicksal ist das des Illusionisten. Sein Gefühl verfremdet die Natur, die einer Konfrontation mit der Realität nicht standhält. Wird der Traum ins Hier und Jetzt überführt, wird er von dessen Unvollkommenheit infiziert. In einem *Vergleich* überträgt Werther seine im Bereich der Natur gewonnene Erkenntnis („Ich eilte hin, und kehrte zurück, und hatte nicht gefunden, was ich hoffte", Z. 20–22) auf die Zeit: „es ist mit der Ferne wie mit der Zukunft" (Z. 22 f.). Er wählt die *1. Person Plural* (vgl. die *Wiederholung* „Ich eilte hin" – „wenn wir hinzueilen", Z. 29 f.) und überführt so das persönliche Erlebnis in den Bereich des Allgemeinen.

Werther als Illusionist

Werther sucht die grenzenlose Hingabe, das Aufgehen im Absoluten und damit die Teilhabe an ihm, die sich vor allem in den Verben „mischen" (Z. 15), „verlieren" (Z. 19 f.) und „hinzugeben" (Z. 27) ausdrückt. Doch seine Formulierung „es ist mit der Ferne wie mit der Zukunft" (Z. 22 f.) zeigt, dass er das einschränkende, nicht überwindbare Hindernis kennt: das Ausgeliefertsein des Menschen an Raum und Zeit. So verbleibt Werther in seiner „Armut" und „Eingeschränktheit" (Z. 32 f.).

Ernüchterung

In dieser schmerzlichen Ernüchterung erwägt Werther die Möglichkeit der Zurücknahme und Bescheidung. Der in der Welt Gescheiterte sehnt sich nach der Geborgenheit des heimatlichen, familiären und beruflichen Glücks. *Alliterationen* („So sehnt sich", Z. 35; „weiten Welt vergebens", Z. 40 f.) und eine *Akkumulation* (Z. 37–40) unterstützen die Aussage.

Text 3

Inhalt

Werthers Haltung gegenüber der Natur hat sich verändert. Das einst positive Erlebnis ist einem Gefühl der Bedrückung gewichen. Er erkennt, dass nichts von Dauer ist. Doch der Mensch leidet nicht nur ständig unter der ihm auferlegten Zeitlichkeit, er selbst vernichtet fortwährend Lebendiges. Die Natur, deren dunkle Kräfte nicht nur erzeugen, sondern alles Geschaffene auch vernichten, wird als ein Scheusal gesehen.

Interpretation

Werther leitet seinen Brief mit der Frage ein, weshalb die Ursache menschlicher Freuden zugleich auch der Ursprung seiner Not ist.

schmerzvolle Erfahrung

Er glaubt, dass seine starke Empfindung für die Natur, die früher seine Welt verschönt hat, ihm sein gegenwärtiges Leben verbittere. Seine Betroffenheit über die schmerzvolle Erfahrung äußert sich in *bildhafter Sprache.* Während zwei *eingeschobene, parallel gesetzte und anaphorisch eingeleitete Relativsätze* zeigen, wie ihn früher seine Freude an der Natur erfüllt und seine Umgebung positiv verändert hat, beschreibt er in *zwei Dativobjekten,* die mit den gleichen rhetorischen Figuren ausgestattet sind, *antithetisch* das *personifizierte* Gefühl, das ihn gegenwärtig mit Grausen erfüllt (Z. 4 –11).

Werther setzt den *metaphorischen Stil* fort, bemüht einen *Vergleich* und stellt den *Gegensatz* von Leben und Tod scharf heraus: Aus dem paradiesischen Zustand des zeitlosen Glücks stürze er in die deprimierende Erfahrung der eigenen Vergänglichkeit (Z. 12–16). Er formuliert seine Niedergeschlagenheit in einer *rhetorischen Frage,* die wohl auch an sich selbst gerichtet ist: „Kannst du sagen: Das ist! da alles vorübergeht?“ (Z. 16 f.) Seine Not betont er durch eine erneute *Frage,* verbunden mit einer *Anapher* und einer *in drei Bildern gesteigerten Metaphorik* (Z. 17–21). So kommt die Spannung zwischen einem Streben nach dem Absoluten und den ausweglosen Fesseln der eigenen Sterblichkeit zum Ausdruck. Allerdings erschöpft sich Werthers Elend nicht nur darin. Gleichwertig neben der Erfahrung des eigenen Leids steht die Schuld an der Vernichtung anderen Lebens. Die *einleitende Wiederholung* vor der *Antithese* drückt nicht nur die doppelte Bedrängnis aus, sie steht auch für die gemeinsame Wurzel der Qual: „kein Augenblick, der nicht dich verzehrte [...]“ – „kein Augenblick, da du nicht ein Zerstörer bist [...]“ (Z. 21–24). Diese neue Dimension, dass der Mensch zwingend (vgl. die *Correctio:* „[...] bist, sein musst“, Z. 24 f.) nicht nur Opfer, sondern auch Täter ist, wird nicht nur durch eine *Häufung emotional aufgeladener Metaphern* (Z. 25–29) erfasst, sondern ebenso durch die *lautliche Verwandtschaft* des auf Ewigkeit zielenden Ausrufs „Das ist!“ (Z. 16) mit dem auf die eigene Not weisenden „Da ist [...]“ (Z. 21), was dem Leser das Bleibende und Ausweglose dieser Not nahebringen will.

Erkenntnis der Vergänglichkeit des Lebens

der Mensch als Opfer und Täter

In einer *Interjektion* brechen Entrüstung, Unwillen und Verzweiflung gleichermaßen aus: „Ha!“ (Z. 30). Werther betont, dass es ihm nicht nur um gelegentliche Naturkatastrophen geht, die er *anaphorisch* in *paralleler Syntax aufzählt* („diese Fluten, die eure Dörfer wegspülen, diese Erdbeben, die eure Städte verschlingen“, Z. 31–33), sondern darum, dass schöpferische und zerstörende Kräfte in der Natur Geschwister sind: „die verzehrende Kraft, die in dem All der Natur verborgen liegt, die nichts gebildet hat, das nicht seinen Nachbar, nicht sich selbst zerstörte“

die Natur als Ungeheuer

(Z. 34–37). Die Natur, die endlos vernichtet und endlos gebiert, wird als „Ungeheuer“ (Z. 41) verstanden.

Aufgabe 77

abschließender Vergleich

Im Zentrum der Briefauszüge steht das subjektive Ich in seiner Beziehung zur Natur. Seele, Herz und Gefühl, die Werther wiederholt nennt, sind Synonyme seines Empfindungsvermögens gegenüber der Natur.

Brief vom 10. Mai: positive Naturerfahrung, Glücksgefühl

Im Brief vom 10. Mai lässt sich Werthers Gefühlswelt bereits an seiner gesteigerten Naturwahrnehmung erkennen. Die positiv erfasste Natur löst in seinem Inneren ein Gefühl des Aufschwungs und der Bereicherung aus, das er als Glück (vgl. Z. 7) bezeichnet. Dessen Intensität ist so stark, dass man von Ergriffenheit sprechen kann. Sie verklärt die Wahrnehmung der Natur ins Religiöse. Werther glaubt in der Einheit von Mensch, Natur und Gott aufgehen zu können, wo bleibende Gegenwart herrscht, Denken und Wille und die Unruhe des Suchens sich verlieren. Doch in diesem Gefühl des Überschwangs liegt auch die Versuchung zu eigener schöpferischer Größe. Werther befindet sich in der Spannung zwischen schwärmerischer Hingabe und dem Verlangen nach schöpferischer Gestaltung, zwischen lustvollem Versinken und Selbstverherrlichung –, eine Spannung, die zu lösen er nicht in der Lage ist. In dieser ich-bezogenen Empfindungswelt kann deshalb die ersehnte „wunderbare Heiterkeit“ (Z. 1) nur Fiktion bleiben.

Brief vom 21. Juni: innere Spannungen, Erkennen eigener Grenzen

Im Briefauszug vom 21. Juni wird erneut die Spannung zwischen befreiendem Aufbruch und Selbstbescheidung deutlich, in der sich Werther befindet. Er stellt schmerzlich fest, dass dem sterblichen Menschen Grenzen gesetzt sind und die Natur, die er wahrzunehmen meint, als Projektion seiner Gefühle der Wirklichkeit nicht standhält.

Brief vom 18. August: negatives Naturbild, schmerzvolle Erfahrung

Der Brief vom 18. August steigert Werthers dialektische Lebensspannung ins Extreme. Er muss erkennen, dass die Natur gleichzeitig beglückt und quält, erzeugt und vernichtet. War sie ihm früher „der Schauplatz des unendlichen Lebens“ (Z. 13 f.), so sieht er sie nun als „Abgrund des ewig offnen Grabs“ (Z. 15 f.), als „Ungeheuer“ (Z. 41).

Werthers Hoffnungen erfüllen sich nicht. Die innere Spannung, die bereits im Brief vom 10. Mai erkennbar wird, verschärft sich und belastet zunehmend seine Gefühlswelt. Die antithetisch empfundene Natur spiegelt seine seelische Verfassung.

Aufgabe 78

A Der Brief: Definition und Geschichte
- Definition: schriftliche Mitteilung an einen nicht anwesenden Adressaten; Umfang: begrenzt; Inhalt: privat
- Geschichte: weitere Verbreitung bereits in der Antike; Blütezeit im 18. Jahrhundert; Bedeutungsverlust in der Moderne

B Der private Brief im realen Kommunikationsprozess und in der Literatur

I. Der Brief im realen Kommunikationsprozess

1. Kommunikation und Brief
   - Notwendigkeit der Kommunikation für menschliches Zusammenleben und Welterschließung
   - Raum- und Zeitüberwindung durch schriftliche Korrespondenz
   - Unterschiede zum Gespräch
2. Textorganisation und Inhalt
   - Form und Umfang des Briefes; Häufigkeit des Schreibens
   - Schreibanlässe und Inhalte; Schreibhemmung und Schreibbereitschaft; Briefe als Bewusstwerdungsprozesse; Briefgeheimnis
3. Probleme
   - Die Schreibbereitschaft
   - Die zeitverschobene Kommunikation
   - Die schnelllebige Moderne

II. Der Brief in der Literatur

1. Werthers Briefe

1.1 Dominanz innerer Handlung
- Wiedergabe von Eindrücken, Gedanken, Gefühlen
- Naturdarstellung als Seelenspiegelung

1.2 Ich-Bezogenheit
- Brief als Selbstgespräch
- Subjektivität
- Entscheidungsnot und emotionale Labilität

1.3 Leserwirkung
- Die fehlende Polarität zwischen Schreiber und Leser

- Werthers Gespaltenheit
- Werther als Identifikationsfigur

2. Der Briefroman

2.1 Bürgertum und Briefkultur
- Die Situation des Bürgertums im 18. Jahrhundert
- Das Interesse an seelischen Befindlichkeiten
- Brief und Briefroman als beliebte Medien

2.2 Innere Handlung
- Handlung als Spiegelung seelischer Prozesse
- Die Beschäftigung mit dem Ich in einer säkularisierten Welt
- Lesernähe und Identifikation

2.3 Weitere Entwicklungen
- Einflüsse auf andere Romangattungen
- Ablösung durch andere Darbietungsformen

C Die Bedeutung des Briefes in heutiger Zeit

Aufgabe 79

Der Brief: Definition und Geschichte

Definition

historische Entwicklung

Der private Brief ist eine schriftliche Mitteilung an einen nicht anwesenden Adressaten. Er ist im Umfang begrenzt und von persönlicher Natur. Schon das Altertum kannte auf Papyrus und Tontafeln geschriebene Briefe. In Deutschland ist die Entwicklung der privaten Briefkultur mit dem lesekundigen Bürgertum verbunden. Sie hatte im 18. Jahrhundert ihre Blütezeit. Dabei wurden Form, Sprache und Inhalt stark vom geistigen Umfeld beeinflusst. Während Pietismus, Empfindsamkeit, Sturm und Drang und Romantik dem Brief eine emotional-subjektive Note gaben, bewirkten Aufklärung, Klassik und Realismus eher einen rational-sachlichen Charakter. Mit dem Ende des bürgerlichen Zeitalters im 20. Jahrhundert wurde der private Brief von anderen schriftlichen Kommunikationsformen verdrängt. Heute dominieren E-Mail und SMS.

Der private Brief im realen Kommunikationsprozess und in der Literatur

Der private Brief im realen Kommunikationsprozess

1. Kommunikation und Brief

Bereits Aristoteles hat den Menschen als ein Wesen bezeichnet, das auf andere Menschen angewiesen ist. In der

Kommunikation tritt der Einzelne aus seiner Isolation heraus und wendet sich dem Mitmenschen zu. Im Wechsel von Frage und Antwort erschließt sich ihm die Welt.

Notwendigkeit der Kommunikation

Mit dem Brief als einem Kommunikationsmedium überwindet der Mensch persönliche und räumliche Grenzen. Jahrhunderte hindurch war die briefliche Korrespondenz die einzige Gelegenheit, auch bei großer räumlicher Distanz mit einem Partner in Gedankenaustausch zu treten. Das geschriebene Wort macht es möglich, dass der entfernt wohnende Freund nicht verschwunden, vergessen und verloren ist, das Sprichwort „Aus den Augen – aus dem Sinn" also nicht zu gelten braucht. Die briefliche Korrespondenz etabliert eine völlig andere Situation als das mündliche Gespräch. Während hier die Antwort unmittelbar erfolgt, lernt man als Briefempfänger das Warten kennen. Man hofft auf den Postboten, der die Worte des Entfernten bringt, wünscht man sich doch den lieben Partner durch eigenhändig geschriebene Zeilen nahe.

Grenzüberwindungen

Im Unterschied zum Gespräch, bei dem Geist und Gefühl auch durch den Körper sprechen, macht der Brief Verständigung ohne Augenkontakt und Berührung möglich. Hier zeigt sich, dass Entfernung mehr als nur räumliche Distanz bedeutet. Es fehlen der Ton der vertrauten Stimme, der aufmunternde Blick, die beipflichtende Geste oder auch nur das freundlich-begleitende und Atmosphäre vermittelnde Lächeln. In der psychisch völlig anderen Kommunikationssituation muss sich vor allem das geschriebene Wort bewähren. Seine Kraft kann den Partner in eine fast körperlich gespürte Nähe bringen. Das geschieht vor allem im handgeschriebenen Brief. Auf ausgesuchtem Papier, weiß oder cremefarben, vielleicht mit einem Anflug ins Violette, empfängt der Partner nicht nur die ihm vertrauten grafischen Schriftzeichen, er weiß auch, dass sie von einer Hand stammen, in die sich Gedanken und Gefühle wie in ein Brennglas zwangen, um das entfernt Wirkliche gegenwärtig zu machen. So betrachtet kommt dem geschriebenen Wort ein ganz anderes Gewicht als dem flüchtig Gesagten zu. Und der Schreibende muss wissen, dass das Geschriebene stets abrufbar ist und über Zeiten

Unterschiede zum Gespräch

hinweg seine Wirkung behält. Fontane hat in *Effi Briest* gezeigt, wie Briefe selbst nach Jahren Beziehungen zerstören und Menschen vernichten können. Während man bei einem Gespräch die Gewalt eines unbedachten Wortes sogleich entschuldigend verringern kann, verlangen Briefe ein höheres Maß an Überlegung und Verantwortung.

Andererseits kann ein Brief, den man nach langer Zeit wieder in die Hand nimmt, so manche Erinnerung wecken und wie ein geheimer Zauber Erlebnisse aufleuchten lassen, die man sonst vergessen hätte. Solche Briefe rufen zurückliegende Situationen ins Gedächtnis, Landschaften entstehen, Gesichter tauchen auf, vergangene Welten werden lebendig. Briefe bewahren nicht nur erlebtes und abgeschlossenes Geschehen auf, sie zeigen, wie Vergangenes in die Gegenwart hineinwirkt, und sie machen uns schließlich auch unsere eigene Zeitlichkeit bewusst.

2. Textorganisation und Inhalt

Form

Jeder Brief unterliegt einer bestimmten Struktur. Auf die Orts- und Datumsangabe folgt die Anrede. Die Einleitung dient der Hinwendung an den Partner. Im Hauptteil berichtet der Verfasser nicht nur über sich und seine Welt, sondern bittet ebenso um Informationen vom Adressaten. Diesem ist in der Regel auch der Schlussteil vorbehalten. Dann folgen Grußformel und Unterschrift.

Diese klare Textorganisation ist keine zwingende Vorschrift. Oft entwickelt sich bei einem längeren Briefwechsel eine eigene, ganz persönliche Struktur. Doch die Ausgewogenheit im Gedankenaustausch sollte stets beachtet werden – nur so kann der Brief als Kommunikationsmedium seine Aufgabe erfüllen.

Umfang

Briefe können von unterschiedlichem Umfang sein. Dieser wird von der zur Verfügung stehenden Zeit und den angesprochenen Themen bestimmt. Oft wechseln kurze, rasch hingeworfene Urlaubsgrüße mit ausführlich argumentierenden Stellungnahmen oder subtil und nuancenreich dargestellten seelischen Stimmungen.

Schreibhäufigkeit

Auch die Länge der zwischen den einzelnen Briefen liegenden Zeitintervalle kann schwanken. Sie hängt von einer Reihe beeinflussender Faktoren ab. Diese reichen vom starken Mitteilungswunsch bis zu bloßer Höflichkeit.

Schreibanlässe, Inhalte

In den Inhalten privater Briefe entfaltet sich die ganze Fülle menschlichen Lebens. Kleine und große Veränderungen, besondere Ereignisse und Erlebnisse werden dem Briefpartner gemeldet oder markante Zeiteinschnitte zum Schreibanlass genommen. Die Mitteilungen können von lockerem Konversationston und leichtem, fließendem Stil bis hin zu philosophischer Diktion und gewichtigem Argumentationsstil gehalten sein, Freude oder Trauer anzeigen, über äußeres Geschehen oder innere Befindlichkeiten berichten. Es können Informationen übermittelt, es kann aber beispielsweise auch um Rat gebeten oder Hilfe angeboten werden.

Bewusstseinsprozesse

Viele Menschen scheuen sich, Briefe zu schreiben. Solche Hemmungen liegen zum großen Teil an der Schwierigkeit, aus zunächst verschwommenen Gemütsbereichen Empfindungen herauszulösen, in Worte zu fassen und ihnen so Gestalt zu geben. Sich etwas „von der Seele zu schreiben", ist oftmals ein schwieriger Akt der inneren Befreiung und Erleichterung. Wem es aber gelingt, seine Gedanken und Gefühle klar zu formulieren, der wird über sich selbst Klarheit gewinnen. Schreiben ist daher ein Akt der Bewusstwerdung, sodass der aufrichtige Schreiber am Ende seines Briefes mehr über sich weiß als vorher. So lässt sich durchaus behaupten, dass der Brief zuerst an sich selbst gerichtet ist.

Briefgeheimnis

Briefe bergen Geheimnisse. So manches, was man ihnen anvertraut, würde man im Gespräch nicht ohne Weiteres aussprechen. Ihr Inhalt ist nicht für die Öffentlichkeit gedacht und auch deshalb durch einen Umschlag geschützt, der früher zusätzlich mit einem Siegel versehen war. Das Verschlossene soll vertraulich bleiben, es ist nicht für andere Augen bestimmt. Heute schützt auch das Grundgesetz in Artikel 8 ausdrücklich das Briefgeheimnis.

3. Probleme

Schreibbereitschaft

Gegenüber einem Gespräch, bei dem der oder die Partner einander am gleichen Ort gegenübersitzen, die Wechselrede rasch erfolgt und Gesten die Kommunikation begleiten und bestärken, scheint der Brief im Nachteil zu sein. Denn zeitliche und räumliche Distanz und unterschiedliche lokale Gegebenheiten erschweren den Gedankenaustausch und es erfordert einen größeren Einsatz, einen Kontakt über lange Zeit aufrechtzuerhalten, als zwischen Bekannten, die sich häufig persönlich sehen. Im Gegensatz zum Gespräch erhält der Empfänger die Nachricht zeitverschoben. Das Ereignis liegt zurück, ist mittlerweile von anderem Geschehen überholt, und möglicherweise sind heftige Emotionen, die im Augenblick des Schreibens die Psyche aufwühlten, beim Empfang des Briefes längst besänftigt. Das Wissen des Adressaten hinkt somit der Realität stets nach. Eine weitere Zeitverschiebung ergibt sich mit dessen Antwort. Daraus folgt, dass eine briefliche Kommunikation über zeitenthobene, grundlegende Themen eher gelingt als über momentane, rasch wechselnde Befindlichkeiten.

Zeitverschiebung

Heute entspricht ein zeitaufwändiger Briefwechsel nicht mehr den Ansprüchen der schnelllebigen Moderne. An seine Stelle sind neue adäquatere Möglichkeiten der Kommunikation getreten. Zuerst ersetzte das Telefon die Post, heute erfolgt der rasche Informationsaustausch über Computer (E-Mail) oder Handy (SMS).

Schnelllebigkeit

Der Brief in der Literatur

1. Werthers Briefe

Dominanz innerer Handlung

In Werthers Briefauszügen ist die Handlung wesentlich ins Innere des Schreibers verlegt. Er berichtet von seinen Eindrücken, Gedanken und Gefühlen. Hält er Naturerlebnisse in der Erinnerung fest, so werden sie sogleich mit seinen Empfindungen verwoben. Das geschieht durch Vergleiche, Konditionalsätze und die Verbindung von realer Wahrnehmung und irrealem Wunsch. Die Natur spiegelt Werthers seelische Verfassung.

Natur als Spiegel der Seele

Ich-Bezogenheit: Brief als Selbstgespräch

Auffällig ist die betonte Ich-Bezogenheit, die den Briefen einen einseitigen Charakter verleiht. Nur selten wird der Briefpartner angesprochen, Anreden wechseln wiederholt in Selbstanrede und Selbstgespräch. Es gibt keine Stelle, an der sich Werther seinem Freund zuwendet und ihn nach seinem Leben, seiner Welt befragt. Bedenkenlos vereinnahmt er den Text für sich selbst; es gelingt ihm nicht, von sich und seinen Stimmungen abzusehen. So gerät der briefliche Dialog in eine Schieflage. Seine Einseitigkeit widerspricht dem Wesen des Briefes als einem Kommunikationsmedium, denn zu einem geistigen Austausch kommt es nicht. Werther könnte seine Vorstellungen genauso gut einem Tagebuch anvertrauen. Werthers subjektive Radikalität hat wohl ihre Ursache in seiner inneren Spannung, einem Getriebensein zwischen Hingabe und Selbsterhebung. Diese innere Spannung setzt ihn permanent wechselnden Stimmungsschwankungen aus, über die er keine Kontrolle hat. So gleichen seine Aussagen Momentaufnahmen, impressionistischen Augenblicksempfindungen. Entscheidungsnot und emotionale Labilität deuten auf ein wenig gefestigtes Ich, das sich, statt eine Auseinandersetzung mit der Welt zu suchen, in Selbstquälereien erschöpft. Werthers Subjektivität und innere Spannungen lassen eine Entwicklung erkennen, die als Individualisierungsprozess in der Renaissance begann und als Ich-Auflösung gegen Ende des 19. Jahrhunderts deutlich werden wird. Werthers Schicksal zeigt auch, dass dort, wo der Wille des Einzelnen mit dem „notwendigen Gang des Ganzen“ (Goethe) zusammenstößt, ein tragisches Scheitern unabwendbar ist.

Subjektivität

Labilität

Der Leser vermisst zwar wegen der Monologhaftigkeit des Schreibens das Gespräche und Briefe normalerweise bestimmende Prinzip der Gegensätzlichkeit zwischen Sprecher/Schreiber und Hörer/Leser und der daraus erwachsenden vorwärtstreibenden Spannung, doch diese Antithetik verwirklicht sich in Werther selbst. Und gerade weil die Spannung durch die Entzweiung einer einzigen Person entsteht, fesselt sie den Leser in besonderer Weise: Sie reduziert den Abstand zwischen literarischer Figur und realer Person und erleichtert ein sich Hineinfühlen und Identifizieren. Das „Wertherfieber“, das sich nach dem Erscheinen des Buches über ganz Europa ausbreitete, belegt dies nachdrücklich.

Leserwirkung: Monologhaftigkeit

innere Gespaltenheit

Werther als Identifikationsfigur

2. Der Briefroman

Bürgertum und Briefkultur

Im 18. Jahrhundert sah sich das immer stärker nach Selbstverwirklichung drängende Bürgertum von den politischen und gesellschaftlichen Machtträgern in seiner Entfaltung gehemmt. Seine Vertreter fühlten sich einerseits in die Selbstgenügsamkeit verwiesen, andererseits bot ihnen die geistige Haltung des Pietismus eine Grundlage zur Überwindung sozialer Schranken. Beide Aspekte förderten sowohl das eigene Gefühlsleben als auch die Anteilnahme an den Empfindungen des Mitmenschen. Im Hinblick auf das wachsende Interesse, eigene und fremde Seelenbereiche zu erkunden, stellte der Brief ein beliebtes Medium dar. In diesem empfindsamen Umfeld entstand seinerzeit als Sonderform des Romans der Briefroman. Er besteht aus einer Abfolge fingierter Briefe eines oder mehrerer Verfasser. Auch ein „Herausgeber" kann sich zu Wort melden. Den Höhepunkt dieses Genres innerhalb der deutschen Literatur bildet Goethes *Werther* (1774).

innere Handlung: subtile Seelenschilderung

leichtere Identifikationsmöglichkeit

Handlung ist im Briefroman wesentlich innere Handlung. Äußeres Geschehen, das vom schreibenden Ich erinnert oder entworfen wird, gewinnt seinen Stellenwert meist erst dadurch, dass es sich zur Spiegelung psychischer Prozesse eignet. Die Darstellung innerer Handlung verweist auch auf die Aufmerksamkeit, die man in einer zunehmend säkularisierten bürgerlichen Welt dem Individuellen und Subjektiven zukommen ließ. Zudem erlaubt die Form des Briefes eine offenere und feinere Seelenschilderung, als das in bis dahin üblichen Romanformen möglich war. Sie verringert die Leserdistanz und erleichtert die Identifikation mit dem Schreibenden.

weitere Entwicklungen: andere Darbietungsformen

Die Ich-Zentrierung, wie sie bei Werther als Vertreter des Sturm und Drang deutlich wird, und die Vorliebe des Briefromans für seelische Vorgänge finden sich ebenfalls im Bildungsroman und später – verfeinert – im psychologischen Roman des Realismus sowie dem modernen Ich-Roman, in dem auch pathologische Züge zum Ausdruck kommen. Im 19. und 20. Jahrhundert haben Dialog und innerer Monolog die Briefform zurückgedrängt.

Sinnvolles Briefschreiben

Der private Brief spielt in der Gegenwart nicht mehr die Rolle, die ihm in früheren Epochen zukam. Gerade in unserer rastlosen Zeit kann dieses Medium aber zu einem Geschenk werden, für Schreiber wie für Leser. Die Bereitschaft, bei sich einzukehren, sein Inneres sprechen zu lassen, mitunter auch vertrauensvoll sein Herz ausschütten zu dürfen und andererseits zu wissen, dass jemand in der Ferne an einen denkt und einem ein Zeichen der Freundschaft zukommen lässt, kann gerade heute zu einer Quelle von Kraft werden, die wohltuend auf den Alltag ausstrahlt.

Thomas Mann: Der Tod in Venedig

Aufgabe 80 Es ist leicht zu erkennen, dass der Text wesentlich von der Vergänglichkeits- beziehungsweise Todesmotivik bestimmt wird. Diese entfaltet in der Gestaltung von *Zeit* und *Wetter, Örtlichkeit* und *Figuren* ihre spezifische Atmosphäre.

Aufgabe 81 *Zeitangaben, Wetterverhältnisse*

- „Frühlingsnachmittag" (Z. 4); „bei sinkender Sonne" (Z. 39 f.); „im Abglanz des scheidenden Tages" (Z. 58 f.); „gegen die untergehende Sonne" (Z. 118 f.): *Verlust* von Helligkeit und klaren Konturen; *Übergangsphase* zwischen Tag und Nacht; Spannung; Vermittlung von Leichtigkeit („Frühling") und Melancholie („sinkende Sonne")
- „des Jahres 19.., das unserem Kontinent monatelang eine so gefahrdrohende Miene zeigte" (Z. 4–6); „Gewitter drohte" (Z. 43): Gefühl der *Bedrohung*
- „dumpfig wie im August" (Z. 31 f.): [drückende Schwüle], Bedrückendes; Belastendes; *Ungesundes*
- „Anfang Mai [...] nach naßkalten Wochen, ein falscher Hochsommer eingefallen" (Z. 28–30): Hinweis auf *Täuschung*

Örtlichkeiten

- „Nördlichen Friedhof" (Z. 43 f.); „ein zweites, unbehaustes Gräberfeld bilden [...] das byzantinische Bauwerk der Aussegnungshalle" (Z. 55–57): Hinweis auf *Vergänglichkeit* und *Tod*
- „Steinmetzereien, wo zu Kauf stehende Kreuze, Gedächtnistafeln und Monumente" (Z. 53–55): Vergänglichkeit; Last; durch das Gewicht der Steine im übertragenen Sinn: *Gefühl des Belastetseins* und Niedergezogenwerdens; *Ausweitung des Todesbereichs in das Leben*
- „lichten Farben" (Z. 61); „Inschriften in Goldlettern" (Z. 63; vgl. dazu auch Z. 66 f.): *Vortäuschung* von Helligkeit, Leichtigkeit

- „Der Englische Garten“ (Z. 30); „Parks“ (Z. 40); „wohin stillere und stillere Wege ihn geführt“ (Z. 34 f.); „von Menschen leer“ (Z. 47); „offene Flur“ (Z. 41): Ruhe, Stille, Leere, Entspannung; *Ausweitung des Raums; Park: geschützter,* vom Menschen gestalteter *Bereich; offene Flur:* ursprüngliche Natur, *mögliche Gefährdung*
- „Schienengeleise“ (Z. 49); „einsam gleißend“ (Z. 49 f.): Hinweis auf Aschenbachs eingefahrene, *disziplinierte Haltung; Ausweitung des Raumes* nach außen, ins Unbekannte; *Zwang der Verführung*

Figuren

1. *Aschenbach*

- Name „Aschenbach“ (Z. 1 u. a.): Asche, Urnen, *Vergänglichkeit, Friedhof;* Fließendes, *sich Veränderndes,* Styx (Fluss der Unterwelt in der antiken Mythologie)
- „Überreizt“ (Z. 9); „zunehmender Abnutzbarkeit seiner Kräfte“ (Z. 22 f.); „da er sich müde fühlte“ (Z. 42): *Verfall der Leistungsfähigkeit*
- „hatte Aschenbach eine kleine Weile den volkstümlich belebten Wirtsgarten überblickt“ (Z. 35–37); „Wohl möglich, daß Aschenbach es bei seiner halb zerstreuten, halb inquisitiven Musterung des Fremden an Rücksicht hatte fehlen lassen, [...]“ (Z. 127–130): scharfe Beobachtung aus *gesuchter Distanz*
- „peinlich berührt“ (Z. 136 f.): *irritiert* von dem Anspruch des Gewalttätigen und Hässlichen
- „mit dem beiläufigen Entschluß, des Menschen nicht weiter achtzuhaben. Er hatte ihn in der nächsten Minute vergessen“ (Z. 138–140): *Verdrängung; Unfähigkeit, der aggressiven Realität standzuhalten, Widerstand zu leisten*
- „sich verlieren zu lassen“ (Z. 71 f.); „aus seinen Träumereien zurückkehrend“ (Z. 72 f.): *Nachgiebigkeit, Fügsamkeit*
- „eine seltsame Ausweitung seines Innern“ (Z. 146 f.); „eine Art schweifender Unruhe“ (Z. 148 f.); „ein jugendlich durstiges Verlangen in die Ferne“ (Z. 149 f.): *Erlebnisdrang, Erregung;* Betroffenheit aktiviert die *Vernunft:* Aschenbach bleibt stehen „um die Empfindung auf Wesen und Ziel zu prüfen“ (Z. 154 f.).

2. *Der Fremde*

- „stumpfnäsig“ (Z. 86); „kurz aufgeworfenen Nase“ (Z. 111); „Adamsapfel stark und nackt hervortrat“ (Z. 107 f.); „seine Lippen schienen zu kurz, sie waren völlig von den Zähnen zurückgezogen, dergestalt, daß diese, bis zum Zahnfleisch bloßgelegt, weiß und lang dazwischen hervorbleckten“ (Z. 121 bis 126): *Totenkopf-Physiognomie*

- „Gepräge des Fremdländischen und Weitherkommenden" (Z. 93 f.): *Fremdes,* Unbekanntes, *(Abenteuer-)Lust-Erregendes*
- „energische Furchen" (Z. 112); „scharf spähend" (Z. 113); „etwas herrisch Überschauendes, Kühnes oder selbst Wildes" (Z. 116 f.); „kriegerisch" (Z. 132): Aggressionsbereitschaft, Willensstärke, *Gefährlichkeit*

Aufgabe 82 Zeit, Wetter, Natur

Spannungen

Der Erzähler versteht es, mit Zeitangaben und Hinweisen auf Wetterverhältnisse in die Grundstimmung einzuführen. Dabei beginnt seine Schilderung unverfänglich: An einem „Frühlingsnachmittag" (Z. 4) unternimmt ein Fünfzigjähriger einen Spaziergang im Münchner Norden. Doch bereits in der Formulierung „Frühlingsnachmittag" erschließt sich, freilich erst im Zusammenklang mit weiteren Stimmungsträgern, die leise Spannung, die in der Verbindung von Jahres- und Tageszeit liegt. Während „Frühling" beim Leser Assoziationen wie „Jugend", „Aufbruch", „Leichtigkeit" und „Entfaltung" weckt und ein Gefühl von positiver Erwartung erzeugt, steht „Nachmittag" eher für eine fallende, abwärts gerichtete Bewegung nach einem bereits zurückliegenden Tageshöhepunkt, die an „Alter", „Heimkehr", „Schwere" und „Ernte" denken lässt. „Frühling" verheißt Aktion, „Nachmittag" dagegen „Befriedung", „Ausklang".

Leichtigkeit und Melancholie

Dem zweiten Substantiv und dem Fortgang der Zeit gehört zunächst die Aufmerksamkeit des Erzählers. Metaphorisch wird der nahende Abend in die Formulierungen „bei sinkender Sonne" (Z. 39 f.), „im Abglanz des scheidenden Tages" (Z. 58 f.) und „gegen die untergehende Sonne" (Z. 118 f.) gefasst. Drei Partizipien (sinkend, scheidend, untergehend) stellen den Ablauf des Geschehens dar, tragen aber, obwohl sie eine Veränderung anzeigen (sinken – scheiden – untergehen), zugleich das Zeichen des Zeitenthobenen, Dauernden, sich nie Vollendenden. Erneut ist Spannung spürbar. Sie resultiert aus dem Gegensatz von „Sonne" als dem Symbol des Lichts, des Lebens und der Schönheit und deren unaufhaltsamem Verlust. Auffällig ist die Wendung „Abglanz", als verschwendete die untergehende Sonne noch einmal etwas von ihrem lichtvollen Sein. Dieses Geschenk aber gilt der Aussegnungshalle des Nördlichen Friedhofs. In dieser Abendstimmung liegen Wehmut und Trauer über die Vergänglichkeit des Schönen.

Schwebendes und Verführerisches

Doch es entsteht nicht nur ein Gefühl der Schwermut. Diese Zeitspanne zwischen hellem Tag und dunkler Nacht hat auch etwas Schwebendes und Verführerisches. Sie weist den Reiz des Unbestimmbaren und Flüchtigen auf. In der Dämmerung verwischen sich die klaren Konturen der Wirklichkeit, es besteht die Möglichkeit, in Fantasie und Illusion auszuweichen und so der Melancholie die Schwere zu nehmen.

Gefährdungen

Es ist eine Zeit der Gefahr. Der Erzähler verweist auf das Jahr, „das unserem Kontinent monatelang eine so gefahrdrohende Miene zeigte“ (Z. 4–6) und das konkret beunruhigende Naturereignis. Das kommende „Gewitter“ (Z. 43), aus der Ferne drohend, hat sich noch nicht entladen und sorgt vorläufig nur für eine ungesunde, drückende Schwüle; es ist „dumpfig wie im August“ (Z. 31 f.).

Täuschung

„Es war Anfang Mai und, nach naßkalten Wochen, ein falscher Hochsommer eingefallen.“ (Z. 28–30) Wieder entsteht Spannung, denn Unzeitgemäßes wird zusammengeführt: Der Hochsommer gehört nicht in den Frühling. Allerdings enthält der Vorgang etwas Zwingendes, einmal durch den Anteil des Trügerischen, der sich im begleitenden Adjektiv verbirgt („falscher“), und zum anderen durch die kriegerische, von außen kommende Handlung, die das Verb andeutet („eingefallen“). So liegt gewissermaßen Täuschung – im übertragenen Sinne: des Menschen über sich selbst – in der Luft.
Zeit und Wetter erweisen sich als wichtige Stimmungsträger.

Örtlichkeiten

Atmosphäre des Vergänglichen

Der Stimmungsraum wird wesentlich von der Atmosphäre des Vergänglichen bestimmt. Es ist die Rede vom „Nördlichen Friedhof“ (Z. 43 f.), vom „byzantinische[n] Bauwerk der Aussegnungshalle“ (Z. 56 f.) und von „Steinmetzereien, wo zu Kauf stehende Kreuze, Gedächtnistafeln und Monumente ein zweites unbehaustes Gräberfeld bilden" (Z. 53–56). Mit diesem anderen „Gräberfeld" der Steinmetzgeschäfte weitet sich die Welt des Todes vom Friedhof hinüber in den Bereich des Lebens.

Ausweitung des Bereichs des Todes

Die Aussagekraft und Schwere der steinernen Kreuze, Tafeln und Standbilder, die im Betrachter ein Gefühl der Bedrückung auslösen mögen, wird gemindert durch die „lichten Farben" (Z. 61) auf der Vorderseite der Aussegnungshalle sowie die „Inschriften in Goldlettern" (Z. 63), die auf ein Fortleben nach dem Tode verweisen (vgl. auch Z. 66 f.). Der „Abglanz des scheidenden Tages" (Z. 58 f.) und die goldfarbene Schrift täuschen etwas Helles und Leichtes in einer doch belastenden und ernsten Stimmung vor. Bald wird das gesamte Gebäude in nächtliches Dunkel gehüllt sein.

Gefühl der Bedrückung

Verblendung

Aschenbach begibt sich stadtauswärts durch den Englischen Garten (Z. 30) an einem Ausflugslokal vorbei, „wohin stillere und stillere Wege ihn geführt" (Z. 34 f.) hatten. Das Motiv des „Parks" (Z. 40) hat dreifache Funktion: Es ist der Bereich der Stille und lösenden Entspannung. Zugleich weitet der Garten den engen Raum des Wohnbereichs. Hier wird bereits die „seltsame Ausweitung" von Aschenbachs „Innern" (Z. 146 f.) vorweggenommen, die er nach der Begegnung mit dem Fremden erfährt. Schließlich bietet der Park, vom Menschen angelegt und kultiviert, mit seinen gepflegten Wegen Sicherheit und Überschaubarkeit gegenüber der ursprünglicheren, wilden und mitunter gefährlichen Natur. Aschenbach verlässt den Englischen Garten (den geschützten Bereich), wählt den Weg „über die offene Flur" (den ungeschützten Bereich; Z. 41) zum Nördlichen Friedhof, von dem er mit der Straßenbahn „in gerader Linie" (Z. 44 f.) in die Innenstadt zurückkehren möchte.

Ausweitung des Raums

Die „Schienengeleise" (Z. 49) haben ambivalenten Charakter. Sie lassen an den disziplinierten, geradlinigen Lebensweg Aschenbachs denken. Andererseits führen sie aus dem bekannten Umfeld der Stadt hinaus in eine fremde Ferne und deuten „einsam gleißend" (Z. 49 f.) eine Ver-

Verführung

führung an, deren Macht Aschenbach sich nicht entziehen können wird.

Figuren

1. Aschenbach

Der kurze Auszug enthält bereits Züge Aschenbachs, die eine vorausdeutende Funktion haben und in erkennbarer Beziehung zum Kontext die Grundstimmung mitgestalten helfen. Schon beim Namen des fünfzigjährigen Schriftstellers kommen Assoziationen an Morbides auf: So lässt der erste Teil an Urnen und damit an Friedhof und Tod denken, der zweite Teil unter dem Eindruck des motivischen Umfelds an Fließendes, sich Veränderndes, an Styx, den Fluss in der griechischen Mythologie, der die Welt der Lebenden mit dem Totenreich verbindet. *Name*

Der offenbar feinnervige Schriftsteller, der sich vormittags zu konzentrierter und anstrengender Arbeit diszipliniert, deren Inhalt ihn auch im weiteren Tagesverlauf beschäftigt, spürt den zunehmenden Rückgang seiner Leistungsfähigkeit (Z. 22 f.). Er scheint rasch zu ermüden (vgl. Z. 42), fühlt sich „[ü]berreizt" (Z. 9) und sucht an dem im Text beschriebenen Tag Entspannung bei einem Spaziergang, der ihn durch den Englischen Garten bis zum Nördlichen Friedhof führt. Es treibt ihn in die Stille, an die Grenzen der belebten Stadt (vgl. Z. 34 f.). *Beruf*

Mit wacher Beobachtungsgabe versehen, bevorzugt er die distanzierte Betrachtung (vgl. Z. 35–37), reagiert hingegen empfindlich, sobald seine Blicke scharf erwidert werden (vgl. Z. 130–137). Die Begegnung mit dem Fremden löst einen intensiven Erlebnisdrang aus und rührt an verschlossene Seiten seines Charakters. Betroffen bemüht er sich, die unbekannten Gefühle rationaler Kontrolle zu unterwerfen (Z. 154 f.). Andererseits neigt er zu „Träumereien" (Z. 72 f.), in denen er sich „verlieren" (Z. 72) kann, was auf seine Erschöpfung, aber auch auf einen fügsamen, nachgiebigen Zug seines Charakters deutet. Gewalttätiges, besonders wenn es mit Hässlichem verbunden ist, irritiert ihn (vgl. Z. 136 f.). Er verdrängt es, weil er dessen Realitätsanspruch nicht zu ertragen vermag (vgl. Z. 137–140). *Eigenschaften*

2. Der Fremde

Der Fremde am Nordfriedhof ist eine Symbolfigur des Todes. Das wird an den folgenden Kennzeichen offenbar:

körperliche Merkmale

Mit seiner „kurz aufgeworfenen Nase“ (Z. 111), seinen „farblosen, rotbewimperten Augen“ (Z. 109) wirkt er sinnenfern und hässlich, mit seinem „Adamsapfel“, der „stark und nackt hervortrat“ (Z. 107 f.), und vor allem seinen zu kurzen Lippen, zwischen denen die Zähne „hervorbleckten“ (Z. 125 f.), erhält sein Schädel das Aussehen eines Totenkopfes.

Erscheinungsbild

Das „Gepräge des Fremdländischen und Weitherkommenden“ (Z. 93 f.), das von ihm ausgeht, enthält den Reiz des Unbekannten, die Fantasie Beflügelnden.

Eigenschaften

Seine „energische[n] Furchen“ (Z. 112) auf der Stirn, sein „scharf spähend[er]“ Blick (Z. 113) und seine bestimmende Haltung (vgl. Z. 114 f., 132–136) weisen auf kompromisslose Härte und Aggressionsbereitschaft.

Vergänglichkeitsmotivik

Zusammenfassend lässt sich festhalten, dass der Erzähler eine Atmosphäre der Vergänglichkeit entfaltet. Doch im milden Licht der erfassten Abendstimmung sind das Gefährliche und Unabänderliche zunächst nur leise im Hintergrund zu spüren. Der leuchtende „Abglanz des scheidenden Tages“ täuscht über die wahre Situation hinweg, gestattet in der Gewitterschwüle nicht nur ein Nachlassen der Aufmerksamkeit, sondern fördert auch die Tendenz, die Todesbotschaft zu verkennen und sich unbekannten Risiken zu öffnen. Konsequent werden alle stimmungstragenden Elemente dieser dominierenden Motivik zugeordnet. Zwischen dem Leichten, Schwebenden und dem Schwermütigen entwickelt sich eine sanfte, zur Aktion drängende Spannung.

Verdrängungsbereitschaft

Leichtes und Schwermütiges als stimmungstragende Elemente

ufgabe 83 *Das entscheidende Ereignis*

- *Ausschnitt aus dem Leben* des Schriftstellers Gustav von Aschenbach
- *entscheidendes Ereignis:* Aschenbachs Aufenthalt und Tod in Venedig
- *thematischer Schwerpunkt:* die tragisch endende Problematik einer Künstler-Existenz

Der Konflikt der Hauptfigur

- Maß, Vernunft und Disziplin als bestimmende Faktoren im bisherigen Künstlerleben Aschenbachs (apollinisches Prinzip)
- Einbruch der Leidenschaft (dionysisches Prinzip)
- *Konflikt:* Entscheidung zwischen Haltung und Leidenschaft, Ordnung und Chaos
- Entwürdigung des Künstlers als Tragödie

Aufbau

Einlinige, *konzentrierte Komposition,* der Geschlossenheit des Dramas verwandt (5 Akte – 5 Kapitel)

- 1. und 2. Kapitel: Einführung in Grundstimmung, Situation und Hauptfigur in der *Exposition;* der Fremde als *erregendes Moment;* Beginn der *steigenden Handlung*
- 3. Kapitel: Fortsetzung der *steigenden Handlung:* die Reise; der Reiz Venedigs; Begegnung mit Tadzio; Aschenbachs Schwanken zwischen Bleiben und Abreise als *Spannungselement; Wendepunkt:* Aufgabe des Fluchtversuchs; Beginn der *fallenden Handlung*
- 4. Kapitel: *Retardierung:* Aschenbachs liebendes Verfallensein; vergeblicher Versuch, Tadzio anzureden: *Fehlschlagen einer letzten möglichen Umkehr*
- 5. Kapitel: *Katastrophe:* die Cholera in Venedig; Auflösung der städtischen Ordnung parallel zum Verlust der inneren Haltung Aschenbachs und zu seiner Entwürdigung; *Fallhöhe* des Helden: vom Apollinischen zum Dionysischen; Aschenbachs Tod

Leitfiguren, Leitmotivik

- *Todesboten:* Auftreten verschiedener Todesboten, der Fremde im Nordfriedhof, der Gondoliere, der Straßenmusikant; daneben der ziegenbärtige Mann, der falsche Jüngling
- *Todesmotivik:* wiederholt auftretende Motive zur Situations- und Figurencharakterisierung, Handlungsverknüpfung und -begründung; *Handlungsräume:* Friedhofsgegend, Schiff, Gondel, Venedig, Strand, Meer; *Wetter- und Klimaverhältnisse:* Scirocco, Schwüle, Gestank; *weitere Todes-Motive:* Aschenbachs Träume; die Cholera; der Granatapfelsaft

Aufgabe 84 Das entscheidende Ereignis

die Gattung

Die Novelle bietet einen Ausschnitt aus dem Leben, der sich tatsächlich in der erzählten Weise ereignen könnte. Meist wird ein neues (vgl. lateinisch *novus:* neu; Verkleinerungsform: *novellus*), besonderes Ereignis, eine „unerhörte Begebenheit" (Goethe) erzählt.

das Beispiel: Der Tod in Venedig

In Thomas Manns Novelle wird dieses Ereignis im Titel genannt: *Der Tod in Venedig*. Thema ist die Problematik des Künstlertums. Sie verdichtet sich tragisch in der Konfrontation des alternden Schriftstellers Aschenbach mit der schönen, aber morbiden Welt Venedigs und der Begegnung mit dem anmutigen polnischen Jungen Tadzio, den er für die Verkörperung des Schönen hält.

Der Konflikt der Hauptfigur

Apollinisches und Dionysisches

Aschenbachs künstlerische Leistung gründet sich nicht auf geniales Schöpfertum, sondern ist Ergebnis von Fleiß und fortwährender, bis zur Erschöpfung gehender Anstrengung. Vernunft und Disziplin bestimmten und bestimmen seine Arbeit. So hat er in der Gesellschaft Karriere gemacht und ist zu einem bekannten und geschätzten Schriftsteller aufgestiegen.

die disziplinierte Welt

Durch Achtsamkeit sowie physische und geistige Disziplin erlangt er das notwendige Maß an Ordnung und Form, das er für seine künstlerische Tätigkeit benötigt. Aschenbach weiß, dass ein Heraustreten aus diesen selbstgewählten Grenzen, ein Abgleiten ins Bohemienhafte, mit Risiken und Gefahren verbunden ist. Bewusst ist ihm ebenso, dass sein Erfolg und seine Würde als Künstler auf diesem fortgesetzten inneren Ringen beruhen.

der Einbruch des Andersartigen

Als sich jedoch der Einbruch des Andersartigen in sein Leben wie beiläufig in der Gestalt des Fremden vollzieht, kann sich der erschöpfte Künstler nur äußerlich wehren.

die Folgen

In Wirklichkeit hat das Schicksal ihn getroffen und „eine seltsame Ausweitung seines Innern" (Z. 146 f.) bewirkt, der er sich nicht entziehen kann. Er verlässt seine gewohnte Welt, es treibt ihn nach Venedig, wo er Tadzio begegnet und wo er in einen Konflikt zwischen Maß und Unmaß, Disziplin und Begierde gerät, der eigentlich von Beginn an zugunsten der Leidenschaft und des Rausches entschieden ist, was einer Tragödie seines Künstlertums gleichkommt.

Die strenge Komposition

strenge Komposition

Dieser Konflikt, ausgelöst durch das schicksalhafte Zusammentreffen mit dem Fremden, entwickelt sich zielstrebig auf einen Höhe- und Wendepunkt zu und verlangt nach einer Lösung. Die Novelle folgt mit ihrer klaren, einsträngigen Komposition der Struktur des geschlossenen Dramas; ihre fünf Kapitel lassen sich mit den fünf Akten des Dramas in Beziehung setzen:

Exposition

Das erste und das zweite Kapitel enthalten die Exposition. Der Erzähler führt zunächst in Grundstimmung und Situation ein und trägt dann notwendige Angaben zu Leben und Werk der Hauptfigur nach. Der Begegnung mit dem fremden Wanderer kommt die Funktion eines erregenden Moments zu, denn sie setzt die Handlung in Bewegung und steigert sie von hier zum dritten Kapitel.

erregendes Moment

steigende Handlung

Im dritten Kapitel wird von der Reise nach dem schönen, verführerischen und morbiden Venedig erzählt, wobei der Umweg über Pola als retardierendes Moment fungiert; ferner von der ersten Begegnung Aschenbachs mit Tadzio, der missglückten Abreise und der Rückkehr an den Lido. Betroffen von Tadzios Anmut und leidend unter den klimatischen Bedingungen Venedigs entwickelt sich in Aschenbach eine forcierte Spannung zwischen dem Wunsch zu bleiben und dem Gefühl, zur Wahrung seiner inneren Haltung und Selbstachtung abreisen zu müssen. Er entscheidet sich zur Abreise. Der aufgegebene Koffer wird jedoch an einen falschen Ort gelenkt: ein willkommener Anlass zur Umkehr. Die Aufgabe des Fluchtversuchs aus der bedrückend schwülen Stadt ist der Wendepunkt der Novelle. Aschenbach kehrt in sein Hotel zurück. Als er von seinem Fenster aus Tadzio sieht, gibt Aschenbach seinen inneren Widerstand gegen die Liebe zu dem schönen Knaben auf.

Wendepunkt

fallende Handlung

retardierendes Moment

Das vierte Kapitel hat retardierenden Charakter. Es steht zwischen dem Wendepunkt, mit dem die fallende Handlung beginnt, und deren Ende in der Katastrophe. Aschenbach hat sich zum unbefristeten Bleiben entschieden. Der alternde Künstler sucht Tadzios Nähe, in seiner Vorstellung erhebt er dessen Schönheit in mythisch-göttliche

Sphären, während sich zugleich über den sinnlichen Reiz die menschliche Komponente entfaltet. Für kurze Zeit wird der Lido zum seligen Ort. Die letzte Möglichkeit einer Umkehr schlägt fehl, denn der Versuch, Tadzio anzureden und so aus verstiegenen Fantasien in die nüchterne Realität zurückzufinden, dem Schicksalsweg also eine andere Richtung zu geben, kommt nicht zustande.

Katastrophe

Im letzten Kapitel vollzieht sich die Katastrophe. Über Venedig lastet wie ein Fluch die Cholera. Dieses „schlimme Geheimnis der Stadt“ verbindet Aschenbach mit seinem eigenen Schicksal, nämlich dem Verlust der Würde, der künstlerischen Distanz und Disziplin. Das Tragische entwickelt sich auch aus der Fallhöhe des Helden. Einst der Zucht verschrieben, gibt er sich jetzt der Zügellosigkeit hin, das Dionysische, Rauschhafte, Enthemmte folgt dem Apollinischen, Geordneten und Vernünftigen. Von seiner Lust versklavt, schleicht er dem Knaben heimlich nach durch die nach Fäulnis und Karbol stinkende Stadt. Ein letzter Akt der Entwürdigung ist seine äußere Veränderung zum falschen Jüngling. Mit Aschenbachs Tod findet der Konflikt zwischen dem Apollinischen und Dionysischen seine Lösung.

Leitfiguren, Leitmotivik

1. Die Todesboten

Leitfiguren und ihre Funktionen

An entscheidenden Stellen der untersuchten Novelle treten Leitfiguren in Erscheinung. Sie verbinden die einzelnen Textelemente und besitzen vorausweisende Funktion. Gemeinsame Merkmale fallen beim fremden Wanderer am Münchner Nordfriedhof, dem geheimnisvollen Gondoliere und dem Straßengitarristen auf (Totenkopf-Physiognomie, herrische Haltung, Fremdartigkeit, morbide Umgebung). Alle drei fungieren als Todesboten. Zu ihnen gesellen sich der ziegenbärtige Mann und der falsche Jüngling, der Aschenbachs spätere Verwandlung, seine kosmetische Verjüngung vorwegnimmt. Auch Tadzio gehört mit seiner gelblichen Haut (Gelb ist die Farbe der Décadence) und der Haltung, die er am Schluss einnimmt und die der des fremden Wanderers in München gleicht, in diesen

Todesreigen. Der Straßenmusikant, der mit einer Gruppe auftritt, lässt mit seinen sexuellen Anspielungen und höhnischen Clownerien an Dionysos und sein Gefolge denken.

2. Das Todesmotiv

Handlungsräume

Wie im Titel bereits vorgegeben, ist das Todesmotiv das Leitmotiv von Thomas Manns Novelle. Es tritt in verschiedenen Zusammenhängen und Varianten auf. Dazu gehören der Handlungsraum, vor allem der Friedhofsbereich im Münchner Norden, das schöne, jedoch scirocco- und seuchengeplagte Venedig mit seinen an Särge erinnernden Gondeln, aber auch das Meer, das Aschenbach als Form der ungegliederten Unendlichkeit liebt; eine Liebe, die sich ebenfalls als unbewusster Todestrieb erweist.

Wetter- und Klimaverhältnisse

Äußerungen des Erzählers zu Wetter- und Klimaverhältnissen begleiten korrespondierend die psychische und physische Verfassung Aschenbachs. Es ist der Scirocco, der Venedig in eine „widerliche Schwüle" hüllt, die Luft verdickt und im fauligen Gestank das Atmen erschwert. Karbolgeruch erinnert an Krankheit und Tod. Im vierten Kapitel scheint die Sonne, parallel zu Aschenbachs Schönheitsträumereien, bevor sich im letzten Kapitel das Wetter zunehmend verschlechtert. An Aschenbachs Todestag ist das Wetter so unzeitgemäß wie am Beginn der Erzählung: Es herrscht „Herbstlichkeit, Überlebtheit".

weitere Todes-Motive

Aschenbachs Träume enthalten eine Fülle von Todes- und Verfallsmotiven, so der Tagtraum, den der Dichter im Anschluss an seine Begegnung mit dem fremden Wanderer hat, und der Traum vom „fremden Gott", dessen orgiastischer Inhalt Aschenbachs Entwürdigung und Vernichtung spiegelt. Der Granatapfelsaft, den der Dichter bei der Begegnung mit den Straßenmusikanten trinkt, ist ein antikes Todessymbol.

Insgesamt erweist sich Thomas Manns Novelle als nahezu modellartiges Beispiel dieser Gattung, in der die Handlungselemente in besonderer Weise durch motivische Arbeit untereinander vernetzt und profiliert werden.

Daniel Kehlmann: Die Vermessung der Welt

Aufgabe 85 Der vorliegende Text ist ein Auszug aus Daniel Kehlmanns 2005 erschienenem Roman *Die Vermessung der Welt.* An drei Episoden wird gezeigt, wie das Wunderkind Karl Friedrich Gauß mit Macht konfrontiert wird und wie es darauf reagiert.

Autor, Textart, Titel, Erscheinungsjahr, Kernaussage

Der Aufsatz folgt der Aufgabenstellung: Im ersten Teil soll der Umgang der Figuren mit Macht untersucht werden, den Mittelpunkt des zweiten Teils bildet der Vergleich von Gauß' Eigenschaften und Fähigkeiten mit den Genievorstellungen der Epoche des Sturm und Drang.

Vorgehensweise

Aufgabe 86 Im Drama treten die Figuren stärker als handelnde und kommunizierende Figuren in Erscheinung. Sie präsentieren sich in zwischenmenschlicher Interaktion – insofern ist das Beziehungsgeflecht, die Figurenkonstellation, häufig ausgeprägter als im Roman. Harmonische, gestörte oder einseitige Beziehungen offenbaren sich in den Gesprächen und Monologen auf der Bühne.

Figurenbeziehungen im Drama: intensives Interagieren

In der Epik dagegen kann mithilfe der vermittelnden Erzählerinstanz die Einzelfigur stärker in den Vordergrund rücken. Der Leser erhält Einblick in das Bewusstsein der Figur. Es besteht dadurch eher die Möglichkeit, die Figur auch als Außenseiter und Einsamen zu zeigen.

Figurenbeziehungen in der Epik: Tendenz zur Konzentration auf einen Protagonisten

Im vorliegenden Text ist es Gauß, der sich durch sein Genie von seiner Umwelt abhebt. Deutlich kommt zum Ausdruck, wie schwer ihm das Kommunizieren fällt.

Aufgabe 87 **Der Lehrer**

a) Machtverständnis und Machtmittel des Lehrers

- Tätigkeit im „ärmste[n] Viertel Braunschweigs“ (vgl. Z. 10 f.); „keines der Kinder hier würde eine höhere Schule besuchen“ (Z. 11 f.): geringe Zukunftschancen der Schüler; keine berufliche Erfüllung für den Lehrer (vgl. „habe er umsonst gelebt“, Z. 88 f.)

- „und es setze den Knüttel, daß der Herrgott gnaden möge“ (Z. 58 f.): Prügelstrafe als legitimes Macht- und Erziehungsmittel in der Zeit des ausgehenden Absolutismus
- „kein guter Lehrer“ (Z. 84 f.); „weder eine Berufung noch besondere Fähigkeiten“ (Z. 85 f.): keine von Schülern respektierte Erzieherpersönlichkeit; Macht aufgrund von Amtsautorität und Einschüchterung durch Prügel
- „prügelte gern“ (Z. 2); „wieviel Spaß ihm das Zuschlagen machte“ (Z. 4 f.); „ohne irgendwann einen Additionsfehler zu machen, für den man bestraft werden konnte“ (Z. 26–28): autoritärer Machtmissbrauch; sadistischer Verhaltenszug; Kompensation von Minderwertigkeitsgefühlen
- „streng und asketisch“ (Z. 2 f.): aufgesetzte Rolle; Kaschieren eigener Boshaftigkeit
- „Büttners Mißtrauen“ (Z. 18); „ihn ein wenig fester zu schlagen als den Rest“ (Z. 19 f.): argwöhnische Wachsamkeit aufgrund von Angst vor einem möglichen Durchschaut- und Bloßgestelltwerden und damit verbundenem Machtverlust

b) Verhalten und Reaktion von Gauß

- „So stumm er sich auch verhielt und so sehr er versuchte, langsam wie alle zu antworten“ (Z. 15–17): Zurückhaltung; Selbstkontrolle, um kein weiteres „Mißtrauen“ (Z. 18) zu schüren und Bestrafungen zu vermeiden
- „Jedenfalls hatte er sich nicht unter Kontrolle gehabt“ (Z. 33 f.): Situationsveränderung; Gefahr von Sanktionen
- „Er sei fertig, stotterte er. [...] Er starrte Büttner an und betete, daß es genug sein würde.“ (Z. 69 und 71 f.): Angst vor körperlicher Züchtigung
- „Büttner fragte, was das solle. Natürlich sei es schwierig, aber so schnell gebe man nicht auf! [...] Eine halbe Stunde später sah er Gauß mit leerer Miene an.“ (Z. 62–84): Kommunikationsschwierigkeiten; Situationsverkehrung: Sachkompetenz beim Schüler

c) Büttners Reaktion auf die Leistung von Gauß

- „seine Hand erstarrte“ (Z. 40); „unsicheren Händen“ (Z. 79); „leerer Miene“ (Z. 84): langsame Reaktion; Prozess der Einsichtsfindung
- „Er wisse, daß er kein guter Lehrer sei.“ (Z. 84 f.): Bekenntnis; Ablegen des Rollenverhaltens
- „[...] habe er umsonst gelebt“ (Z. 88 f.): Formulieren eines Lebenssinns
- „Rührung“ (Z. 91): Gefühlsäußerung

Aufgabe 88

Der Herzog

a) Machtverständnis und Machtmittel

- „goldgeschmückten Raum [...]" (Z. 143); „keine Schatten" (Z. 144 f.): Empfangsraum als Machtsymbol
- „Die Kerzen verbrauchten fast die gesamte Luft." (Z. 161 f.): der Glanz des Hofes als verzehrende Kraft
- „Der Herzog, ein freundlicher Herr" (Z. 141): leutselige Art
- „Er sei sehr für die Wissenschaft" (Z. 189 f.); „Vielleicht züchte man hier ja noch so einen Kerl!" (Z. 193 f.): aufgeklärter Fürst (der Fürst als „erster Diener" des Staates); herablassender Zug
- „Stipendium des Hofes" (Z. 179): Machtmittel
- „Gauß machte die Verbeugung, die man ihm beigebracht hatte" (Z. 150 f.); „wie sie es geübt hatten, gingen Zimmermann und Gauß unter Verbeugungen rückwärts durch die Tür" (Z. 195–197); der Herzog „machte eine entlassende Handbewegung" (Z. 194 f.): formal geregelte Audienzen; absolutistisch geordnete Welt
- „Rechne was, sagte der Herzog." (Z. 159); „Der Herzog fragte, ob da jemand geredet habe." (Z. 172 f.): einseitige Kommunikation

b) Einstellung und Verhalten von Gauß

- „Gauß hustete, ihm war heiß und schwindlig." (Z. 160 f.): ungewohnte, fremde Welt
- „Er wußte, daß es bald keine Herzöge mehr geben würde." (Z. 151 f.): realistischer Weitblick
- „Er interessiere sich mehr fürs Lateinische, sagte Gauß heiser." (Z. 169 f.): Übergehen festgelegter Audienzregeln
- „Zimmermann stieß Gauß in die Rippen [...]" (Z. 174 f.): Zwang, sich einzufügen

c) Reaktion des Herzogs

- „Na ja, sagte der Herzog enttäuscht. Dann solle er das Stipendium trotzdem haben." (Z. 186–188): gnädig entgegenkommend

Der Pastor

a) Machtverständnis und Machtmittel

- „Hüte dich" (Z. 110): Mahnung; überzogene Reaktion
- „[...] blickte ihn streng an. Stolz sei eine Todsünde!" (Z. 112 f.): Drohung mit ewiger Verdammnis als Machtmittel; Zwang; gegen den Geist der Aufklärung (Lessing)
- „man habe demütig zu bleiben" (Z. 117 f.): Demut als Unterwerfung unter Gott, vor allem aber unter die Autorität der Kirche und ihrer Vertreter

b) Reaktion von Gauß

- „Warum?“ (Z. 119): Neugier; spontane Geistesregung
- Nichts, sagte Gauß, gar nichts.“ (Z. 122): Bemühung um Deeskalation
- Er meine es rein theologisch [...] Logisch sei das nicht.“ (Z. 125 und 128 f.): Einsatz der Vernunft

c) Reaktion des Pastors

- „Er habe wohl falsch verstanden“ (Z. 120 f.); „[...] daß etwas mit seinen Ohren nicht stimme“ (Z. 130 f.): kein Hinterfragen von religiösen Gesetzen gestattet; keine Kommunikation möglich

Aufgabe 89

Vorbemerkung

Der Erzähler widmet den einzelnen Machtträgern unterschiedliche Aufmerksamkeit. Während das Verhalten des Lehrers ausführlicher charakterisiert wird, skizziert er das der anderen Machtträger nur knapp.

Der Lehrer

a) Machtverständnis und Machtmittel

berufliche Frustration

Der erste im Auszug erwähnte Machtträger ist Johann Georg Büttner. Er übt seine Tätigkeit im „ärmste[n] Viertel Braunschweigs“ (vgl. Z. 9 f.) aus und weiß, dass die Zukunft seiner Schüler in körperlicher Arbeit bestehen und keiner seinen niederen Stand verlassen wird. Dass ein Schüler aufgrund außergewöhnlicher Intelligenz die sozialen Schranken durchbricht, ist nicht zu erwarten. Für den Lehrer ist seine Situation eher ein enttäuschendes Betätigungsfeld, denn „keines der Kinder hier würde eine höhere Schule besuchen“ (Z. 11 f.), niemals würde seine Arbeit die Grundlage einer erfolgreichen Karriere sein, von deren Glanz auch er profitieren könnte. So aber sieht er in seinem Einsatz wenig Sinn (vgl. Z. 87–89).

Prügel als Machtmittel

Der Lehrer stützt seine Autorität auf die im 18. Jahrhundert durchaus übliche Prügelstrafe. Mit diesem Macht- und Erziehungsmittel versuchte man die Kinder auf die gesellschaftlichen Normen und hierarchischen Strukturen des ausgehenden Absolutismus festzulegen. Erst in zweiter Linie kam es darauf an, sie mit grundlegenden Fertigkeiten des Lesens, Schreibens und Rechnens vertraut zu machen.

Amtsautorität

Büttners Unterricht wird durch das Zusammenspiel von Autorität und Gehorsam geprägt, wobei sich Autorität eher vom Amt her bestimmt und weniger von Fähigkeiten und Kenntnissen. Büttner scheinen jene Eigenschaften zu fehlen, die einer Erzieherpersönlichkeit die notwendige Überzeugungskraft verleihen, gesteht er doch selbst, „kein guter Lehrer" zu sein und „weder eine Berufung noch besondere Fähigkeiten" (Z. 84–86) zu besitzen. Mit dem „Knüttel" (Z. 58) fordert er Gehorsam ein.

Machtmissbrauch

Mangelnde natürliche Autorität und berufliche Frustration müssen bei ihm ein Gefühl von Unzufriedenheit und Minderwertigkeit verursacht haben, das zu autoritärem Machtmissbrauch und dem ungehemmten Ausleben eines sadistischen Verhaltenszugs führt: Misshandlungen bereiten ihm „viel Spaß" (Z. 4), er schlägt „gern" (Z. 2) zu. Die Lust, seinen Schülern Schmerzen zuzufügen, scheint ihn zu befriedigen, denn die Prügelstrafe bietet ihm eine Möglichkeit, seinen Autoritätsanspruch, den er auf andere Weise nicht realisieren kann, dennoch durchzusetzen.

Rollenverhalten

Diese Eigenschaft zeigt sich auch in den Aufgaben, die er stellt. Sie provozieren die Fehler, die das beabsichtigte Zuschlagen rechtfertigen sollen. Damit demonstriert der Lehrer seine vermeintliche Überlegenheit – eine aufgesetzte Rolle, die er „streng und asketisch" (Z. 2 f.) spielt.

Misstrauen

Nicht nur die Leistungsschwäche der Schüler reizt seinen Machttrieb, sondern vor allem auch das mögliche Aufbegehren eines klugen Geistes, der sein Verhalten durchschauen und entlarven könnte. Gegenüber Gauß ist das pädagogische Verhältnis von „Mißtrauen" (Z. 18) geprägt. Büttner, der selbst mit seinen Aufgaben die Schüler hereinlegt, argwöhnt, dass der kluge Gauß etwas im Schilde führen, ihn bloßstellen und seine Macht gefährden könnte. Deshalb sucht er nach Gründen, Gauß „ein wenig fester zu schlagen als den Rest" (Z. 20).

b) Verhalten und Reaktion von Gauß

Gauß spürt das „Mißtrauen" des Lehrers und dessen Lauern auf einen möglichen Normverstoß. Und er kennt die Folgen: Prügel. Um ihnen zu entgehen, versucht er nicht aufzufallen.

Selbstdisziplin

Er diszipliniert sich, hält sich mit seinen Antworten zurück und passt sich nach außen hin der geistigen

Trägheit und dem Arbeitsverhalten seiner Mitschüler an (vgl. Z. 15–17) – bis er eines Tages aus Müdigkeit oder mangelnder Konzentration seinen Vorsatz vergisst und seine Fähigkeiten offenkundig werden (vgl. Z. 30–34). Damit hat er das Machtgefüge erschüttert. Er hat etwas getan, das den engen Rahmen der ihm zustehenden Handlungsmöglichkeiten überschreitet und aller Voraussicht nach unweigerlich zu schmerzhaften Konsequenzen führt. Der Schüler fürchtet sich, wie seine physischen Reaktionen beweisen: Er schnieft und stottert (vgl. Z. 66 f. und 69).

Grenzüberschreitung

Leiden

Hier wird der Unterschied zwischen der ‚normalen' Welt und der Welt des Genies deutlich: Kommunikation gelingt nur unter Schwierigkeiten, schon deshalb, weil sich das ‚pädagogische Gefälle' zwischen Lehrer und Schüler umkehrt. So versagt Gauß die Stimme, er will erklären und kann nicht, er weiß nicht, was er sagen soll (Z. 65 f.); Büttner verhält sich misstrauisch (Z. 38–41), glaubt dem Schüler nicht (Z. 45–47.), geht vom Normalfall aus (Z. 73 bis 77), droht (Z. 80–82). Während unter normalen Umständen der Lehrer über Fähigkeiten und Kenntnisse verfügt, die er dosiert dem Schüler zukommen lässt, scheint die Situation hier umgekehrt: Die Sachkompetenz liegt beim Schüler und der Lehrer sieht sich in der ungewohnten Rolle des Belehrten. Die festen hierarchischen Strukturen der absolutistischen Gesellschaft und die besondere psychologische Verfassung Büttners verschärfen die Situation zusätzlich. So schafft der Erzähler eine forcierte Spannung zwischen dem Wahrheitsanspruch einfacher Logik und dem zähen Beharren in eingefahrenen Gewohnheiten: „Er könne sich auf etwas gefaßt machen" (Z. 80 f.)

Kommunikationsprobleme

höhere Kompetenz auf Seiten des Schülers

Als aber die wirkliche Genialität des Schülers aufblitzt, reagiert der Lehrer zunächst langsam, seine sonst rasch zum Schlagen bereiten Hände erstarren (Z. 38–40) oder bewegen sich „unsicher" (Z. 79), seine Miene wirkt „leer" (Z. 84). Dann ist sein Widerstand verbraucht. Seine Rolle fällt von ihm ab, als spürte er die historische Bedeutung des Augenblicks, vor dem keine Lüge mehr Bestand hat. Vor dem Schüler legt er ein Bekenntnis ab (Z. 84 f.), verspricht – ein wenig pathetisch – zu helfen und seine eige-

c) Büttners Reaktion auf die Leistung von Gauß

verzögerte (ungläubige) Reaktion

Erkenntnis und Bekenntnis

nen Gefühle und Interessen der Förderung des hochbegabten Schülers unterzuordnen („Wenn Gauß nicht aufs Gymnasium komme, habe er umsonst gelebt“, Z. 87–89) und lässt ein Gefühl der „Rührung“ (Z. 91) erkennen, das er freilich sogleich – wohl aus Scham, sich vor dem Schüler innerlich so entblößt zu haben – mit einer „Tracht Prügel“ (Z. 93) zu kaschieren versucht.

Gefühlsbekundung

Büttner ist ein Mensch, dessen Gefühlswelt sich im äußeren Verhalten spiegelt. So erkennt man sein Minderwertigkeitsgefühl in seiner aggressiven Gebärde, seine böse Lust hält seine Mimik fest (Z. 3–5), sein Erstaunen bewirkt eine „leere Miene“ (Z. 84) und seine Rührung wird in einem „verschwommene[n] Ausdruck“ (Z. 89 f.) deutlich.

zusammenfassende Einschätzung des Lehrers

Der Herzog

Der Herzog repräsentiert den politischen Herrschaftsbereich. Sein Empfangsraum, ein mit Gold verzierter Saal, dessen Maße sich durch Deckenverspiegelungen zu verdoppeln scheinen (Z. 145–148), symbolisiert die Macht des absolutistischen Kleinfürsten. Kein „Schatten“ (Z. 145) soll auf diese Welt fallen. Doch die Spiegel kehren die Situation gleichsam um und die zahlreichen Kerzen verbrauchen so viel Sauerstoff, dass ein freies Durchatmen nicht möglich ist (Z. 144 und 160–167). Der Erzähler will damit ironisch andeuten, wie der Absolutismus die Wirklichkeit verändert und wie dem Glanz des Hofes auch eine verzehrende Kraft innewohnt.

a) Machtverständnis und Machtmittel

Absolutismus

Der Herzog ist „ein freundlicher Herr“ (Z. 73) von leutseliger Art. Er hat von dem Wunderkind gehört, ist „sehr für die Wissenschaft“ (Z. 189 f.) und verweist auf Alexander von Humboldt: „Vielleicht züchte man hier ja noch so einen Kerl!“ (Z. 193 f.) So zeigt er sich als aufgeklärter Fürst, wie zur gleichen Zeit Friedrich II. von Preußen, der sich als „erster Diener“ seines Staates versteht. Zugleich bleibt ein herablassender Zug unverkennbar.

jovialer, aufgeklärter Fürst

Die Macht des Souveräns äußert sich auch in dessen finanzieller Potenz. Er kann ein „Stipendium des Hofes“ (Z. 179), das über die Zukunft von Gauß entscheidet, huldvoll gewähren oder verweigern.

Verfügungsgewalt

Die absolutistische Welt ist formal geordnet. Auf Audienzen muss man sich vorbereiten, die verschiedenen Verbeugungen einstudieren (Z. 150f., 195–197) und die Gesten des Fürsten (Z. 194f.) beachten. Eigenmächtige Äußerungen sind den Untertanen nicht erlaubt (vgl. Z. 169 bis 173) und werden in der Regel sanktioniert.

formalistisch geordnete Welt

Der Herzog ist sich seiner Macht bewusst. Befehlend tritt er seinen Untertanen gegenüber („Rechne was", Z. 159) und ironisiert in selbstgefälliger Gutmütigkeit deren individuelle Regungen: „Der Herzog fragte, ob da jemand geredet habe." (Z. 172f.) In solchem Umfeld kann Kommunikation nur einseitig geraten.

einseitige Kommunikation

Gauß betritt eine ihm fremde, ungewohnte Welt. Wegen der Wärme und des Sauerstoffverbrauchs der zahlreichen Kerzen muss er husten, er schwitzt und ihm ist schwindlig (Z. 160f.) Weitblickend ahnt er, dass die Zeit der „absoluten Herrscher" (Z. 153f.) bald abgelaufen sein wird.

b) Einstellung und Verhalten von Gauß

Konfrontation mit einer fremden Welt

Weitsicht

Mit seiner sich fast abgezwungenen („heiser", Z. 170), einem Untertan unangemessenen Äußerung durchbricht Gauß nicht nur das formalisierte Ritual der Audienz, er gerät zudem in Gefahr, sich außerhalb des schmalen, ihm von dieser absolutistischen Welt zugewiesenen Handlungsraums zu begeben. Zimmermann beeilt sich, diese Entgleisung zu entschuldigen, und ruft Gauß mit einem heftigen Rippenstoß zur Ordnung (Z. 175–178). Nur wer sich einfügt, wird belohnt und sichert sich die Zukunft.

Schranken der persönlichen Entfaltung

notwendiger Opportunismus

Der Herzog hegt bestimmte Erwartungen an das „kleine Genie" (Z. 149), die jedoch enttäuscht werden. Trotzdem gewährt er gnädig und großzügig das erwünschte Stipendium (Z. 186–189).

c) Reaktion des Herzogs

Großmütigkeit

Der Pastor

Der Vertreter der Kirche wird nur knapp charakterisiert. Er ermahnt mit pädagogischem Pathos („Hüte dich", Z. 110) und reagiert wie der Schulmann bereits auf eine gewöhnliche Geste empfindlich und überzogen, was eher auf Unsicherheit als auf eine starke Persönlichkeit schließen lässt. Dem Kirchenmann genügt ein überraschtes Aufblicken, um Gauß in die Schranken zu weisen: „Der Pastor blickte

a) Machtverständnis und Machtmittel

Empfindlichkeit

ihn streng an. Stolz sei eine Todsünde!" (Z. 112 f.). Die hier spürbare, unangemessene Drohung mit der ewigen Verdammnis will Zwang ausüben und ist eine Machtdemonstration, die sich wohl gegen den Deismus und den Toleranzgedanken der Aufklärung, wie er bei Lessing deutlich wird, richtet. Die Szene erinnert an Lessings breites Aufsehen erregende Fehde mit dem orthodoxen Hamburger Hauptpastor Goeze, die in den Siebzigerjahren des 18. Jahrhunderts, also noch in Gauß' Kinderjahren, die Gemüter bewegte. Der Braunschweiger Pastor duldet keinen Widerspruch, nicht einmal ein Hinterfragen, hält er doch seine auf biblischem Grund basierenden religiösen Gewissheiten für unumstößlich.

Drohung und Zwang

Gauß will sich mit dem Pastor nicht anlegen. So stimmt er zunächst dessen ermahnenden Behauptungen und Forderungen zu. Seine Frage, weshalb der Mensch demütig sein müsse, erfolgt spontan, eher aus Neugier als in provozierender Absicht; dennoch schwingt ein leiser Widerspruch eines wachen Geistes mit, der sich mit bloßen Belehrungen nicht abfinden will. So erbittet er eine Begründung: „Warum?" (Z. 119). Auf die ausweichende Reaktion des Pastors versucht Gauß sogleich, die Situation zu entspannen: „Nichts, sagte Gauß, gar nichts." (Z. 122). Der Kirchenmann aber, in seiner Position scheinbar empfindlich berührt, drängt Gauß so unnachgiebig zu einer Erklärung, dass man hier die Absicht unterstellen könnte, einen Gegner zu einer ihn blamierenden und demütigenden Antwort zu reizen. Gauß versucht, sachlich zu erwidern. Sein auf logische Vernunft verweisendes Argument erreicht den in religiöser Orthodoxie befangenen Pastor jedoch nicht.

b) Reaktion von Gauß

spontane Neugier

Bemühen um Sachlichkeit

Gegen Vernunft und Logik, wie sie der junge Gauß im Sinne der Aufklärung artikuliert, weiß der Kirchenvertreter keine Antwort. Er plädiert zwar für Demut, seine Reaktion lässt jedoch erkennen, dass er selbst nicht zu einer verständnisvollen Haltung bereit ist. Seine Forderung gestattet Gauß keine kritischen Fragen, keinen freien Willen. Demut ohne freie Entscheidungsmöglichkeit wird aber zur Unterwerfung.

c) Reaktion des Pastors

Unverständnis; Unnachgiebigkeit

Aufgabe 90 Der Erzähler stellt drei Machtträger vor, die ihre Möglichkeiten unterschiedlich einsetzen. Es sind dies der Lehrer, der den Bereich Schule, Erziehung und Bildung vertritt, der Herzog, der die staatliche Macht repräsentiert, und der Pastor, der als Mann der Kirche fungiert.

drei Machtträger

Der Lehrer sieht wenig Sinn in seiner Tätigkeit und kompensiert seine Verbitterung mit Auswüchsen von Bösartigkeit. Seine schwache Autorität verteidigt er mit körperlichen Strafen. Souverän gibt sich hingegen der Fürst. Er regiert aufklärerisch-absolutistisch. Eines seiner Machtmittel liegt im Gewähren oder Verweigern von Stipendien. Damit sichert er die weitere geistige Entwicklung des jungen Gauß. Der in seiner Haltung starre Pastor, dem die Vorstellungen der Aufklärung nicht unbekannt sein dürften, versucht mit Nachdruck, den jungen Gauß auf seine Pflichten hinzuweisen. Seine pathetischen Drohungen zielen auf die Psyche des Jugendlichen. Die Druckmittel der Mächtigen treffen damit entscheidende Bereiche der menschlichen Persönlichkeit.

der Lehrer: autoritätsschwach; körperliche Strafen

der Fürst: souverän; aufgeklärt; ermöglicht geistige Entwicklung

der Pastor: starr, pathetisch; psychische Druckmittel

Die geschilderte Welt zeigt ein enges hierarchisches Ordnungsgefüge, das dem Einzelnen kaum Entfaltungsraum lässt. Hier dominieren Gehorsam über Kreativität, Untertanenmentalität über individuelle Entfaltung, religiöse Enge über Toleranz. Besonders betroffen sind Menschen wie der junge Gauß, dessen ausgreifende Genialität ständig an von außen auferlegte Grenzen stößt. Er muss sich vor überlebten, menschenunwürdigen Unterrichtsmethoden fürchten und hat sich unverständlichen Ritualen zu unterwerfen. Seine existenziellen Fragen bleiben unbeantwortet.

Kennzeichen der Welt, die den jungen Gauß umgibt

Im Bildungsbereich allerdings ändern sich die Verhältnisse. Nachdem Büttner die Genialität von Gauß erkannt hat, will er ihm seinen weiteren Bildungsweg ebnen. Auch der staatliche Herrschaftsträger unterstützt Gauß in spendabler Laune. Am Machtgefüge ändert sich dadurch nichts. Allein die Welt des Pastors bleibt verschlossen. Intellektuelle Neugier hat hier keine Chance.

Anzeichen des Wandels

Aufgabe 91 *a) Wichtige Merkmale des Genie-Begriffs in der Sturm und Drang-Epoche:*

- Individualität, Tatendrang, revolutionäres Aufbegehren (Prometheus-Figur)
- Originalität („Original-Genie"), natürliche Begabung, Kreativität, Intuition
- Gefühl; Gegensatz zur rationalen Ausrichtung der Aufklärung

b) Vergleich mit Eigenschaften und Fähigkeiten von Gauß:

- eingeschränkter Tatendrang
  - „stumm [...] langsam [...] antworten" (Z. 15 und 17): zurückhaltend, um Kontrolle bemüht
  - „stotterte er" (Z. 69): Furcht vor Prügel
- Originalität, Begabung, Kreativität
  - „nach drei Minuten" (Z. 35); „Am nächsten Tag gab er das Buch zurück." (Z. 60 f.): geniale Auffassungsgabe
  - „interessant" (Z. 69 f.); „Die Höhere Schule enttäuschte ihn." (Z. 95): unterfordert
  - „Er wußte, daß es bald keine Herzöge mehr geben würde" (Z. 151 f.); „plötzlich wurde ihm klar" (Z. 163); „daß man ein Problem nur ohne Vorurteil und Gewohnheit betrachten müsse" (Z. 49 – 51): Intuition, Fantasie, Spontaneität, Verzicht auf eingefahrene Denkweisen
- Vernunft
  - „Warum?" (Z. 119); „Logisch sei das nicht." (Z. 128 f.): klarer Verstand und Erwartung, dass die Vernunft zu ihrem Recht kommt

Aufgabe 92 Die meist jungen Vertreter des Sturm und Drang revoltierten gegen die dumpfe Enge ihrer Zeit, wie sie in Kleinstaaterei, Fürstenwillkür, Ständedenken, religiösem Dogmatismus und fragwürdigen Erziehungsmethoden zum Ausdruck kam. Ihr Protest verdichtete sich in verschiedenen Leitbegriffen, zu denen auch das „Genie" gehörte. Darunter verstand man einen begnadeten Menschen, der mit seinen Taten Gott nacheifert und dessen bevorzugte Kennzeichen Individualität, Originalität und Kreativität waren.

a) Kennzeichen des Geniebegriffs im Sturm und Drang

Individualität, Originalität und Kreativität

Nach den Vorstellungen der Epoche ist das Genie als besonderer „Kraftkerl" von schrankenloser Individualität sowie Herr über seine körperlichen, geistigen und seelischen Kräfte. Es scheut sich nicht, revolutionär gegen jeden anzutreten, der sich ihm in den Weg stellt, ganz gleich, ob

Intuition, Protest gegen Traditionen

es sich dabei um politische, kirchliche, kulturelle oder familiäre Machtträger handelt. In seiner Prometheus-Figur hat Goethe diesem Tatmenschen zum prägnanten Ausdruck verholfen.

Schöpfertum

Die Leistung des Genies entspringt ausschließlich und unmittelbar einer natürlichen Begabung und Fantasie, das heißt einer in ihm wirkenden Schöpferkraft.

Weil nur Inspiration und Intuition zählen, erkennt das Genie außer seinem eigenen Willen keine Autoritäten an. Deshalb werden auch überkommene Regeln als beengend empfunden und geltende Moral- und Normvorstellungen verworfen. Ebenso wendet sich das Genie gegen eine einseitige Ausrichtung nach der Vernunft und betont die Bedeutung des Gefühls.

Gefühlskult

b) Vergleich mit den Eigenschaften und Fähigkeiten von Gauß

Im Gegensatz zum Geniebegriff des Sturm und Drang, dem vielfach beschworenen „Tatmenschen", versucht sich das erst in der Entwicklung befindende Schulkind Carl Friedrich Gauß unauffällig zu verhalten. Seine geistigen Möglichkeiten empfindet es eher als Last denn als Chance. Gauß weiß, dass er dem Lehrer suspekt ist, dieser ihn „nicht leiden" (Z. 15) kann und nur darauf wartet, ihn zu verprügeln. So zwingt er sich, „stumm" (Z. 15) zu bleiben, wo er antworten könnte; er hält sich zurück, weil er den „Knüttel" (Z. 58) fürchtet. Nicht immer gelingt es ihm jedoch, seine besondere Begabung unter Kontrolle zu halten. Bereits der Schüler spürt, dass diese dazu führt, dass man vereinsamt und Gefahren ausgesetzt ist.

Zurückhaltung

Furcht; Bemühung um Kontrolle des Talents

Wissen um die Last des Genies

Auf Dauer kann Gauß seine Fähigkeiten nicht verbergen. Diese decken sich mit den Vorstellungen des Geniekults: Auf geniale Weise erfasst er jeweils den Kern der Sache. In „drei Minuten" (Z. 35) löst er Büttners Aufgabe, und über Nacht bewältigt er die schwierige Lektüre des Fachbuchs, das ihm der Lehrer ausgeliehen hat (Z. 60 f.). Auf dem Gymnasium fühlt er sich unterfordert (Z. 95–99). Neues findet er „interessant" (Z. 69 f.). Er entdeckt neue, schnellere Lösungswege, wie bei der von Büttner gestellten Aufgabe. Intuitiv erkennt er, dass absolute Herrscher keine Zukunft haben (vgl. Z. 151 f.), und spontan („plötzlich", Z. 163) weiß er eine bislang gültige wissenschaftliche Lehr-

Schnelligkeit der Auffassungsgabe

Intuition, Spontaneität

meinung zu widerlegen. Er verlässt eingefahrene Denkschablonen und geht „ein Problem [...] ohne Vorurteil und Gewohnheit" an (Z. 49 f.).

Unbefangenheit

Doch während die Stürmer und Dränger das Gefühl feiern, folgt Gauß eher dem Leitbegriff der Aufklärung, der Vernunft. Er fragt nach Ursachen, betrachtet Probleme unvoreingenommen und richtet sich nach der Logik.

Vernunft

Aufgabe 93 Kehlmann zeigt im vorliegenden Textauszug, wie Vertreter von Schule, Staat und Kirche mit Macht umgehen. Mit dem genialen Mathematiker Gauß weist er auf einen weiteren Machtbereich hin, dessen Bedeutung sich erst in unserer Gegenwart voll erschließt: die Wissenschaft. Das Spektrum ihrer Möglichkeiten, vor allem ihrer Gefahren, ist so gewaltig, dass man zuverlässig für ihre demokratisch legitimierte Kontrolle und ihre Bindung an sittliche Normen sorgen muss.

Schule, Staat, Kirche und Wissenschaft als Machtbereiche

Bildquellenverzeichnis

Umschlag: © James Thew – Fotolia
Seite 2: © Jeff Metzger – Fotolia
Seite 7: © Mark Hodnett – Fotolia
Seite 9: © Sergey Korolyov – Fotolia
Seite 12: © Mats Tooming – Fotolia
Seite 17: © Elizabeth Dover – Fotolia
Seite 21: © Vasiliy Koval – Fotolia
Seite 24: © timur1970 – Fotolia
Seite 31: © visipix.com
Seite 34: © Josef F Stuefer – Fotolia
Seite 39: © ullstein – BPA
Seite 41: © mmendel367 / sxc.hu
Seite 43: © Mr Ristoo / sxc.hu
Seite 47: © bpk / Hanns Hubmann (13. Mai 1935)
Seite 50: © buwal – Fotolia
Seite 52: © ullstein – Archiv Gerstenberg (1939)
Seite 55: © bpk / Carl Weinrother (1928)
Seite 57: © S. Fischer Verlag Frankfurt a. M. 2004
Seite 58: © wikimedia
Seite 60: © ullstein – ullstein bild (ca. 1914)
Seite 62: © Bullysoft – Fotolia
Seite 67: © ullstein bild – Roger Viollet
Seite 68: © defd (R. W. Fassbinder: Effi Briest)
Seite 74: © Aus: Hans Wahl (Hrsg.): Goethe und seine Welt. Leipzig 1932, S. 44
Seite 75: © Aus: Hans Wahl (Hrsg.): Goethe und seine Welt. Leipzig 1932, S. 32
Seite 76: © Aus: Hans Wahl (Hrsg.): Goethe und seine Welt. Leipzig 1932, S. 34
Seite 79: © ullstein bild
Seite 81: © KimC / photocase.com
Seite 87: © wikimedia
Seite 88: © wikimedia

Ihre Meinung ist uns wichtig!

Ihre Anregungen sind uns immer willkommen. Bitte informieren Sie uns mit diesem Schein über Ihre Verbesserungsvorschläge!

Titel-Nr.	Seite	Vorschlag

Bitte hier abtrennen

Die echten Hilfen zum Lernen ... **STARK**

18-V1T

Bitte ausfüllen und im frankierten Umschlag an uns einsenden. Für Fensterkuverts geeignet.

Zutreffendes bitte ankreuzen!

Die Absenderin/der Absender ist:

- ☐ Lehrer/in in den Klassenstufen: ____
- ☐ Fachbetreuer/in
  Fächer: ____
- ☐ Seminarlehrer/in
  Fächer: ____
- ☐ Regierungsfachberater/in
  Fächer: ____
- ☐ Oberstufenbetreuer/in
- ☐ Schulleiter/in
- ☐ Referendar/in, Termin 2. Staatsexamen: ____
- ☐ Leiter/in Lehrerbibliothek
- ☐ Leiter/in Schülerbibliothek
- ☐ Sekretariat
- ☐ Eltern
- ☐ Schüler/in, Klasse: ____
- ☐ Sonstiges: ____

Unterrichtsfächer: (Bei Lehrkräften!)

____

STARK Verlag
Postfach 1852
85318 Freising

Kennen Sie Ihre Kundennummer?
Bitte hier eintragen.

Absender (Bitte in Druckbuchstaben!)

Name/Vorname

Straße/Nr.

PLZ/Ort/Ortsteil

Telefon privat

Geburtsjahr

E-Mail

Schule/Schulstempel (Bitte immer angeben!)

Bitte hier abtrennen

(Bitte blättern Sie um)

Wirtschaft/Recht

- Wirtschaft – Baden-Württemberg .... Best.-Nr. 84851
- Betriebswirtschaft .... Best.-Nr. 94851
- Abitur-Wissen Volkswirtschaft .... Best.-Nr. 94881
- Abitur-Wissen Rechtslehre .... Best.-Nr. 94882
- Kompakt-Wissen Abitur Volkswirtschaft .... Best.-Nr. 948501

Politik

- Abitur-Wissen Internationale Beziehungen .... Best.-Nr. 94802
- Abitur-Wissen Demokratie .... Best.-Nr. 94803
- Abitur-Wissen Sozialpolitik .... Best.-Nr. 94804
- Abitur-Wissen Die Europäische Einigung .... Best.-Nr. 94805
- Abitur-Wissen Politische Theorie .... Best.-Nr. 94806
- Kompakt-Wissen Abitur Politik/Sozialkunde .... Best.-Nr. 948001
- Lexikon Politik/Sozialkunde .... Best.-Nr. 94801

Erdkunde

- Methoden Erdkunde .... Best.-Nr. 94901
- Geographie – Atmosphäre · Küstenlandschaften in Europa Wirtschaftsstrukturen und -prozesse – Baden-W. Best.-Nr. 84902
- Erdkunde – Atmosphäre · Relief- und Hydrosphäre · Wirtschafts-prozesse und -strukturen · Verstädterung .... Best.-Nr. 94909
- Abitur-Wissen GUS-Staaten/Russland .... Best.-Nr. 94908
- Abitur-Wissen Entwicklungsländer .... Best.-Nr. 94902
- Abitur-Wissen USA .... Best.-Nr. 94903
- Abitur-Wissen Europa .... Best.-Nr. 94905
- Abitur-Wissen Der asiatisch-pazifische Raum .... Best.-Nr. 94906
- Kompakt-Wissen Abitur Erdkunde Allgemeine Geografie · Regionale Geografie .... Best.-Nr. 949010
- Lexikon Erdkunde .... Best.-Nr. 94904

Deutsch

- Methoden Deutsch .... Best.-Nr. 944062
- Dramen analysieren und interpretieren .... Best.-Nr. 944092
- Erörtern und Sachtexte analysieren .... Best.-Nr. 944094
- Gedichte analysieren und interpretieren .... Best.-Nr. 944091
- Epische Texte analysieren und interpretieren .... Best.-Nr. 944093
- Übertritt in die Oberstufe .... Best.-Nr. 90409
- Abitur-Wissen Erörtern und Sachtexte analysieren Best.-Nr. 944064
- Abitur-Wissen Textinterpretation .... Best.-Nr. 944061
- Abitur-Wissen Deutsche Literaturgeschichte .... Best.-Nr. 94405
- Abitur-Wissen Prüfungswissen Oberstufe .... Best.-Nr. 94400
- Kompakt-Wissen Rechtschreibung .... Best.-Nr. 944065
- Lexikon Autoren und Werke .... Best.-Nr. 944081

Ethik

- Ethische Positionen in historischer Entwicklung gk Best.-Nr. 94951
- Abitur-Wissen Philosophische Ethik .... Best.-Nr. 94952
- Abitur-Wissen Glück und Sinnerfüllung .... Best.-Nr. 94953
- Abitur-Wissen Freiheit und Determination .... Best.-Nr. 94954
- Abitur-Wissen Recht und Gerechtigkeit .... Best.-Nr. 94955
- Abitur-Wissen Religion und Weltanschauungen .... Best.-Nr. 94956
- Abitur-Wissen Politische Ethik .... Best.-Nr. 94958

Erziehungswissenschaft

- Erziehungswissenschaft NRW GK/LK .... Best.-Nr. 54941

Pädagogik/Psychologie

- Grundwissen Pädagogik .... Best.-Nr. 92480
- Grundwissen Psychologie .... Best.-Nr. 92481

Latein

- Abitur-Wissen Lateinische Literaturgeschichte .... Best.-Nr. 94602
- Wiederholung Grammatik .... Best.-Nr. 94601
- Wortkunde .... Best.-Nr. 94603
- Kompakt-Wissen Kurzgrammatik .... Best.-Nr. 906011

Französisch

- Landeskunde Frankreich .... Best.-Nr. 94501
- Themenwortschatz .... Best.-Nr. 94503
- Literatur .... Best.-Nr. 94502
- Abitur-Wissen Literaturgeschichte .... Best.-Nr. 94506
- Kompakt-Wissen Abitur Themenwortschatz .... Best.-Nr. 945010
- Kompakt-Wissen Kurzgrammatik .... Best.-Nr. 945011

Religion

- Katholische Religion 1 gk .... Best.-Nr. 84991
- Katholische Religion 2 gk .... Best.-Nr. 84992
- Abitur-Wissen gk ev. Religion Der Mensch zwischen Gott und Welt .... Best.-Nr. 94973
- Abitur-Wissen gk ev. Religion Die Verantwortung des Christen in der Welt .... Best.-Nr. 94974
- Abitur-Wissen Glaube und Naturwissenschaft .... Best.-Nr. 94977
- Abitur-Wissen Jesus Christus .... Best.-Nr. 94978
- Abitur-Wissen Die Frage nach dem Menschen .... Best.-Nr. 94990
- Abitur-Wissen Die Bibel .... Best.-Nr. 94992
- Abitur-Wissen Christliche Ethik .... Best.-Nr. 94993

Sport

- Bewegungslehre · Sportpsychologie .... Best.-Nr. 94981
- Trainingslehre .... Best.-Nr. 94982

Kunst

- Abitur-Wissen Malerei .... Best.-Nr. 94961
- Abitur-Wissen Analyse und Interpretation .... Best.-Nr. 94962

Englisch

- Übersetzungsübung .... Best.-Nr. 82454
- Grammatikübung .... Best.-Nr. 82452
- Themenwortschatz .... Best.-Nr. 82451
- Grundlagen, Arbeitstechniken, Methoden mit CD .. Best.-Nr. 944601
- Sprachmittlung .... Best.-Nr. 94469
- Textaufgaben Literarische Texte und Sachtexte .... Best.-Nr. 94468
- Sprechfertigkeit mit CD .... Best.-Nr. 94467
- Englisch – Grundwissen Übertritt in die Oberstufe Best.-Nr. 82453
- Abitur-Wissen Landeskunde Großbritannien .... Best.-Nr. 94461
- Abitur-Wissen Landeskunde USA .... Best.-Nr. 94463
- Abitur-Wissen Englische Literaturgeschichte .... Best.-Nr. 94465
- Kompakt-Wissen Abitur Themenwortschatz .... Best.-Nr. 90462
- Kompakt-Wissen Abitur Landeskunde/Literatur ... Best.-Nr. 90463
- Kompakt-Wissen Abitur Landeskunde/Literatur – NRW .... Best.-Nr. 50463
- Kompakt-Wissen Kurzgrammatik .... Best.-Nr. 90461
- Kompakt-Wissen Grundwortschatz .... Best.-Nr. 90464

Bestellungen bitte direkt an:

STARK Verlagsgesellschaft mbH & Co. KG · Postfach 1852 · 85318 Freising
Tel. 0180 3 179000* · Fax 0180 3 179001* · www.stark-verlag.de · info@stark-verlag.de
* 9 Cent pro Min. aus dem deutschen Festnetz

STARK

18-VIT